U0135115

西洋發明在中國

明惟遠視

劉善齡 著

西洋發明在中國

三聯書店（香港）有限公司

責任編輯　蔡嘉蘋
裝幀設計　彭若東

書　　　名	西洋發明在中國
著　　　者	劉善齡
出版發行	三聯書店（香港）有限公司
	香港域多利皇后街九號
	JOINT PUBLISHING (H.K.) CO., LTD.
	9 Queen Victoria Street, Hong Kong
印　　　刷	陽光印刷製本廠
	香港柴灣安業街三號七樓
版　　　次	2001年5月香港第一版第一次印刷
規　　　格	特16開（152×228mm）280面
國際書號	ISBN 962·04·1895·6

©2001 Joint Publishing (H.K.) Co., Ltd.
Published & Printed in Hong Kong
本書原由上海古籍出版社出版，經由原出版社
授權本公司出版繁體字本。

十三、魔鬼手帖

　　人們常說，帝國主義的槍炮轟開了中國的大門，似乎這就成了近代中國的歷史轉折點。然而槍炮是否真正具有如此的偉力？中國歷史上曾有多次少數民族憑藉武力入主中原，但結果非但未曾改變中國歷史的基本走向，相反卻都同化為中華民族大文化的有機組成。因此我想，近代中國歷史轉折的深層緣由，恐怕應在槍炮轟開大門之後去尋找。

　　於是人們便說到了文化，首先注目的自然是所謂精英文化，那些開眼向洋看世界的偉人們，從林則徐到孫中山，中間自然更有洋務運動的高官大僚、維新變法的志士仁人，誠然，他們由西方汲取的種種先進的社會思想，引進的種種堅船利炮在當時起了振聾發聵的作用，但恐怕影響所及主要還在社會的上層。於是便有魯迅先生的小說《藥》、《阿Q正傳》中下層民眾的隔膜，乃至麻木。他們並非全然不知維新、變法、革命，阿Q不也頗以革命黨人自居嗎？試想，如果民眾永遠處於這種狀態，即使以新的政治理想再次改朝換代成功，社會是否就會因此而起突變，這實在是可以懷疑的事。因此，我們不妨把目光再次下移，移到民眾中間的文化上來。

　　思想史上的無數事例證明，精英文化與民眾文化之間存在着相依相反的關係。一定的精英文化，說到底，固然植根於一定的民眾文化之上，否則難稱精英；然而精英文化的超前性，往往反為民眾所不解，甚至視為洪水猛獸。因此精英們在思維領域中的超前性，在社會實踐中卻時常表現為滯後性。這種滯後的解決，必待民眾文化慢慢地，而且常常是以改變了的形態的認同。於是便有"開發民智"的啟蒙號召。不能說這種號召沒有效果，但因為當時教育的難以普及——由於政治的與技術的原因——卻收效甚微。然而此時，卻另有一位老師，一位無名的、沒有任何宣言口號的老師，在民眾中進行着積漸的、幾乎看不見的工作；雖然緩慢到令人心焦，但竟然效果漸顯。這位老師，就是發生在每一個中國人身邊的物質文明的變遷。

當人們經過了無數驚詫、疑惑，開始小心翼翼地使用那些頗有"機巧"之嫌的西洋玩意兒後，真是眼界大開。試想，當一位商人初次利用電報較之驛馬的快捷，而獲得了最佳的商機；一位母親，因一袋不起眼的小小藥丸，拯救了大包草藥所難以挽救的愛子的生命；一位農夫，因初用化學殺蟲劑而畝產大增；一位學子，因現代印刷術，而有能力購取過去不敢想像得到的珍本圖書：當經歷了諸如此類的種種便捷有利的新奇之事後，原先充滿了火藥與血腥味的西洋風，開始在人們的心目中漸漸變得柔和，並在越來越多地自覺取用的過程中，引起了生活形態的變化，而越來越離不開它們。所謂"移風易俗"，這樁多少聖人賢哲以為難辦的事兒，竟然在民眾之中稍稍發生。這時，唯有在這時，被稱為"芸芸眾生"的人們才真正開始注意到那些同時傳來、而為知識精英們鼓吹既久的形而上的事物。共和、民主、自由等等，過去在他們看來都是"肉食者謀"的東西，弄不好要坐牢殺頭的東西，而現在，因種種給生活帶來便利與新意的玩意兒，竟都來自具有那種精神、那種政體的國度，於是他們心底本來也具有的希求美好的種子被慢慢啟發，於是他們對精英們為之獻身的那些思想開始有了真正的同情甚至認同，而現代化的意識，便以這種相當世俗化的形態在他們中間漸漸取代守舊而成為主流。也唯有在這時，精英文化方才獲得了它的民眾基礎，政治家們依新的理念建立的新政權也方才獲得鞏固與穩健發展的依託，儘管這基礎、這依託的呈現形態，並不盡同於他們預構的模式。

我如此來分析歷史演進的形態，並非要否定知識精英與政治家的重要作用，而只是想指出，他們所致力要實現的劇烈的思想轉軌與政權更迭，與民眾生活形態的漸變是互為表裡的，只有在二者達到主流趨向一致的情況下，社會變革才能順利實現。就這個意義而言，前者的彪炳業績背後，恰恰是後者潛移默化的偉力，當然二者的終極原因是包括科技在內的生產力的發展。也許，所謂"群眾是真正的英雄"，當作如是解。

鑒於上述認識，我一直想組約一種描述近代民眾生活形態轉變的、紮實而又耐看的著作，也請編輯室的同仁重點注意，但多年來未曾覓得真正愜意的稿子，因此當劉善齡先生的《西洋發明在中國》來到我的案頭之際，真有"踏破鐵鞋"而"喜出望外"之感。

這是一部十分有趣、卻同時具有深厚學殖根底的力作，在曲徑通幽般的娓娓敘談背後，其實蘊有積年爬梳與考訂的浩瀚功夫。讀着每一種發明那故事般的來龍去脈與在中國傳播的曲折過程，我的眼前浮現出了一幅幅近代中國社會生活的生動圖景；而同時，對於學者們討論不休的"國民性"問題，也有了較過去生動新穎得多的印象及理解。於是，我慶幸，不但前述的組稿意圖實現了，而且更獲得了我設想中的古籍圖書的一種新的表述形式，一種豐含知識，有學者氣質，卻又平易近人，悅目賞心的新文體，當然，它因此也具備了雅俗共賞的品格。

劉先生命我為他的這部著作作一序言，既然聲同氣應，自當欣然應命，故借此機會，就劉先生自序中已經論及而未及展開的觀點，作了些自覺尚有一得之愚的發揮，以就正於劉先生，也希望能對讀者有所幫助。

趙昌平

上海古籍出版社總編輯

1999.7.8

　　培根說：歷史能使人明智。然而王朝之興衰、偉人之成敗，離現實生活終究太遠，而科學的發展又如此的迅速，於是以不變應萬變的歷史教程，漸漸也就失去年輕人的喜愛。因而如何貼近人生這個課題，也就擺在了現代的歷史家和歷史教師面前。十年前美國史專家懷特在《美國歷史評論》發表文章，提議創立"影視史學"(Historiophygra)，目的是想讓歷史藉助現代傳媒，重新走向民眾。懷特企圖通過改變載體振興歷史，而另一位美國史家則是以敘述內容的革新，吸引年輕人的重視，他那本《生活週圍的歷史》因此而獲得美國獎勵非文藝類出版物的普利策獎。這本以日常物品的發明為內容的書，雖在70年代就已出版，但可惜直到現在還沒有見到它的中譯本，孤陋如我只能從書評中知道它的大概。不過那篇二十年前上大學時偶然讀過的書評，卻引起了我對物質史的極大興趣。懷着這個興趣讀書，漸漸發現我們生活週圍許多常用的物品，原來都是在近代由西方陸續傳入，諸如火車、輪船、飛機、大炮、自行車、黃包車、電燈、電話、電梯、電扇、電報、郵票、電影、幻燈、煤氣、自來水，乃至衣、食、住、行的各個方面無不受到西方物質文化的影響。甚至連紙張、火藥、印刷術和指南針這些赫赫有名的中國四大發明，也都是西傳之後再經過洋人的改造，才重新傳入中國流行於當今的。譬如沒有西洋人發明的木漿造紙，單靠青檀樹皮造的宣紙來印教科書，中國的文盲恐怕會更多；而近代印刷廠採用的谷登堡式的印刷機亦非畢升活字印刷可以同日而語。

　　近百年的歐風美雨曾在不同程度上衝擊着傳統和習慣，改變了已經持續數千年的農業社會的生活方式。可是過去我們習慣只從政治層面看中國近代史，結果從小學、中學，一直到大學的歷史課本，講授的都是經邦治國的大事、喪權辱國的條約。至於社會生活的演化，習俗時尚的變遷，書本上即使涉及，也只是意在反映地大物博、文化悠久。上述這些認識使我萌生了寫一本西物東傳史的設想。然而從設想到現在書稿即將付印，前後足足拖延了七、八年的時間。雖然這只能用自己的懶散來解釋，但諸如針頭線腦、紙煙洋火之類的史料，尋找起來確實比預想的要難；為了勾勒出西洋物品傳入時國人最初的種種有趣反應，不能不涉獵時人筆記，陳年報章以及近代人物的傳記年譜。這種史料的爬梳好像收集主題郵票般地可遇而不可求。正因如此，諸如牙膏、鋁鍋、熱水瓶之類 20 世紀初傳入的物品，仍因缺少足夠的材料最終未能成稿。

此外，有些物品的傳入雖然已有定論，但本書仍補證了新的史料：例如電影最早放映時間、人力車的發明和初到上海的年份。不過我在整個寫作過程中，始終把這本書定位為一本閒書，所以凡有礙趣味的考證寧可割愛；儘管寫作時引證過百餘種書，但也沒有像通常那樣作出腳註或列出參考書目，這對一般讀者想必不會帶來不便。

本書的最初構想是和顧衛民先生一起協商的，在寫作的過程中顧衛民和胡毅華兩位又一再為我提供所需的書籍，這對本書的寫作是不可缺少的。在長達八年的寫作過程中，如果沒有一些熱心朋友幫助和支持，對於我這樣一個沒有恆心的人來說，恐怕早就放棄了這個寫作的計劃，為此我要特別地提到張建一、鄭明寶兩位，在這裡向他們表示由衷的感謝。

1999 年 2 月 3 日

一、中國人看西洋鏡

聽說民國初年紫禁城裡的宣統皇帝佩戴眼鏡一事曾引起軒然大波，反對者不在少數。宣統費盡口舌最後才如願以償。可見傳統習慣之頑固強大。西方人發明眼鏡、望遠鏡、顯微鏡等等，本來就是為了增強人的眼力、擴大人的視野，它能打破自然對人的視力的限制，那麼它能不能打破社會對人的視力的限制呢？

人人愛看西洋鏡，西洋鏡裡究竟能看到什麼？

清代閨閣淑女看望遠鏡。

眼　鏡

　　學習歷史最頭痛的地方，或許就是記憶數不盡的年代。本世紀30年代美國Forum雜誌請了威爾遜、房龍和杜脫蘭三位名家，共同擬了六十六個世界歷史上的最重要年代，涵蓋了從紀元前到第一次世界大戰爆發這上下五千年的重大史事。

　　在那六十六個重要年代中，1250年因為有兩項影響後世的發明而入選。這兩項發明一是指南針，另一就是被培根稱為"對於老年人和目光弱的人都有用處"的眼鏡。

　　眼鏡究竟是誰發明的，答案至今沒有查清。本世紀20年代，英國《泰晤士報》登了拉斯烏森的文章，說中國早在孔夫子的時代就已經有了眼鏡，只可惜他的論據並不可靠。相反，眼鏡是明代由西方傳入的記載，我國文獻中卻屢見不鮮。清代歷史家趙翼《陔餘叢考》曰："古未有眼鏡，至明始有之，名曰靉靆（ài dài）。"這便是一例。

　　美國史學家布爾斯廷《發現者》說："公元1300年前後，有位年老眼花的歐洲匠人加工玻璃盤時，偶然發現透鏡可以幫助老人恢復眼睛的明亮，於是不久就有了一種帶柄的單片透鏡。後來人們把兩塊

明人繪《南都繁會景物圖卷》局部，在"兌換金珠"店幌子下有戴眼鏡的老者。

單片鏡的柄用關捩連接在一起，就成了放在鼻樑上的真正的雙片眼鏡。"

單片鏡在我國古代稱為"單照"。《道光蘇州府誌》曰："單照明時已有，舊傳為西洋遺法。"清顧震濤《吳門表隱》也説："前明只有單照，以手持而用之。"

其實，雙片眼鏡明代已經傳入，只是"此物極為貴重，或自內府，或鉤之賈胡，非有力者不能得"。明代張寧在《方洲雜言》中説他曾見過兩次：一次在指揮胡瀧家中，胡家眼鏡乃明宣帝（1403-1424年在位）御賜；另一次在參政孫景章處，孫"以良馬易得於賈胡滿刺"。張寧描述他親眼所見的眼鏡"如錢大者二，其形色絕似雲母石，而質甚薄，以金相廓而衍之為柄，紐製其末，合則為一，歧則為二"，還説，鏡片可摺疊放在盒子裡，盒子形狀似戲子匣。張寧説的就是從域外傳入的雙片眼鏡。

明代雙片眼鏡只見於記載，卻沒有實物傳世。有人發現明人繪製

歐洲早期的眼鏡。

《南都繁會景物圖卷》上有位老漢，鼻樑上架的正是這種眼鏡，和西方人1380年繪的聖保羅像所戴眼鏡屬同一類型。上海版的初一歷史教科書收有《南都繁會景物圖卷》，但很少有人知道它是眼鏡傳入我國的最早的圖像資料。

清代直到雍正年間，眼鏡還是稀罕之物。趙翼少年時"嘗聞貴人有眼鏡"，甚至乾隆末年戴眼鏡仍然是紈袴子弟追逐的時髦，難怪乾隆六十年（1795）一首《都門竹枝詞》説："車從熱鬧道中行，斜坐觀書不出聲，眼鏡帶來裝近視，學他名士老先生。"

等到嘉慶二十四年（1819）張子秋作《續都門竹枝詞》卻說："近視人人戴眼鏡，舖中深淺制分明，更饒養目輕猶巧，爭買皆由屬後生。"及至道光年間（1821-1850）李光庭寫《鄉言解頤》則說："數十年前，（北京）琉璃廠眼鏡舖不過數家，今則不啻倍蓰矣。"李氏的這則筆記還說，當時鏡片以"十二辰編號，從亥逆算，由淺入深"，眼鏡舖多以"遠矚"、"深衡"為店名，不過北京牌子最老的眼鏡店，恐怕要數乾隆年間創辦的"三山齋"。

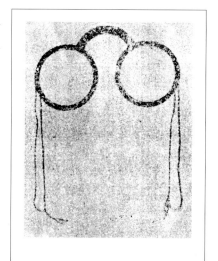

畢沅墓出土的眼鏡。

上海人買眼鏡最早的去處是康熙年間開業的"澄明齋"。王韜《蘅華館日記》記他1858年初到上海，"特詣洋行舖中"為友人購"靉靆鏡"，可見滬上開埠之後進口眼鏡大多由洋行銷售。廣州是清初唯一通商口岸，早期舶來眼鏡也都先經廣州。當地太平門外有條眼鏡街，就是昔日眼鏡的集散之地。

明代眼鏡分別由海上和陸路傳入。張寧《方洲雜記》云："似聞其名為優逮"，這個詞原來是阿拉伯文（即 uwainat）的譯音，又因讀音與《楚辭》中"靉靆"相近，而靉靆原意是指光線昏暗的意思，於是明朝人就借了這個優雅的名字來稱呼眼鏡。

"眼鏡"這個詞最早出現於清初，1816年刊刻黃芝的《粵小記》說：那時靉靆專指進口的玻璃眼鏡，因為我國缺少質量高的玻璃，蘇州工匠便以水晶製鏡片。為與舶來品相區別，本國水晶鏡稱為眼鏡。後來"眼鏡"這個詞逐漸取代"靉靆"這個外來詞彙。

眼鏡傳入之初，只是王公貴族的玩物，珍藏家中決不肯輕易示人。明末清初眼鏡流傳漸廣，鴉片戰爭前後更加普及。但戴眼鏡終究與傳統習俗不符，所以很長一段時間，從上到下都把它當作奇怪裝飾加以排斥。前面幾首竹枝詞反映的只是市井小民心態。溥儀在《我的前半生》中說："我十五歲那年，莊士敦發現我眼睛可能近視，建議請個外國眼科醫生來檢驗一下，如果確實的話，就給我配眼鏡。不料這個建議竟像把水倒進了熱油鍋，紫禁城裡簡直炸開了。這還了得！皇上的眼珠子還能叫外國人看？皇上正當春秋鼎盛，怎麼就像老頭子一樣戴'尖子'（眼鏡）！後來莊士敦不知費了多少口舌，加之我堅持這才解決。"紫禁城裡的這場風波發生在1921年，清王朝早就亡了，但封建的禮俗還是那樣頑固。

清末眼鏡的度數雖有了深淺規格，但中國最早用科學驗光的精益眼鏡公司，直到宣統三年（1911）才在上海開張。民國時期"精益"的分號遍佈全國各大碼頭。溥儀的眼鏡就是在"精益"的北京分號配製。"精益"的廣州分號先後接待過廣州軍政府的外交部長伍廷芳，財政部長唐紹儀，但這家百年老店最得意的，是他珍藏了孫中山先生的墨寶"精益求精"。這四個字是當年孫先生到店裡配眼鏡時，特意為他們題的。

望遠鏡

李漁是清代著名的戲曲家，而且又擅長寫小說，他的擬話本短篇小說集《十二樓》情節曲折，懸念迭起，文字也十分典雅。《夏宜樓》是《十二樓》中的一篇，說的是秀才瞿吉人藉助望遠鏡窺視閨閣隱秘，成功一段美滿姻緣的故事。

李漁的這篇小說完成於清朝順治年間（1644-1661），他在書中說：望遠鏡"這件東西的出處雖然不在中國，卻是好奇訪異的人家都藏得有"，"但可惜世上的人都拿來做了戲具，所以不覺可寶"。從這段話可以看出，明清之際玩望遠鏡的人已不在少數。

望遠鏡是17世紀發明的最重要的科學儀器，但究竟是誰發明的，卻是一樁纏訟多年還沒有定論的公案。目前多數文物學家認為，望遠鏡的發明者是荷蘭米德爾堡的眼鏡商漢斯·利珀希。1600年有幾個孩子在漢斯的店裡玩耍已做好的鏡片，他們偶然發現透過兩片疊在一起的鏡片，看到遠處教堂的風標，居然被放大了許多。漢斯當時也在場，後來他就根據孩子們的發現，製造了世界上第一架單筒望遠鏡。

漢斯的發明傳到其他歐洲國家，人們稱它為"荷蘭柱"。最初"荷蘭柱"只是貴族手中的玩具。後來才有人想到用它來瞭望敵軍的陣地。但當"荷蘭柱"傳到意大利人伽利略那裡時，這個不肯安份守己的科學家不僅造出了可放大三十倍的高效望遠鏡，而且於1609年的夏夜，居然忽發奇想，把鏡頭對準了上帝創造的宇宙空間。不久，他又把窺探到的"天堂"裡的奧秘，統統寫進了一本二十四頁的書中，書名叫做《恆星使者》。

1610年3月出版的《恆星使者》，引起過羅馬教廷的一片恐慌。但在天主教世界還沒有覺察這本書的危險時，耶穌會傳教士陽瑪若已經把伽利略的發現傳遞到了並不相信上帝創造萬物的中國人中間。陽瑪若在明萬曆四十三年（1615）刊刻的《天問略》中說：

近世西洋精於曆法，一名士務測日月星辰奧理，而哀其目力尪羸，則造創一巧器以助之。持此器觀六十里遠一尺之物，明視之無異在眼前也。持之望月，則千倍大於常；觀金星大似月……觀土星……圓似雞卵，兩側有兩小星……觀木星，其四圍有四小星。

陽瑪若最後還說，"待此器至中國之日，而後詳言其妙用"，可見那時中國人還沒有見到望遠鏡。但據裴化行《靈采研究院與中國》一文記載，1616年羅馬教廷樞機主教鮑落梅曾令植物學家法倍耳，設法為中國教會

湯若望《遠鏡說》插圖。

購置一架望遠鏡。此事結果怎樣並不清楚，所以教會史學者方豪認為，我國第一架望遠鏡係天啟六年（1626）由德國傳教士湯若望攜帶入境。湯若望這一年還編譯了《遠鏡説》一書，向中國人系統講述了望遠鏡的構造、原理和使用方法。蔡賓牟、袁運開主編《物理學史講義》評價這本書"標誌着西方光學輸入中國的開始"，同時也指出了湯若望繪的光路圖存在的錯誤。

在湯若望之前來華的鄧玉涵，對西方天文界的情況也極為熟悉。鄧是伽利略的好友，到中國前曾去慕尼黑拜會行星運行規律的發現者刻卜勒。鄧玉涵崇禎元年（1628）出版的《測天約説》談到的太陽黑子，就是刻卜勒門徒沙伊納最先發現的。沙伊納根據多年使用望遠鏡的經驗，發明了防止日光傷害眼睛的裝置，"視太陽及金星時，則加青綠鏡，或置白紙於眼鏡下觀太陽"。湯若望在《遠鏡説》中介紹了沙伊納的這項發明，他所謂的眼鏡是指望遠鏡的目鏡。

望遠鏡傳入中國，引起了"好奇訪異"者的興趣。但首先重視它的仍是修訂曆法的天文官。《春明夢餘錄》載李之藻《請譯西洋曆法等書疏》云："觀其所制窺天、窺日之器，種種精絕，即使郭守敬諸人而在，未或測其皮膚"；就連反對西方傳教士的南京禮部尚書沈㴶也承認"彼夷所制窺天、窺日之器，頗稱精好"（《破邪集・參遠夷第一疏》）。正因為如此，大學士徐光啟崇禎二年（1628）奏請，裝配

早期望遠鏡在軍事上的應用。

三架望遠鏡用來測天。但直到徐光啟死後，由湯若望監製的望遠鏡方才大功告成。

崇禎七年（1634），皇帝接"曆局"奏摺，即派太監前去驗看新製望遠鏡，然後又命令湯若望在宮中"築台"陳列。一切安排就緒，崇禎帝親臨觀看這架稱之為"窺筒"的望遠鏡，看後崇禎帝"頗為嘉獎"，此事在《明史記事本末》、《正教奉褒》、《治曆緣起》等書都有記載。

崇禎是最早用望遠鏡測天的中國皇帝。到了清代，帝王對望遠鏡興趣依然。張壽鏞《皇朝掌故叢編》曰："雍正八年（1730），皇上諭大學士等曰：'昔年遇日食四五分之時，日光照耀，難以仰視，皇考親率朕同諸兄弟在乾清宮用千里鏡驗測，四週以紙蔽日，然後看日'"，可見熱心科學的康熙帝，這時也曾帶領諸王子，用望遠鏡觀看過日食，他們所用的方法又正和湯若望《遠鏡說》介紹相同。乾隆三十七年（1773）十二月二十六日，意大利畫家潘延璋、法國機械師李俊賢獻給中國皇帝大小西洋奇器二十五件，乾隆最感興趣的也是一架用新法製作的短筒望遠鏡。

明清之際傳入的望遠鏡，實物已不復存在，但考諸史籍仍能了解蛛絲馬跡。伽利略《恆星使者》序云："把兩個透鏡固定在一個管筒的兩端，一個是平凸鏡，另一個是平凹鏡"。這種望遠鏡和早期的"荷蘭柱"其實並無明顯區別。沙伊納接受刻卜勒的建議，製成能夠伸縮的鏡筒，湯若望《遠鏡說》介紹"鏡只兩面，但筒可隨意增加，筒筒相套，可以伸縮，又以螺絲撐住，即可上下左右"，說的就是沙伊納改進過的那種。

經刻卜勒的建議，望遠鏡雖然得到改進，但物像仍然模糊。但澤天文家海維留斯為克服這一缺陷，製成筒長150英尺（折合十三、四丈）的望遠鏡。這種超長望遠鏡，需要一座塔樓支撐起來才能使用。崇禎七年，湯若望監製的窺筒運往宮中時先要築台，極可能是一架海維留斯式的長筒望遠鏡，或許"窺筒"就是這種長筒望遠鏡的中文專名。

伽利略等人的望遠鏡物像不清，主要因光線折射產生色差所致。

牛頓首先注意到了這個問題，並於 1688 年發明世界上第一架反射式望遠鏡。牛頓式的望遠鏡雖然只有六英寸長，卻能看清木星的衛星。前面提到進獻給乾隆的新式望遠鏡，很可能就是牛頓式的反射鏡。

望遠鏡不僅宮廷天文家使用，民間也有人用它觀察天象。明末清初人揭暄在《刻鵠齋叢書·璇璣遺述》中描述他在望遠鏡中看到的月亮："月內之黑帶有青紫、金黃色，一如老石榴皮。"揭暄是我國最早用望遠鏡進行月面觀察的人，他所見到的月色也許是由鏡片色差形成的。除了文字的描述，揭暄還為後人留下了中國最早的月面圖。

最先重視"荷蘭柱"的是荷蘭的一位將軍，湯若望《遠鏡說》也詳細敘述了它在軍事上的用途。據鄒漪《啟禎野乘》記載，崇禎四年（1631）薄珏為中丞張國維造炮，"每置一炮，即設千里鏡，以偵賊之遠近"。《台灣外紀》說鄭成功患風寒而死，臨終前一天還"強起登將台，持千里鏡，望澎湖有舟來否"。康熙年間成書的《八紘譯史》記述荷蘭海盜船用望遠鏡測被攻擊的船之遠近，說："紅毛鬼，倭之別種，在交趾南大洋為盜"，他們"間上桅斗，照千里鏡，見舟如豆則不可及，若大如指，則接其桅而進焉，雖百里，逾時可接"。

望遠鏡傳入中國，不僅用於天文、軍事，也有相當一部分是為了滿足士大夫對西洋器具的好奇。收藏望遠鏡的風氣直到清末仍很盛行。曾國藩女兒曾紀芬年譜就有她從小在家中玩望遠鏡的記載。清朝《粵海關誌》規定，每架望遠鏡徵關稅銀四兩，市場售價自然還要高出許多。清代進口風琴、銀規矩等都要先折成望遠鏡徵稅，由此可見望遠鏡進口數量比上兩種物品更多。

丹尼爾·布爾斯廷《發現者》說：在伽利略的時代，"窺測天堂的外貌是多事，是放肆，甚至有可能被證明為褻瀆神明。伽利略簡直是個神學上的下流偷看者"。李漁在《夏宜樓》裡描寫一個秀才用望遠鏡偷看婢女在池塘中裸浴。無獨有偶，望遠鏡傳入日本不久，作家井田西鶴也曾創作過一篇小說《一生好色的男子》，書中的插圖便是九歲的主人翁蹲在屋頂用望遠鏡偷看女傭的淋浴。伽利略的"偷看"雖然和東方登徒子有所不同，但伽利略在神學家眼裡是下流的，瞿吉人之流在道學家眼裡也是下流的。他們的共同之處是，都想用望遠鏡打開世俗的禁區。望遠鏡拓展了人類的視野，同時它也解放了人類的思想。

顯微鏡

顯微鏡的發明在望遠鏡之前。和望遠鏡大張旗鼓傳入中國相比，顯微鏡在早期史籍中卻顯得默默無聞。

1590年，荷蘭製鏡工匠詹森用一塊凸透鏡和一塊凹透鏡製作了第一台顯微鏡。因為是用兩塊鏡片組成的，所以又稱它為複式顯微鏡。相對複式顯微鏡的，是用一塊鏡片磨成的，能夠聚光點火或放大物體的單顯微鏡，平時我們又叫它放大鏡。單顯微鏡的歷史可以追溯到遙遠的古希臘時代。而伽利略是第一個用複式顯微鏡進行科學研究的人。胡克在1665年寫了一本書，名為《微觀畫集》，這本書第一次為人類展示了蒼蠅的眼睛，蜜蜂的螫刺，跳蚤、蝨子的解剖過程，這些都是胡克在他自製的一台複式顯微鏡下看到的。但複式顯微鏡和望遠鏡一樣受到色差的影響，所以在17世紀像列文虎克這樣的科學家，還經常用單顯微鏡進行研究。

顯微鏡何時傳入中國，史書沒有明確記載，但在順治年間（1644-1661）成稿的《十二樓》裡，已有了一段描述顯微鏡的文字，說："大似金錢，下有三足，以極微、極細之

胡克的複式顯微鏡。

物，置於三足之中，從上視之，即變為極宏、極巨。蟻蝱之屬，幾類犬羊；蚊虻之形，有同鸛鶴；並蟻蝱身上之毛，蚊虻翼邊之彩，都覺得根根可數，歷歷可觀：所以叫作顯微鏡，以其能顯至微之物，而使之光明較著也。"

李漁描述的顯微鏡，"大似金錢，下有三足"，好像不是複式的顯微鏡，而是單顯微鏡。亞·沃爾夫的《十六十七世紀科學技術和哲學史》說：在 17 世紀"這種單顯微鏡通常用於觀察昆蟲，因此人們給它起了個綽號，叫'蚤鏡'或者'蠅鏡'"。李漁的顯微鏡也是用來觀察蟻蝱蚊虻等昆蟲的。由此可知明清之際，西方人稱為蚤鏡、蠅鏡的單顯微鏡已經傳入了中國。據《吳縣誌》記載，和李漁同時的蘇州眼鏡匠孫雲球曾經製作過七十多種鏡子，被人譽為"巧妙不可思議"，其中察微鏡或許就是李漁所說的顯微鏡。

直到近代，中國人所謂的顯微鏡其實仍是單顯微鏡，甚至是普通的放大鏡。上海人毛祥麟同治年間（1862-1874）刊刻的《墨餘錄》便說："西洋顯微鏡，雖至微之物，視之歷歷可數。今肆中所賣，不過晶鏡之厚者，照物略大耳。余曾見二鏡：其一以紫檀木作小匣，內藏綠木板一片，方寸許，中嵌一鏡約長二分，闊分餘"，用它可以看清刻在芝麻上的微雕唐詩；另一架為圓鏡"以赤金為邊柄，大如小鈕扣"，用它可以看"大不及寸，高約五分"的匣子裡藏的一本共有六頁的小書，書上"山川樹木，殿宇橋樑，人物舟楫，無不畢具"。

毛祥麟雖然已經知道"肆中所賣"的顯微鏡，不過是"晶鏡之厚者"，但他所見的"兩鏡"充其量也只能算單顯微鏡。至於能觀察微生物的複式顯微鏡，那時的出洋考察日記多少為我們提供了信息。1866 年斌椿、張德彝訪問瑞典首都斯德哥爾摩，參觀"積新宮"時，觀看了一種投影顯微鏡。《航海述奇》云："後往一小館，係以顯微鏡照異物映影於壁上者，屋中黑暗，西壁嵌有玻璃不甚大，觀者面東壁而坐。術者以滴水放於顯微鏡上，向日而照，映諸對壁，則水內小蟲無數，蠕蠕如

用來觀察昆蟲
的蚤鏡。

魚蝦者，醋內照之有蟲如蟬，千百飛舞，大皆三尺許。河水照之有如蝎如蟹之蟲，大皆三四尺。"斌椿《海國勝遊草》也稱投在壁上的照影"蚤蝨大於車輪，毫髮粗於巨蟒"。志剛《初使泰西記》記他在美國見到的"電氣光視顯微鏡"時說："將麵糊塗於徑二尺許、邊薄中厚之顯微鏡，鏡後發電氣光，人在鏡前觀之，有寸許至尺許大之蟲，或蜿蜒而行，或蠕蠕而動。蓋一切食物及湯水皆有生機之動……故冷水及隔宿有湯水之物，皆不可食，觀於此而益信，當知所戒矣。"

同治年間中國人還在津津有味地談論顯微鏡中看到的水中小蟲時，被恩格斯稱為19世紀三大科學發現之一的細胞學說建立已經有了三十多年。德國著名的顯微解剖學家馮·莫爾正是藉助一架消除了色差的顯微鏡，進行了長達四年的觀察，終於在1835年弄清了細胞分裂的過程，而與顯微鏡有關的科學傳入中國，已經是19世紀末葉的事了。

顯微鏡不僅有助於科學研究，對於日常的生產也有很大的幫助。光緒十六年（1890），薛福成在巴黎會見法國"育蠶會"教習郎都，得知從中國引入蠶種的法國，當時的產絲量竟比中國高出三倍。究其原因主要是西方人養蠶，每年都要用顯微鏡選種，"視蠶身之有黑點者，即知其生之子皆不可

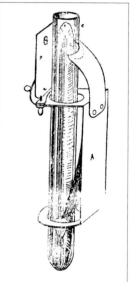

列文霍克的單顯微鏡用於觀察魚尾中的血液循環。

用"，所以他建議："欲救其弊，莫如每年多寄蠶子到巴黎育蠶會中，代為查驗精揀，然後寄還，分給江浙民家，並勸令各購顯微鏡一具。華民果能漸自辨別，……中國蠶務方可保也。"光緒年任南書房翰林的徐琪在《南齋日記》中記己亥年（1899）五月三十日慈禧在儀鸞殿召見他時的對話："（慈禧）又問曰：'浙江農工商局，近來亦辦得如何？'臣對曰：'現在浙江經劉樹棠竭力整頓，一切當有起

13

色。即如從前養蠶不精，近仿西法，用顯微鏡先照，將蠶子有毛病者先行挑出，所以近來所養之蠶既好，絲亦較從前漂亮。'"漂亮有光潔的意思，從這段記載中可知，19世紀末浙江民間已有了用來辨別蠶子的顯微鏡。

清末稱放大鏡為顯微鏡。

二、騎自行車的"真龍"天子

交通是城市文明的象徵。封建社會能夠以車代步起碼也得是個地主富商。雖然黃包車被"五四"時代的激進青年責之為違背人道，但和八抬大轎相比它終究是一種進步。正是不計其數的"祥子"把中國的歷史拉進了20世紀。而等到真龍天子也騎上自行車的時候，中國的城市理所當然也就應該擁有自己的公共交通，於是坐黃包車的、拉黃包車的，先後都坐上了德國西門子發明的電車。你說這究竟是政治進步了，還是科學進步了？

李鴻章出使美國，頭一次見到
洋姐騎自行車，就是這樣一個
輪子大，一個輪子小的。

清末只有貴族家才有童車。

末代皇帝溥儀也是第一代會騎自行車的中國皇帝。只是學會了騎車，皇上卻
只能半夜悄悄騎了車，到筒子河畔做他的復辟夢了。

黃包車

　　西方人到中國看到滿街跑的黃包車，以為它是中國人發明的。可是中國人卻叫它“東洋車”，說它是由日本傳來的。光緒二十九年（1903）姚鵬圖赴大阪參加日本第五屆內國博覽會時，作有《扶桑百八吟》，云人力車創於明治二年（1868），“當文明萌芽之初，頗利民國”。由此可知東洋車發明是在 1868 年，然而，日本的黃包車究竟是誰發明的，就連那些熟悉掌故的人也說不清楚。倒是德國人類學家利普斯為我們找到了問題的答案，他在《事物起源》中說：黃包車“是美國人的一項發明。距今僅一百年前，住在橫濱的基督教傳教士果伯（Jonathan Goble），妻子有病，醫生囑咐她作‘輕微的室外鍛煉’。傳教士果伯在一個日本木匠幫助之下設計了這種車子。一個精明的法國人看見了這種車子，把它付諸實現，並於 1847 年（應作 1874 年——筆者註）把它介紹到中國。……”

　　那個精明的法國人名叫米拉，他見上海市內交通仍以轎子和獨輪車為主，便在同治十三年（1874）從日本引進了三百輛人力車，開辦了滬上最早一家洋車行。姚覲元《弓齋日記》云：“乘馬車劋疾而不適意，東洋車以人代曳疾馳，穩而價廉，處處皆有。”由這則記於光

黃包車又叫東洋車，發明它的其實是個西洋傳教士。歷史就是被黃包車從 19 世紀一直拉進了 20 世紀。

緒五年（1879）的日記可知，僅隔數年滬上的洋車已經十分流行。英國駐滬領事許士在1882年度的貿易報告中也稱："英美租界中中外人士都使用的人力車為2500輛，四輪馬車260輛，此外還有幾乎只有中國人使用的1500輛獨輪小車。"

黃包車之傳入香港似乎比上海還要早。據子羽1975年編著的《香港掌故》所記，洋車傳入香港是在一百一十四年前。以此推算當在1861年。如果這個年代沒有錯的話，那麼香港傳入洋車就比上海要早十幾年。但按姚鵬圖有關人力車發明的記載，香港傳入人力車似乎不該早於1868年，即明治二年。

早期洋車安的是木質輪，車輪高大而且包裹了鐵皮。

在北京，最初只有東交民巷使館區的洋人才坐東洋車。但到19世紀末、20世紀初，北京坐洋車的人日益增多。"兩宮出入多乘東洋小車，製如滬上，惟黃帷朱輪耳"，從京官王仁堪1890年給李經方的信中可知，連慈禧太后、光緒皇帝這時也坐起了黃包車。後來，八國聯軍侵入北京，街上洋車更多，仲芳氏《庚子紀事》記那年九月天安門裡的市容說："大車、轎車、東洋車亦任意馳騁，塵土障天，車聲震耳。"

早期東洋車安的是木質輪，車輪高大而且包裹了鐵皮，所以行駛起來隆隆作響。後來車輪改小，又用鋼圈

西洋發明在中國

橡皮輪代替了木質輪，坐起來才安穩而適意。不過洋車質量好壞，最講究的還是車箱下鋼簧的彈性。彈性好坐上去震動也小，拉起來既快又省力，北京的車行稱這種洋車為 "弓子軟"。洋車不僅要弓子軟，而且車把也需要有彈性。這樣的車跑起來，單靠乘客的體重，就可使車軸自己向前滾動，車夫只需以虎口壓着車把，不讓車翹起來就行了。由此可見果伯的設計十分符合現代力學的原理。

本世紀 20、30 年代是洋車最多的時期，不到二百萬人口的北京，約有洋車十萬輛左右。香港在洋車的全盛時代，也有八千多輛。根據這兩項數字，利普斯估計全中國洋車總數四十萬輛，恐怕是只少不多。

那時各大城市的洋車，不僅數量多，而且分成了許多等級。有錢人家裡置備的私人車稱為 "包車"，車身華麗，車箱後面還釘塊銅牌子，刻上 "某宅自用" 的字樣。香港的包車後面插兩支雞毛帚，前面裝兩盞電石燈，踏腳板裝着車鈴，坐在上面的車主不斷踏響車鈴，招呼行人讓路。高等洋車價錢不菲，據民俗學家鄧雲鄉《燕京鄉土記》說，北京洋車售價可達一百到一百二十銀元，合一兩二錢黃金，按現在的金價折算實在不算便宜。

黃包車把歷史從 19 世紀一直拉進了 20 世紀。

抗日戰爭時期，汽油供不應求，民用汽車無法上街，於是腳蹬三輪車應運而生。此後，這種新的人力交通工具逐漸取代了洋車的地位。但是，直到 1956 年，上海最後兩輛黃包車才被送入歷史博物館。香港人稱洋車為"車仔"。直到 60 年代，香港街頭還可見供人遊玩的"車仔"。據說日本商人當時特意到香港，購回六輛東洋車，專供遊樂場所使用。現在，在日本某些旅遊點，常可看到號衣鮮新、車飾亮麗、鈴聲叮噹的黃包車，頗得遊人青睞。

西洋人發明的東洋車，在東方風行了大半個世紀，它們不僅承擔了城市客運中相當繁重的任務，而且也在近代文學作品如老舍的《駱駝祥子》、魯迅的《一件小事》中留下了有關的不朽的藝術形象。可以說祥子是幾十萬人力車夫中閃光的藝術典型，因為像他這等忠厚純樸的車夫並不少見。19 世紀末年的《點石齋畫報》就曾有過多次關於善良車夫的真實報道。《車夫仗義》說一個名叫胡阿庸的勞工，原是受僱於洋人的馬車夫。洋人破產後欠了他一筆工資，阿庸並不上門索債，只是默默改行拉起了東洋車，後來得知原先的僱主老弱多病窮困潦倒，阿庸即將他接至車夫寓所與之同住，並以自己微薄收入贍養了他多年。洋人臨終前找來住在密采里飯店的自己的同胞，將好心的中國車夫撫養他的經過公之於眾。事情傳開後，上海的外國僑民為了表彰胡阿庸的善行，集資二百三十元作為酬謝。一個中國窮苦車夫的品德並非酬金的多少所能衡量，正因為中國車夫中有過千千萬萬的胡阿庸，老舍才能創造出祥子。風靡中國的人力車如今已經成了歷史的徽記，然而隨着《駱駝祥子》和《一件小事》這些不朽作品的流傳，人們將永遠能夠聽到人力車那滾滾的車輪聲。

自行車

大約五千年前，人類就學會了製造車輪。後來雖然造出了各種不同式樣的車輛，但直到 1691 年法國人西弗拉克才發明了兩個軲轆一前一後的車。西弗拉克的車只能靠輪子滾動，沒有駕駛的裝置。1817
年馮·德雷斯發明了可駕駛的自行車，不久麥克米倫又在車的後輪裝
上了關鍵的部件：腳踏板和曲柄。1861年這些裝置又被移到了前
輪。

　　由於沒有齒輪和鏈條，踏板每轉一圈，車輪也只能轉一圈，所以
要想車子跑得快，前輪必須盡可能做得大。同治五年（1866），斌椿
率同文館學生赴歐洲考察，在巴黎的街頭就曾見過這種一個輪子大，
一個輪子小的自行車。他在《乘槎筆記》中稱這種車 "隻輪貫軸，兩
足跨軸端，踏動其機，駛行疾於奔馬"。最早將腳踏車稱為自行車的
是張德彝，他在《歐美遊記》中，描述同治七年（1868）隨志剛出使
倫敦時見到的自行車，"前後各一輪，一大一小，大者二寸，小者寸
半（寸為尺之誤──筆者），上坐一人，弦上輪轉，足動首搖，其手
自按機軸，而前推後曳，左右顧視，趣甚"。當時法國自行車也許比
英國更多，張德彝的巴黎日記云：

　　見遊人有騎兩輪自行車者，西名曰 "威夒希兆達"，造以鋼鐵，前輪大後輪
小，上橫一樑。大輪上放橫舵，軸藏關鍵，人坐樑上，兩手扶舵，足踏軸端，機

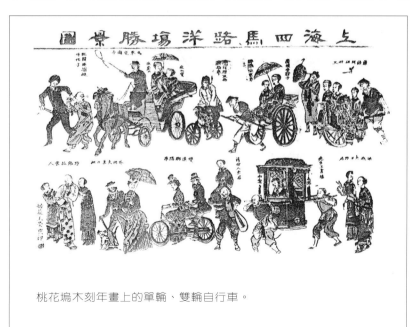

桃花塢木刻年畫上的單輪、雙輪自行車。

動馳行，疾於奔馬。欛尾有放小箱以盛行李者也。出租此車，每一點鐘用法方（即法郎）若干，另有鐵房，為演習乘車之所。

從張德彝的日記中可以知道，巴黎當時有出租自行車和傳授車技的專門業務。當時的高輪自行車很難駕馭，尤其下坡時決不能剎車，否則便會摔得鼻青眼腫。騎車很不安全，所以難以普及。

這種必須掌握嫻熟技巧才能騎的車，最晚在光緒初年已經傳到了我國。葛元煦在光緒二年（1876）刊印的《滬遊雜記》中說，騎車"兩手握橫木，使兩臂撐起，如挑沙袋走索之狀"。由於騎車難，"非練習兩三月不能純熟"，所以當時上海騎車的人很少。

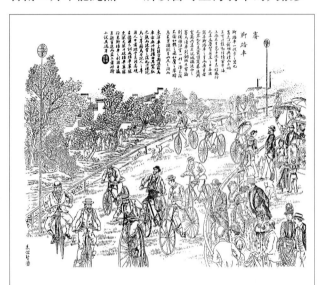

中國最早的自行車比賽（上海 1897 年）。

創刊於光緒十年（1884）的《點石齋畫報》曾對高輪自行車作過多次報道。其中《西婦善御》一文敘述上海交通，"以小車、東洋車、馬車為多，間有乘西人所創之獨輪腳踏車者"，指的就是這種前輪特大的自行車。文章說騎自行車雖只須兩足伸縮，便能運用自如，但因摔跤不免"隕越貽羞"，所以即使強健男子騎車"猶懍懍焉"。接着文章筆頭一轉，便為讀者講述了新加坡西婦蒸里能夠"傍坐於車畔而以一足踏機器，車輪流動之時不必復以足踐，自覺攸往咸宜"的高超車技。此外，《點石齋畫報》還報道過 1897 年李鴻章訪美時，在紐約遇見一位騎高輪自行車的女孩，這位洋務派的領袖人物特意邀請她到旅館相見，可見女子騎車在李鴻章的眼裡也很新鮮。

　　自行車要普及必須使它變得既快捷又安全。直到 1885 年也就是光緒十一年，英國人斯塔利發明了腳踏車鏈條之後，才實現了這個目標。後來，鄧祿普又在 1888 年給這種名為 “安全漫遊者” 的車裝上了充氣的輪胎。於是在一百年前，構造略同於今的自行車便問世了。

　　鏈式傳動自行車發明不久就傳到了中國，首先擁有它的是在沿海做生意的西商。 19 世紀末有弗來、薩倫和恆羅等三名平均年齡只有二十歲的西方青年，騎剛發明的新款自行車進行環球旅行。他們從英國出發，歷時 532 天，行程 14322 英里來到上海，成為本地轟動一時的新聞。三位青年旅行家抵達上海的那天，前去迎接的外國僑民一百多人，也都騎了自行車，可見這時上海的自行車已經不少。光緒二十三年（1897），上海租界為慶賀英國女王維多利亞登基六十週年，還在賽馬場舉辦了一次自行車比賽。《點石齋畫報》描述這場史無前例

最早騎自行車環球旅行的三名美國青年經過上海。

的賽事說：

> 車則鋼絲如雪，輪則機括維靈，一升一降，不疾不徐，如鵲之飛，如鷹之
> 隼，瞬息數里，操縱在兩足之間。

關於鏈式自行車，《點石齋畫報》還曾介紹過法國建立"踏車部
隊"，使用了摺疊式自行車，而德國軍隊則訓練軍犬，以對付自行車
部隊等新聞。

"東洋車不能方斯迅疾，馬車亦無此輕揚"的鏈式自行車經過報
紙的反復宣傳，漸漸也被喜靜而不好動的士大夫接受，到公園遊樂場
去嘗試騎自行車的樂趣，成了他們下海的第一步。孫寶暄《忘山廬日
記》光緒二十四年（1898）三月二十七日云："晡至張園，觀諸人試
足踏車"，看來作者還只是一個在岸上觀潮的人。從桃花塢木刻年畫
《上海四馬路洋場勝景圖》可知，當時傳入的鏈式腳踏車還有同時騎
兩個人的雙運腳踏車。

上海第一個擁有腳踏車的華人，據埃米莉·哈恩《宋美齡傳》
說，是宋氏三姐妹的父親宋耀如。宋耀如七歲時被送到叔叔在波士頓
開的雜貨舖做學徒，至 1886 年回國時，已經二十歲，成為一名牧
師。斯塔利發明鏈條式自行車就是在他回國前一年。據說宋耀如很喜
歡騎車，1900 年他的長女宋藹齡過十歲生日時，得到的生日禮物便
是一輛自行車。哈恩
說：宋藹齡"是當時中
國所有女孩當中第一
個擁有腳踏車的女
孩"，還說這個十歲的
小女孩經常隨父親騎
車出遊，並喜歡"作弄
環繞街上的警察"。但
從英國駐滬領事館的
貿易報告來看，我們
對這一記載不免疑
問。早在 1897 年自行

李鴻章在紐約見到騎自行車的少女。

車和自行車零配件的進口，已經開始被列入了當年的統計資料中。據這份報告說，那一年進口的自行車及零配件總值為10000鎊。報告還說，"首先來到本市場的是美國產的自行車，但是現在已有幾家出名的英國商行在這裡開設了代理處。報告的編製人、代理總領事滿思禮認為很多中國人已開始騎車，因而看來隨着內地交通的改善，最後很可能會產生大量的自行車貿易。"想來到辛亥革命之後警察恐怕就更加不會害怕騎自行車的小女孩，因為據上海交通安全報社編的《掌故與趣聞》云：上海1925年僅公共租界的自行車就有九千八百餘輛，1930年增加到了二萬輛，1948年上海擁有自行車更高達二十三萬輛。

本世紀初自行車在大城市尚未普及時，為了給一般市民提供騎車的機會，上海也曾出現過巴黎那種專門出租自行車的車行。1901年在當時英租界出現了第一家中國人辦的腳踏車行，名叫"同昌車行"。最初車行裡出售的都是英國品牌，如三槍、大炮、台頓和飛利浦等。在辛亥革命前夕，德國造的自行車則以價廉物美擠進了中國市場。到第一次世界大戰期間，車行裡充斥的又都是日本貨了。直到1930年，同昌車行的老闆才在上海的安遠路上辦起了一家裝配小廠，生產出了第一批國產的自行車。

本世紀20年代，城裡年青人只要有錢，想買輛車已經不難。可是在紫禁城裡關起門來做皇帝的溥儀，一直到他結婚時，堂兄溥佳才送了一輛自行車給他作禮物。溥佳的《溥儀大婚紀實》說："因他從未騎過自行車，看了十分高興，就開始練習起來，不料陳寶琛得知後，把我狠狠申斥了一頓：'皇上是萬乘之尊，如果摔了，那還了得。以後不要把這些危險之物進呈皇上。'"溥儀並沒有接受陳寶琛的勸阻，練了幾天就學會了。後來他又買了許多車，帶着隨從在宮中騎着取樂。他在《我的前半生》中回憶說："為了騎自行車方便，我們祖先在幾百年間沒有感到不方便的宮門門檻，叫人統統鋸掉"。據御前外隨侍從周金奎回憶，宮中還曾以一百元月薪，聘請飛車小李三當自行車教習。由此可見民國初年北京城裡不僅以騎車為時髦，而且也湧現了不少騎術很高的車手。

25

溥儀一生喜歡騎自行車，據他最後一位夫人李賢淑回憶，直到晚年，他還常常騎車，而且騎得很快。但李賢淑說溥儀從來不把自行車看做交通工具，這一點恐怕說得不夠確切。溥儀自己在《我的前半生》中就曾說過，1925年他被攆出紫禁城躲進日本使館後，常在深夜帶了隨從"騎自行車外遊"。他說："有一次我騎到紫禁城外的筒子河邊上，望着角樓和城堞的輪廓，想起了我剛離開不久的養心殿和乾清宮，想起了我的寶座和明黃色的一切，復仇和復辟的慾望一齊湧到我的心頭，不由得心如火燒。我的眼睛噙着淚水，心裡發下誓願，將來必以一個勝利的君王的姿態，就像第一代祖先那樣，重新回到這裡來。'再見'我低低地說了這兩個雙關含意的詞，然後跳上車子疾駛而去……"

自古高貴者的車子都是靠他人之力，或者畜力牽動的，如今連"皇上"也能用自己的雙腳把自己載到了紫禁城下，這畢竟是歷史的進步，然而坐在自行車上的末代皇帝做的依然是復仇和復辟的夢。

電 車

在中國近代史上徐壽以化學聞名，他的兒子徐建寅則是一個"學貫中西，閱歷海外"的兵工技術專家。徐建寅1879-1881年曾往英、法、德等國考察工藝技術，因為是內行，對工藝的觀察比別人細緻、具體，所以他的旅歐日記在科技史上特別有價值。光緒六年（1880），徐建寅在德國參觀了西門子電機廠，後來又應邀出席了西門子的家宴。他的《歐遊雜錄》記曰：五月二十六日"晚六點鐘赴電學名家西門司宴，男女客數百人，內部、商部等尚書皆到。各國出使人員，惟中國而已"。

西門子是偉大的電器發明家、西門子公司的創立者，電車就是他發明的。1880年徐建寅和西門子見面的時候，柏林正在鋪設有軌電車的軌道。

　　繼徐建寅之後到歐洲考察的薛福成，也是一個頗有眼光的洋務派官員。他在西門子的電車通行九年之後，向國人介紹說：“泰西各國，近於火車鐵路之外，創行電車，僅於通都大邑試辦，不過數里或數十里而已。……火車笨重……車之大小多少，不能隨時增減；電氣則可相機損益。況火車之煤煙灰土，尤覺可厭；以電行車，則清潔無比。……吾恐數十年後，各國之鐵路火車，又將悉改為電車也。”（《出使英法義比四國日記》）

　　薛福成寫這則日記是在光緒十六年（1890），兩年之後他便在英國乘坐了穿越泰晤士河河底隧道的電車，他的《出使日記續刻》云：“余於半月前，偕王省山坐電氣車，過泰晤士江底之下，至江南岸，仍坐電車而返。蓋電氣之可以行車，近年始得其法，風氣尚未大開。倫敦之電車公司，惟此一處，且尚不能行遠也。電車所行鐵路與火車相同，惟鐵路之中間，有一銅條，車上亦有一銅條與之相磨，時見電光迸閃，……車上及其兩旁，較火車猶為潔淨，無煙霧之迷浸，無煤灰之充積。江底之下開路一條，車行其中，上面皆砌以白石，江泥不能塌下，江水不能滲透，一路照以電燈，光明如晝。……每客價僅三本士（便士），每次多則二百餘人，少僅一二十人。其價所以如是之廉者，蓋以其行之速，可取償於客之多也。”

　　薛福成坐電車時，倫敦城裡還沒有電車，但到第一次世界大戰之前，“世界上幾乎沒有一個大城市或中等城市沒有電車”了（德博諾《發明的故事》）。在中國，電車最早出現在英國人統治下的香港，1902年香港成立電車公司，1905年電車正式在香港通車。子羽《香港掌故》描述早期的電車車廂說：“廂內打橫排排坐，車輛兩邊都無關欄，後來才改成有門上落的車，只是單層而無樓上，設頭等、三等而無二等。收費是頭等一毫，三等三仙。不久，車廂改為兩層，樓上頭等仍收一毫，樓下三等改收五仙。”

　　天津通電車比香港晚一年。根據比利時商人和清政府簽訂的天津電車電燈公司合同，該公司首先環繞舊城鋪設軌道，並於光緒三十二年（1906）正式通行電車。最先開闢的那條線路稱白牌車，後來又陸續開通了紅牌、藍牌、黃牌、綠牌和花牌等五條線路。

1908年（光緒三十四年）3月5日，凌晨5點30分，上海第一輛帶小辮子的有軌電車，從靜安寺出發經愚園路（今常德路）、愛文義路（今北京西路）、卡德路（今石門二路）、靜安寺路（今南京西路）向東行駛到了外灘上海總會，全程六千零四十米。有軌電車在上海通車引起了意大利攝影師阿‧勞羅的注意，他特意趕到現場拍了十多分鐘的紀錄片，在電影院連續放映了好幾個月，仍深受歡迎。

　　鋪設上海第一條電車軌道的是中英合辦的上海電車公司，後來由於營業清淡，中方股東提出退股，公司才由英國人獨資經營，但中國人的股票十元只收回了一元。1939年出版的《上海產業與上海職工》一書分析電車公司最初不景氣的原因說："乃因歐化初來，風氣未開，一般市民疑神疑鬼多不敢乘坐。"為了吸引乘客，上海電車公司專門僱用一批失業遊民和流氓，每人給藍短衫褲一套，終日坐於車上，日給飯資三角，又以花露水、牙粉、牙刷、香皂等日用品贈送乘客，在車身外還大字書寫："大眾可坐，穩而且快。"並僱樂隊吹奏洋喇叭。天津電車通行之初，市民也因怕觸電不敢乘坐，比利時商人招攬乘客的辦法，先是免費試坐，繼而收取極低廉的票價，而且頭等車廂還設了絨墊座位，並有地毯、痰盂、電扇等設備，連二等車廂也擺了藤椅。後來乘客多了，車廂不分等級，車票也從半個銅元漲到三個銅元。

　　上海除了英商辦的電車公司之外，還有法商經營的電車線路。最初英電的車是有軌一路、二路，後來增加了七路、八路。法電有軌車有一路、二路、五路、六路、七路和十路。1910年美國人發明了無軌電車，英電和法電至1914年起，也在上海增闢了無軌電車，如英電的十四、十五、十六路，法電的十八、二十四路。其中有的線路一直保持到了現在。

　　1949年以前除上海、天津、香港以外，北京、長春、瀋陽、本溪、哈爾濱、大連都有過有軌電車，而行駛無軌電車的只有上海一地。但到《中國電力工業發展史》出版的1989年，我國已有二十六個城市擁有4500輛無軌電車，僅次於前蘇聯，居於世界第二位。然而國外無軌電車的全盛只是在第一、二次世界大戰之間，到本世紀60

西洋發明在中國

年代除了街道寬闊、交通不太擁擠的城市之外，西方許多城市都已陸
續拆除了無軌電車的線路，而代之以公共汽車。

姚公鶴本世紀初撰《上海閒話》説，上海租界有自來水、煤氣、
電燈、電話時，當時文人於 "矜奇炫異之中，尚不免作言外之諷
刺"，對於 "一般瞽盲之謠諑"，也時常 "詳載其辭"，覺得不無可
信之處。開辦電車之始，當時輿論雖仍有反對者，"然而抵抗之詞，
大致不外危險生命一語"，闢去了從前 "種種迷信浮談"。這是由
於，"中流以上人知識之增進，固迥異於往初，即勞動苦力之在中下
流者，亦頗有進步之可言"。

香港、上海的電車。

三、列子御風

　　列子是戰國時代的一位名人，傳說他能夠駕着清風遨遊藍天。這曾經引起一代又一代中國人無限的嚮往。然而時至 19 世紀，誰能想到，古老的傳說竟然變成了現實。西方人發明的輪船、火車、飛機一樣接一樣地傳入中國，中國人在驚愕讚嘆之餘，不能不重新開始認識自己和世界。

1932年《地理雜誌》上的西洋帆船。

孫中山興辦鐵路。

引自從1924年英文《世界地理》上的輪船和火車。

隆裕靈柩上火車。

北京前門火車站。

西安事變和平解決後，周恩來回到延安。

1924年英文《世界地理》上的飛艇和飛機。

1946年6月，國民黨政府還都南京，圖為蔣介石走下飛機。

1948年12月17日，英國海外航空公司"潑馬騰號"客機由倫敦起飛，於當天下午2點50分抵達上海。這是第二次世界大戰後，英國與中國首次通航。圖為停泊在上海黃浦江面的"潑馬騰號"水上飛機。

火 車

上海河南北路塘沽路口有家菜市場，老人們叫它鐵馬路菜場。我國最早的鐵路——淞滬鐵路是從今天的河南北路通向吳淞的，當年的火車站就設在那家菜場的位置，故留下了"鐵馬路菜場"這個名字。光緒二年（1876）淞滬鐵路通車，中國人就是在這兒，第一次聽到了火車的汽笛聲。

英國是火車的故鄉，斯蒂芬森修築的世界第一條鐵路，1825年9月27日在英格蘭北部小城達林頓舉行通車典禮。當地的《達勒姆郡報》報道說：當人們稱為"汽馬"的火車大吼一聲時，那些跑來看熱鬧的鄉下佬中間發生了一陣驚慌和恐懼，放蒸汽時他們嚇得拉上老人和孩子四下跑了起來，以為將要發生一場可怕的爆炸。後來，他們雖然又鼓足勇氣回到了原來的地方，但是安全閥被打開以後，他們又四下逃去。與此相比，中國人第一次聽到火車的汽笛顯得冷靜得多，他們非但不感到恐懼，反而人人面帶笑容。參加淞滬鐵路通車典禮的一位記者在《申報》上寫文章說："火車為華人素未經見，不知其危險安妥，而（乘客中）婦女及小孩竟居其大半"，"先聞搖鈴之聲"，"又繼以氣筒數聲，而即聞哼哼作響聲者，車即由漸而快駛矣。坐車者面帶喜色，旁觀者亦皆喝彩，注目凝視"。當火車駛過農田時，鄉民雖然"面對鐵路，停工而呆視也"，或有老婦扶杖而張口延望者；或有少年倚坐而痴立者，或有弱女子觀之而嘻笑者；至於小孩或懼怯而依於長者前者僅見數處，則或牽牛驚看，似作逃避之狀者，"然究未有一人不面帶喜色也"。

淞滬鐵路通車雖然比達林頓鐵路晚了整整半個世紀，但半個世紀以來，有關鐵路和火車的知識，早就陸陸續續傳到了中國。所以當時上海人的眼界比起五十年前的英國鄉下佬畢竟開闊了許多。

最先向中國人介紹蒸汽機車的是德國傳教士郭實臘。鴉片戰爭前這位擅長多種語言的牧師先後在廣州和新加坡主辦中文刊物《東西洋考每月統記傳》。魏源就是通過這個刊物，知道"今西方最奇巧有益

西洋發明在中國

之事"，乃是能"推船推車"的"火蒸水汽"。1840年郭實腊的《貿易通誌》出版，他在這部書裡第一次向中國人描述了火車：

火機所施，不獨舟也，又有火輪車，車傍插鐵管煮水壓蒸動輪，其後豎縛數十車，皆被火車拉動，每一小時走四十餘里，無馬無驢，如翼自飛。

郭實腊稱火車為"火輪車"，稱牽引列車奔馳的車頭為"火車"，這種譯法被中國人沿用了幾十年。後來中國有了鐵路，又有人根據日本的譯法稱之為"汽車"。再後來"火車"這個詞才最終替代了"火輪車"和"汽車"。

斯蒂芬森的火車真正受到世人的矚目，是在1829年曼徹斯特鐵路修成之後。因為這位"鐵路之父"採用二十五根銅管取代了舊式的鍋爐，所以火車的速度提高了將近四倍。郭實腊所謂"插鐵管煮水"指的就是這種新型結構的蒸汽火車。可見，讀了《貿易通誌》，中國人對於火車多少有了些科學的認識。

然而在滬淞鐵路築成之前，要想知道這個火車"洋梨子"的滋味，除非出國坐一回才行。同治五年（1866）率同文館學生赴歐洲考察的斌椿，在船到埃及以後便搭上了火車。這個六十多歲的老人在《乘槎筆記》中寫下了他第一次乘火車的感受："初猶緩緩，數武後即如奔馬不可遏，車外屋舍、樹木、山岡、阡陌皆疾馳而過，不可逼視。"同治七年（1868）出使美國的志剛則說："其車輕捷，列子御風或不如也。"

從19世紀30年代開始，歐美各國先後興起修築鐵路的熱潮，及至60年代，當時英國的殖民地埃及也已鋪設了鐵路。而自鴉片戰爭以後，很多人也曾夢想過在中國鋪設鐵路。洪仁玕《資政新篇》甚至建議，給造鐵路的人以專利，天王洪秀全批示："此策是也。"然而太平天國的鐵路夢未圓，天京就已陷落。西方殖民者也想通過鐵路控制中國的內地，英將戈登、美國人斐理都曾提出具體的修路設想。太平軍佔領蘇州，為了出兵鎮壓，上海的二十幾家洋行打算成立"蘇州上海鐵路局"。但這些建議都遭到了清政府的拒絕。同治四年（1865），為了打消朝廷對鐵路的疑慮，有個英國商人在北京宣武門試築了長僅一公里的鐵路，後因為"見者詫駭，謠諑紛起"，很快就被京師步軍統領拆除。

　　"光緒元年（1875），西人買馬路一條，二年築為火輪車"，葛元煦在光緒二年刊刻的《滬遊雜記》中說英商怡和洋行收買上海租界以北到吳淞的土地築路的情況時說："路旁圍竹籬，中以五尺許方木橫排，相離二尺許，上釘鐵條二，接連不斷"；寫火車時說："車用四輪，輪邊中空外實，銜條以行，不致旁越"。吳淞鐵路其實還只是一種小型鐵路，車軌只有標準軌距的一半，火車頭和客貨車廂也都是小型的，牽引的客車只有八、九輛，每輛約能坐三十人。雖然車廂也分三等，但因為列車主要是供人遊覽，所以車上的陳設遠不如斌椿、志剛在歐美所乘的火車。先後隨斌、志二人出使的張德彝在《航海述奇》中描述當時英、法的火車：頭等車廂分三間，每間左右各二門，門旁各二窗，有活玻璃可上可下。藍綢小簾，自捲自舒，機關甚奇。四壁糊以洋襪，壁上有面鏡、帽架，有絲絡以便盛什物。前後兩木床，寬一尺五寸，分四檔，可坐八人。靠背坐褥厚皆三寸，面有回絨洋呢。地鋪花氈，有唾盒。晚上，燃玻璃燈於車頂，兩床抽出可並為一坑。

　　雖然，一百三十年前西方的頭等車已相當舒適考究，但這樣一種不拘尊卑貴賤的列車，卻無法滿足等級森嚴的封建朝廷的需要。所以等到光緒十四年（1888），慈禧在北京西苑坐輕便小火車時，天津海關道周馥向法國訂購的六輛坐車便有了"上等極好車、上等坐車及中等坐車"等許多區

興辦鐵路。

西洋發明在中國

別。光緒二十九年（1903），慈禧由北京南下謁西陵，盛宣懷又特派道員陶蘭泉臨時改裝了一輛供太后乘坐的花車。陶蘭泉在日記中說：花車共分兩輛，第一輛車門後，是一道玻璃屏風，旁開一門，大間正中設寶座，四週設長桌，上加黃緞繡龍桌圍。壁縵黃色絲絨，內襯白氈，地上鋪五色洋毯。車中陳設，華麗非凡，古玩、玉器、書法、名畫一應俱全。寶座後有一門即改裝的臥室，首先映入眼簾的是一架橫擺的西洋鐵床。使用西洋鐵床，是經李蓮英格外指點，原來慈禧這時已吸鴉片成癮，西洋床用席夢思，躺下比較舒服。鐵床又有一門，內設"如意桶"供慈禧解手之用。桶內下鋪黃沙，上注水銀；水銀瀉地，無孔不入，所以排泄之物一落，即沒入無跡。盛宣懷單為裝飾慈禧這兩節車廂就報銷了14萬兩銀子，這種開銷恐怕連和她老人家同時的英國女王維多利亞，也會咋舌。

道光十八年（1838），林則徐從武昌動身到北京，路上足足走了一個月。林則徐當時是湖廣總督，像他這樣身份的人趕路自然比常人便捷。清末通了火車，因為車只在白天開，晚上不開，所以從漢口到北京也要走四天才行。而且當時的火車站設在蘆溝橋，下了車還得僱馬車、騾車才能進城。據高枏《庚子日記》說：僱車五輛，銀子價15兩2錢。這騾車的價錢比坐火車不知貴了多少。據蕭乾主編《掌故今話》云：我國鐵路夜行車始於民國初年于右任當交通部次長時。于為增加政府收入，倡議在滬寧鐵路試開夜行車，但把持路局的英國大班擔心夜間乘客太少竭力反對，不

發生在百年之前的火車軋死人的事故。

料試行以後夜行收入竟大獲盈餘。然而讀羅章龍《椿園載記》，1918年羅與毛潤之（毛澤東）等人"由長沙乘輪船直航武漢，經由漢口大智門車站登火車……時值秋汛季節，火車抵河南漯河寨（郾城），適遇附近沙河水漲……浸路基，火車停止前進"。羅章龍和毛澤東在郾城下車後接連步行了六七十里，到許昌後才重新坐上火車。"車行凡二日，到達北京前門車站"。可見"五四"運動前後，南北的交通大動脈京漢鐵路車行依然很不暢通。毛澤東本人曾和斯諾談起，1919年他由北京乘火車到上海的情況。斯諾《西行漫記》記載毛的原話說："我只有到天津的車票，不知道到後怎樣才能再向前，……很幸運，一位同學從北京孔德學校弄到一些錢，他借了10元給我，使我能夠買一張到浦口的車票。……可是我到達浦口的時候又不名一文，我也沒有車票，……最糟糕的是，我僅有的一雙鞋子給賊偷去了。……在火車站外，我遇見了從湖南來的一位老友，……他借錢給我買了一雙鞋，還足夠買一張到上海去的車票。就這樣，我安全地完成了我的旅程——隨時留神着我的新鞋。"毛的乘車經歷說明，直到1919年乘火車對於許多人來說，仍然不是一樁輕而易舉的事。

西洋帆船・輪船

　　鴉片戰爭英國人靠着堅船利炮打開了中國的大門。可當時英國戰艦都還是木頭帆船，雖然英軍也有二十艘發明不久的輪船，但僅用作通訊和運輸。

　　中國造船的歷史雖然悠久，但16世紀以後，航海和造船的技術已漸漸落後於西方。清朝雍正年間（1723-1735）藍鼎和《鹿洲初集》云："番人造船比中國更固。"那時的西班牙帆船載重約為中國商船的三倍，繼之而來的英國商船又比西班牙船更大。西方帆船"中國謂之夾板"。周凱在《廈門誌》裡說，夾板船因用雙層木板得名，船板厚一尺，以鐵條固定，船外遍鋪銅板或鉛板，大者三桅，小者兩桅，前後左右俱有橫桅掛帆，多則九帆，少或四帆，而且船上都備有武器，"多或大炮數十，大銃數十；少或大炮十餘門，烏槍三、四十枝"。

張燮《東西洋考》記載，明正德十二年（1517）佛郎機（葡萄牙）"駕大舶突至廣州澳口"，這是近代歐洲船隊來中國之始。以後三百年間西班牙（1575）、荷蘭（1601）、英國（1635）、法國（1698）和美國（1784）的船隻也接踵而至。美國在1784年以後的五十年間就有1104艘商船抵達廣州港。但直到19世紀上半葉，開往中國的西方船隊仍以木質帆船為主。1844年上海開埠，進口的外國帆船四十四隻，1855年猛增到了四百三十七隻。西洋夾板船作為商船、戰艦不僅航行於中國沿海，19世紀60年代甚至深入到中國的內河，威脅着民族航運業的生存。

19世紀後無論在西方還是東方的航運中，輪船所佔的比例與日俱增。

英國科技史家坦普爾認為，最早發明槳輪船的是中國。南梁水軍與侯景作戰，就曾使用過"水輪船"，難怪中國人最初見到用煤作燃料的蒸汽船，就叫它為"火輪船"。世界上真正的機動輪船，是富爾頓1807年在美國赫遜河上試航的"克勒蒙號"，它使用的動力是瓦特發明的蒸汽機，採用的推進器是螺旋槳。早在瓦特之前就有許多人作過蒸汽機的試驗：達·芬奇想用蒸汽發射炮彈；德·考司打算用蒸汽的膨脹力抽水；1629年羅馬出版《喬萬尼·布蘭卡爵士的各種機器》，書中有一張用蒸汽衝擊葉輪的設計圖。教會史家方豪相信，1659年來華的耶穌會傳教士南懷仁"讀此書的可能性極大"。康熙十七年（1678），南懷仁根據布蘭卡的原理，設計了一輛用汽輪推動的木質小車。接着他又為康熙的哥哥做了艘能在水上行駛的小船，使"蒸汽經小管向外急劇噴射時，衝擊於輪葉之上，使輪及軸迅速旋轉"。南懷仁還在汽鍋上另焊了一根小管做成汽笛，"所發之音似夜鶯之聲"。

南懷仁以蒸汽為動力，推動各種機械的試驗，即使在當時的歐洲也堪稱先進。雖然南懷仁曾告訴人們，一旦認識了蒸汽的原理，"其

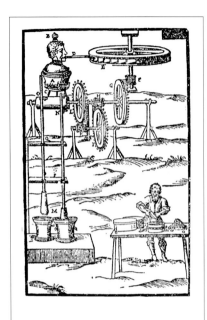

南懷仁讀此書的可能極大。

西洋發明在中國

他有利益及興趣之用，均不難思索而得"。但清政府並不希望臣民擁有速度更快、裝載量更大的交通工具。《大清會典》記載，康熙十四年（1703），朝廷甚至規定本國商船只許用雙桅，橫樑不得超過一丈八，舵工水手頂多只能用二十八人。至於對民間打造"桅高篷大，利於走風"的船隻更是嚴加禁止。所以他們對南懷仁的話並不重視。

清朝因害怕老百姓以巨大快捷的船隻反對朝廷，而對造船業的發展橫加阻攔，這種愚蠢的政策使中國的造船技術裹足不前。

1819年，西方的蒸汽和風帆並用的輪船，已經取得了橫渡大西洋的成功；1839年完全以蒸汽為動力的輪船也從美國順利到達了英國。就在這兩件重要事件之間，西方第一艘輪船也已抵達了我國的開放港口——廣州。據萊特《中國關稅史》，首先來我國的輪船是1828年（道光八年）由孟加拉開出的一艘通訊輪。1830年，英國洋行又有一艘"福士"號輪船，拖了艘滿載鴉片的帆船駛入了廣州灣；不久英商怡和洋行在新加坡打造一艘五十八噸的"查旬"號輪船，打算用它在澳門和廣州間遞送郵件，清政府察覺後將其取締。

鴉片戰爭前夕，西方夾板船、輪船只能鬼鬼祟祟航行於中國沿海。《南京條約》之後，各國的船隻便大搖大擺，堂而皇之地行駛於我國沿海的各通商口岸。1842年英國"魔女"號抵達上海，這是上海人見到的第一艘輪船。1844年怡和洋行又開闢了香港和廣州之間的定期航線。1845年大英火輪公司的"瑪麗·伍德夫人"號從英國南安普敦航行到香港，從此開闢了每月往來一次的歐亞航線。同治元年（1862）法國郵船公司也加入了這條航線。由於當時蘇伊士運河還沒有開通，所以船到埃及必須轉乘火車，然後再乘另一艘船去歐洲。
1866年斌椿率同文館學生赴歐洲考察，先搭英商寶裕洋行"行如飛"
號輪由天津大沽口至上海，然後再乘法國郵船公司的"拉布得內"輪
抵香港，再換法國上等"康拔直"號郵船至埃及，接着乘火車到"阿
來三它呀"海口，即亞歷山大港，最後搭"賽達"號輪船到馬賽。同
治六年（1867）美國花旗郵船公司開闢了第一條橫渡太平洋的航線，
清朝第一個外交使團就是在那年，經此航線出使美國。志剛《初使泰
西記》說他們先在上海搭美國郵船公司的"格思達噶里"號輪抵橫
濱，然後登"齋那"（即中國）號到大洋彼岸的舊金山。

　　由於咸豐八年（1858）簽訂了屈辱的《天津條約》，外國的船隊
耀武揚威地駛進了我國最大的內河長江。 1861 年，美商瓊記洋行
"火箭"號輪船首先開闢了上海到漢口的航線，接着美商的旗昌洋

上海港歡迎曾紀澤回國。

行，英商的寶順、怡
和洋行也紛紛調來船
隻，爭奪內河運輸的
豐厚利潤。據徐潤
《自敘年譜》說：1861
年上海至漢口貨運每
噸高達白銀二十五
兩，客位每人七十五
兩，往返一次，獲利
就可收回購船的本
錢。但由於各國輪船
蜂擁而至，長江上很
快出現了船舶過剩的現象。於是各家洋行又競相減價，到1864年輪
船運貨上水每噸只有白銀五兩，下水只有二兩四錢。

　　外國輪船以低價相互競爭，長江上原有的本國帆船，漸漸被逐入
長江的支流。那些帆船的主人意識到，要想立足於水上，必須改用輪
船。開始，富有的中國商人只是向外國輪船公司投資，或者如江海關
道丁日昌密查：購得輪船後"多託洋行出面"，"領取船牌行駛"。

例如1867年由惇信洋行創立的公正輪船公司，就是靠中國商人購買的輪船起家。直到同治十二年（1873）李鴻章在上海創辦官督商辦的輪船招商局，中國才有了自己的輪船企業。李鴻章對辦成這件事自視甚高，在給浙江巡撫劉秉璋的信中說：這是他"開辦洋務四十年來最得手文字"。然而，相互傾軋的輪船公司很快把矛頭一致對準了剛創立的輪船招商局。這時上海至漢口的貨運下降至每噸銀二兩，至天津則被降到四兩。然而外商輪船公司與招商局"並力相敵"虧損也很嚴重，各家股票市價幾乎跌去了一半，曾經壟斷過長江航運的旗昌輪船公司，最後只得將全部船隻碼頭悉數拍賣給招商局。可是招商局因內部腐敗，到了光緒年間依然淪為外商的附庸。

19世紀，我國民間資本只能在外國輪船尚未涉足的內港、內河經營十幾、二十個噸位的小火輪。據《益聞錄》"光緒七年"（1881）記載，福州省河有人購置小輪船用作客渡。這是我國內河行駛小輪船的開始。光緒十年，又有一洋籍廣東婦女，以數百元購"飛雲"號小輪，定期航行於上海吳淞之間。據1898年的《申報》云："內地通行小輪船，取費既廉，行駛亦捷，紳商士庶皆樂出於其途。

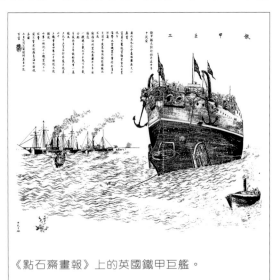

《點石齋畫報》上的英國鐵甲巨艦。

滬上為南北要衝，商賈駢闐，尤為他處之冠。每日小輪船之來往蘇、杭、嘉、湖等處者，遙望蘇州河一帶，氣管鳴雷，煤煙聚墨，蓋無一不在穀滿穀，在坑滿坑焉。……小輪船則為地無多，所恃者拖帶民船耳，多者十餘艘，少亦五六艘，翩翩聯聯，如鴉唧尾，舟人危坐鷁首，不復知篙楫之勞。"

據近代經濟史專家統計，辛亥革命前航行於內港的小火輪，80%

屬華商所有，僅在海關登記的就約有六、七百艘。但本國商人擁有大中型輪船則是在辛亥以後，其中1915年由廣東商人和旅美華僑合資的中國郵船公司，前後購進三隻萬噸郵輪，成為華商自辦規模最大的遠洋輪船公司。

輪船速度自然遠不及飛機，但比帆船又不知快了多少。1847年潮州人林鍼搭西人三桅帆船去美國，他的《西海紀遊草》云："予自二月由廣東起程，至六月方達其國"，路上整整走了一百四十天。1868年志剛出使美國，從橫濱乘載重四千噸的"齋納"號郵船到美國舊金山，只用了三十七天；斌椿由香港去法國馬賽，途中也只用了三十六天。但志剛和斌椿乘的這兩艘輪船，在當時還不算先進，據與他們同行的張德彝記述，赴歐洲的法國郵船"康拔直"號雖用螺旋槳，但船上仍裝有"前後三桅極高，可掛十五篷，篷皆橫掛"，可見還是一艘蒸汽機和風帆並用的輪船；而"齋納"號郵船用的卻是明輪，其速度自然也不如使用螺旋槳的暗輪。

如今中國人往返歐美，很少有人再乘輪船，但《圍城》主人翁方鴻漸"七·七"事變後從歐洲回國，搭的還是法國郵船公司"白拉日隆子爵"號郵船。甚至直到1955年，我國物理學界的泰斗——錢學森從美國歸來，乘的仍然是一條郵船。那年九月底錢學森一家搭"克利夫蘭總統號"從美國起程，到香港的九龍碼頭是十月八日，途中用了將近半個月。這速度比起一百年前雖然又快了一倍，但是坐船在海上漂泊顛簸的辛勞，卻是今天飛越太平洋的學子未曾體驗過的。

羅　盤

西文裡的磁石和磁性是由磁鐵礦這個詞衍生來的，磁鐵礦——magnetite一詞源於愛琴海沿岸古色薩利的馬格尼西亞（magñesia）。傳說那裡有個叫馬格內斯的牧羊人，他的牧羊棒上的裹鐵，鞋上的鐵釘，常常被黏着在地上，由此他就發現了這種神奇的礦石。

在中文裡磁石的取名也相當有趣，因為磁石吸鐵好像母子相招，善於形象思維的古人，就把它比作毛鐵的慈母——慈石，後來為了和慈的本字區別，又改寫為礠，然後再簡化成磁。河北磁縣自宋朝以後就是我國磁石的重要產地。古人運用磁石的神秘力量創造出許多的幻術。從《神農本草》開始，歷代醫生都用它來治療各種疾病。西方人也早就認識到了磁石的醫療作用，甚至還利用它來避孕。據說把磁石放在一個不貞潔的妻子的枕頭下面，她就會懺悔自己的罪惡。

日本學者山下認為中國認識磁石的指極性是在南宋，實際上東漢的《論衡》已經明確記載了"司南之杓，投之於地，其柢指南"。現代科學家們就是根據王充的這則記載對於司南杓進行了復原，現在我們看到的司南杓是以出土的東漢樂浪漆勺為樣本的。

利用天然磁石對於鋼鐵進行人工磁化，製造指南針，是對利用磁石磨琢司南杓的革命，它不僅簡化了工藝，也提高了指極的精度。北宋朱彧《萍洲可談》最先記載了指南針在航海上的應用，朱彧在書中追述的是祖父朱服早年在廣州的見聞，時間大約在 1098-1102 年之間。布爾斯廷《發現者》指出，"約在公元一千年，中國就把磁針應用於航海。但是歐洲的記載中直到兩個世紀後才第一次提到指南針，這是一個在巴黎大學講學的亞歷山大·內克姆（1157-1217）的著作中提到的。"

但那時候磁性在西方還很神秘，甚至帶有巫術的色彩，所以有的船長只敢在暗中使用指南針。據說洋蔥和大蒜的氣味會抵消磁鐵的作用，因此那時候的水手不能在船上吃這些東西。直到哥倫布的時代，虔誠的基督徒仍然指責使用指南針的人是在和魔鬼打交道。為了給自己辯解，海員們則說，穿過燈芯草浮在水上的指南針，就好像是耶穌受難的十字架，所以它不可能是與魔鬼打交道的工具。

這種貫以草莖浮在水面的指南針又叫水羅盤，鄭和就是用它七下西洋的。水羅盤不受船隻顛簸的影響，裝置簡單更換方便。但由於它沒有固定的軸心，又受水面張力的阻滯，所以指針容易偏斜。

大約在 13 世紀，西方的羅盤採用了旱針，即用一根支軸的尖端，頂住磁針的重心處，使磁針平衡旋轉。西洋旱羅盤先傳至日本。

明代隆慶年間（1567-1572）李豫亨《推篷寤語》記載"倭船尾用旱羅盤以辨海道。獲之仿其製，吳下人始多旱針，但其針用磁石製者氣過則不靈，不若水針盤之細密也"。嘉靖、隆慶年間經日本傳入的旱羅盤看來質量並不理想，等利瑪竇給朝廷"進貢"時，中國人才真正看到西洋羅盤，只是當時的實物今已不存，其結構也無具體記載。

明萬曆年間意大利傳教士曾以旱羅盤進貢給明朝皇帝，並且教授文士瞿太素製造西式羅盤。王慶餘《利瑪竇攜物考》記載：到 16 世紀，西方旱羅盤逐漸安裝了達‧芬奇發明的常平雙環架，它由兩個互切的銅圈組成，能使磁針始終保持水平狀態。利瑪竇攜來的想必也是這種羅盤。

清代乾隆年間王大海《海島逸志摘略》已有"荷蘭羅盤"的記載，這名稱在我國文獻中還是第一次出現。王大海的書除介紹針隨軸轉之外，還記述了"以鐵一片，兩頭尖而中闊，形如梭，當心一小凹，下立一銳以承之"的稜形磁針，這便是我們現在仍然常見的那種樣式。康熙年間清朝出使的海船，已經開始使用歐洲的旱羅盤，表示方位的盤式也以西方的三十二向位法，取代了我國傳統的以八干、十二支和四維表示的二十四個方位法。

旱羅盤指針旋轉自如，因盤面覆有玻璃，針也不易脫落，稜形針也更容易辨別方向，但缺點是針易受搖擺而影響定向。18 世紀歐美發明蒸汽輪船，19 世紀裝甲艦問世，炮火發射時的強烈震動，鐵甲艦對磁場的干擾，使早期的旱羅盤失去了作用。為了適應海上航行的需要，西方又出現了液體羅盤。這種羅盤由於注入了液體可以防震，運轉也更加自如。液體羅盤既保持了旱羅盤的優點，又吸收了我國傳統水針羅盤的長處，可以說是東西合璧的智慧結晶。19 世紀，這種用在輪船兵艦上的新式羅盤，隨着西洋的兵艦大炮一起開進了最先發明了指南針的中國，只是當年它出門時還帶着茶葉的芳香，如今歸來卻裹挾了令人窒息的硝煙。

氣　球

　　光緒年間有個叫徐思國的外國人，在上海泥城外（今西藏中路）演示氣球。徐氏事先出了告白，招人觀看。因為當時的上海報刊經常有國外施放氣球的消息，人們久聞而未遇，有了這次機會自然不願放棄，結果徐思國放氣球時，"不約而至者萬人"。但是徐思國的氣球升到三、五層樓高時就停住了，徐只得將繫在氣球上的繩索截斷，讓它順風飄蕩。可是氣球飄過一棵大樹時又被樹枝卡住，最後樹枝劃破了氣球。當時的《點石齋畫報》以《氣球泄氣》為題批評這場失敗的演試，說："西人作事向不苟且，大而槍炮火輪，小而鐘錶玩物，惟其副之精乃能行之遠。此次氣球之試行……乃漫無布置貽笑觀者，翌日則又自為彌縫之言，以遮越宿之羞，而後此之人不我信者，皆由徐思國一人倡之也。但願明年重演時，另出新裁，勿踏故轍，則猶可解嘲，否則設計賺錢之名百口莫得而辭。"

　　自"氣球泄氣"之後四、五年，西人范達山又製成一隻"大可五六丈，高約八丈餘的"氣球，選擇在建成不久的楊樹浦大花園演放。這是一次載人的飛行，被攜上天空的是一位名叫華利的西方女子。當氣球升至四里之遙時，華利則從空中跳傘降落，這恐怕是上海歷史上第一次跳傘表演，時間約在光緒十四年，即公元 1888 年。華利落地時一切都很順利，只有一名小工被降落傘"掃仆塵埃之中"。

　　19世紀各國表演的氣球，有熱氣球和氫氣球兩種，從《點石齋畫報》上看，徐思國、范達山放的都是氫氣球，今天看來毫不足奇，但一百年前居然有成千上萬的人，買了門票前去觀看，可見氣球當時在中國還是個十分新鮮的玩意。

　　在西方，熱氣球是法國里昂附近的造紙工蒙戈菲爾兄弟發明的。1783 年 6 月 5 日他們將一個圓周為 110 英尺的背面糊紙的布氣球放到了空中，氣球在瞠目結舌的圍觀者面前飛行了大約一英里半。然而研究中國科技史的英國學者羅伯特·坦普爾卻認為，中國早在公元2世紀已經知道用蛋殼製作微型的熱氣球，製作方法保留在那個時代寫的

《淮南萬畢術》一書中。李約瑟也說過，中國人發明了紙。正是紙導致了燈籠的發明，由於光和熱的作用，燈籠有時會自動飛上天空。這種會飛的燈籠中國人稱它為"孔明燈"，直到現在民間還有人在玩它。

中國人把自己的熱學知識始終用在了玩"孔明燈"上，而西方的科學家得知蒙戈菲爾兄弟的發明之後，立刻想到可以用它實現載人的飛行。物理學家查理首先用卡文迪許分離出來的氫氣製作了氫氣球，接着造紙匠蒙戈菲爾兄弟又為法王路易十六和瑪麗王后放飛了一隻巨大而又漂亮的熱氣球，這隻氣球還把一隻公雞，一隻羊和一隻鴨子帶上了天空。1783年11月21日，人類實現了有史以來第一次空中航行，乘坐熱氣球上天的是德羅齊埃醫生和達蘭德斯侯爵。

法國是熱氣球的故鄉，直到19世紀中葉巴黎的上空還時常有氣球飄過。志剛《初使泰西記》云："西人有天船，可升空際，以資瞭望，泄不通之信……其法縫皮為大球畝許，鼓空氣於中……則中氣輕於外氣，如沈木於水而自浮。球底繫皮兜，恰受兩三人，俟氣球浮空，連兜帶起，謂之船者，借稱也。""常於巴里（黎）見空中有圓如升斗之物，下墜一物，如碗飄空而行，即天船也。然以畝許大之球，空際止如升斗，真不啻船如天上坐矣！"

黎庶昌也許是最早乘氣球上天的中國人，光緒五年（1879）他在巴黎舊王宮，隨眾一試"備禮拜日遊人"乘坐的大氣球。這隻直徑三十五米的氣球，能承受二十噸。那隻護以鐵欄的大圓木筐，可容五十人，每人收費十佛郎（法郎）。黎氏在《西洋雜記》寫他坐氣球時的感受說："升降時微覺身中發熱，若有風則增頭暈。司球者以表驗其輕氣，若過漲足，則曳小繩泄之。"從氣球上下來，黎庶昌還得到一隻徑寸大的銅徽章，作為紀念。到這時他才看清球皮是用布縫的，上面塗了印度膠（橡膠）、松香、白油，日曬雨淋，不易敗壞。駕駛氣球的人告訴遊客，因為是供人遊覽的，氣球用繩繫住，所以只能升到五百米高空。若無繩繫，球可升至四、五千米，那時呼吸就會感到困難。黎庶昌原打算再乘一次氣球看看巴黎的夜景，因氣球磨破而沒有坐成。後來他又在柏林的敷諾園裡看到氣球充氣的方法，這在他的

《西洋雜記》也有記述。

光緒十八年（1892）出使法國的薛福成，在《出使日記續刻》中也曾談到氣球，他說"邇來法人專心製造氣球，以備軍營之用。設遇兩軍對壘，可乘球升高，俯瞰敵營虛實，並用德律風傳語而下。今法營中有兩機器師慣乘飛球，能騰至一萬零五百尺之高。"這種靠電話與地面聯繫的氣球又比黎庶昌乘坐的那種升得更高。另外，薛福成日記中也有不少有關氣球的記載，如美國"新法製造異樣氣球，升至空中，瞭望敵營"。"德國向有氣球會，德皇以銀五萬墨士賞之，……其意欲令創製一大球，高如四層之屋，徑廣五十六西尺。其製球之物，則以埃及國棉料織成之。……駕之上升，約高至三萬三千尺。若駕以週遊地球，一年之內可行五十次"。英國波路斯氏發明夜間升空的氣球，"上懸電燈以通消息，使軍營聯絡呼應"等有關內容。康有為《歐洲十一國遊日記》記他光緒三十一年（1905）七月廿七日在巴黎遊戲園乘氣球升至二千米高空的經歷，並錄有他當日寫的《巴黎登氣球歌》："身輕浩蕩入雲霧，腳底奇特聳峰巒。巍樓峻宇如蟻穴，車馳馬躍似蟻旋。"

19、20世紀之交，除了中國出使日記中載有西方熱氣球的種種新聞，當

上海第一次施放氣球。

時的報章也很注意報道這方面的信息。圖文並茂的《點石齋畫報》有關氣球的報道先後曾有過六篇，除前面提到的《氣球泄氣》外，《氣球破敵》講西人里拉創製可以用於作戰的氣球；《球升或裂》、《氣球炸裂》介紹發生在香港和柏林的氣球爆炸事故；《氣球妙用》說有人用橡皮氣球打撈水中沉船；《新樣氣球》講西方發明能在海上航行的氣球，其實只是上個世紀人們的一種不切實際的設想。

　　19、20世紀之交，報刊上關於西方科技的消息，有不少來自道聽途說。《點石齋畫報》的繪圖人往往又憑藉臆想作畫，所以那些材料的真實性，就不及赴歐美考察者親眼目睹後所寫的日記。然而光緒年間中國人對氣球不再限於耳聞目睹，已有人開始動手製作本國的氣球。傅雲龍《遊歷日本圖經餘記》，說他光緒十三年（1887）參觀天津武備學堂，看到士卒正在給一隻未充氣的大氣球刷油。天津武備學堂造的這隻氣球，直徑大約也有二十多米（縱百尺，橫得縱十之七），可坐十人，球內填充輕氣。學堂裡還有放球時轉繩用的"火車"，灌氣體用的"輕氣車"，以及運載用的"盛球"馬車，可見中國這時已經有了施放載人氣球的能力。

《點石齋畫報》所繪之西方軍用氣球。

　　近代熱氣球發明於18世紀末，法國大革命曾用它於軍事。以後七十多年氣球不再受人重視，到19世紀中葉意大利對奧地利的戰爭，美國南北戰爭，以及普法戰爭，氣球又被用於戰場，從此再度掀起了世界範圍的氣球熱，中國就在這段時間認識並引進了西方的熱氣球。

飛　機

　　自從發明了氣球，人們就想到作空中飛行。但是，直到1852年法國工程師吉法爾才駕着飛艇，在巴黎競技場勉強飛了十七英里，然而這卻是人類第一次用蒸汽為動力進行的空中飛行。

19世紀80、90年代，歐美各國競相試製電動機、汽油機牽引的飛艇，先後獲得成功，其中最好的一艘飛了九十八公里。這一時期我國出版的《點石齋畫報》對於西方的"飛艇熱"曾作過報道。其中《御風行舟》說，美國某學堂的教習蘭萊用礬石（即鋁）製造風舟，內有汽鍋、汽機、暗輪，風翼四，每一風翼長二米四十（二邁當又百分之四十），曾在華盛頓試飛成功。蘭萊就是萊特兄弟之前試製載人飛機的科學家賽謬爾‧蘭利。他在華盛頓的斯密司索尼亞學院工作。曾於1896年5月6日試驗過一架載人飛機。

《點石齋畫報》上的報道遠不及親自出國考察知道得真切。薛福成光緒十六年（1890）在英國獲悉，英美合資的飛艇公司正在試製一艘與"洋船一式"的飛

上海的載人氣球和跳傘。

艇，材料也是用"質輕而堅韌的礬石"，船旁有兩翼，形如氣球傘，採用電氣行駛，如遇不測能立即拆散，然後靠氣球傘着落，即使掉進大海也能漂浮海面。據說這種飛艇五日能週行天下。薛福成在日記中說："余謂此次汽船公司或集議而未必遽成，或勉造而尚難盡善，俱未可知。要之，就此法而精思之，合群力而互營之，則奇肱氏之飛車，必有乘雲御風之一日，其在百年，數百年之後乎。"

薛福成認為，神話裡的飛車要變成現實，至少還要過一百年，但在他這則日記寫成後十五年，即1905年，美國的萊特兄弟已經在俄亥俄州試製成了世界上第一架真正的飛機。這架靠兩隻螺旋槳可在空中傾斜、轉彎、盤旋或作8字飛行的飛機被命名為"飛鳥Ⅲ型"，它在經過了四十次飛行之後，又被萊特兄弟帶到了歐美各國表演，那年

是 1908 年。

歐洲的工程師們受萊特的激勵，積極致力於空中飛行器的研究，不久就趕上了他們的老師。1908 年，正在美國的中國華僑馮如也試製成了一架飛機，後來他又加以改進，並在 1910 年的國際航空比賽中得到了名次，他的飛行成績：高度二百三十米，時速一百零四公里，實際航程三十餘公里。

早期飛機的製作材料，大抵以白銀樅、白楊、胡桃木、桃花心木等高級硬木為主體，以鋼製接頭，外面蒙上塗了油的布。首先把這種飛機傳到中國的是廣州人馮如，他在 1911 年 2 月攜帶了單翼和雙翼飛機各一架回到廣州。不幸在次年的一次航空表演中，便因飛機失事而犧牲。1911 年 3 月，英國人辦的"遠東飛行公司"在香港大做廣告，說自 3 月 18 日起，在沙田火車站附近連續三天表演飛機翔空，買票觀看的人很多，門票分成頭、二、三等。但因為風力猛勁，飛機不能起飛，結果觀眾白跑了兩回，直等到 3 月 20 日才看到飛機作了半公里的飛行（見子羽《香港掌故》）。

上海最早的飛行表演是繼香港之後舉行的。上海通社編的《上海研究資料》說：法國人環龍帶了兩架飛機，於"五月初六（四月初八），由江灣萬國體育會跑馬場起飛，至靜安寺路（今南京西路）跑馬廳，不幸機墜殞命，此飛機乃第一次到滬，且為第一次到中國者。"薛理勇在《上海地名拾趣》一書中說："按常規環龍可跳傘自救，但廣場和廣場的四週是密密麻麻的人群，環龍為避免飛機墜落傷人，還是努力把飛機迫降到廣場中心，結果觀眾無一人受傷，環龍卻在這次事故中喪命。"環龍死後法租界在"顧家宅公園"（即今復興公園）建了紀念碑，碑文曰："君為中國第一飛行家，君之奮鬥及死義，實增法國之榮光。"後來與公園相接的馬路也被命名為"環龍路"（今南昌路）。

辛亥革命前夕我國已有了商業性的飛行表演。武昌起義之後，一些攜機回歸的華僑轉向了革命軍，他們中間有從美國歸來的馮如，畢業於英國航空學校的厲汝燕。厲氏奉滬軍都督的命令組建飛行隊，置奧地利"鐵力西"飛機兩架。後來孫中山在南京任臨時大總統，他又帶英國"鴿式"飛機一架赴寧。

"舊中國的航空事業發軔於一九一三年"，蔣逵在《舊中國航空界見聞》中說，那一年在北京南苑成立的航空學校，為創立空軍作了準備。南苑航校教練用的飛機，是從法國購回的"高得隆式"，共有十二架，其中四十匹、五十匹、八十匹馬力各四架。航校的學制兩年，能完成南苑——保定——天津——南苑三角飛行即算合格。教官多數是歐美留學生，他們不僅會修理，而且還能設計製造飛機。1915年北洋政府又派巴玉藻等人赴美，分別在麻省理工學院和寇提司工廠學習航空工程。1917年這些人學成歸來，北洋政府便在福建馬尾船政局設立飛機工程處。1919年8月，馬尾飛機工程處製成雙翼式水上教練機，但一時找不到能開飛機的人，後來請了華僑蔡司度才進行了試飛。直到1923年之後馬尾才有了自己的飛行員。民國時期去海外學習航空的人絡繹不絕，秋瑾之女王燦芝就是他們中間的一員。趙鶴清《王燦芝傳》云：王燦芝"關於飛機之構造，駕駛之技術，探討不遺餘力。美國人士譽為東方之女飛將。"辛亥先烈的後人成為東方之女飛將，也算是中國航空史上的一段佳話。

馬尾有飛機而無人飛，南苑培養了飛行員卻因各地無飛機而無處分發。《當代中國的民航事業》云：一九一八年第一次世界大戰結束後，帝國主義列強急於擺脫軍事化生產帶來的困境，競相輸出資本與技術，……在世界範圍內掀起了興辦商業航空的熱潮。英商斐克斯公司與北洋政府簽訂了一百八十萬英鎊的航空借款，段祺瑞政府便以這筆款子購置了大小飛機一百架，其中有愛佛樓式教練機，還有美國生產的亨利佩治型和維梅型飛機。段政府不久又成立"航空事宜處"，打算開闢五條民用航線，但只開成了北京至天津，北京至濟南的兩條航線，而且從1920年通航到1924年便陸續停辦。

早期民用航線主要是承運郵件，30年代成立的"中國航空公司"客運量起初只有每年兩千多人，中德合資的"歐亞航空公司"每年客運還不到一千人。"中航"的主要航線是從上海到成都的"滬蓉航線"、到北平的"滬平航線"和到廣州的"滬粵航線"。到1947年底，"中航"不僅擁有以上海為中心的國內航線網，而且還開闢了五條國際航線。"歐亞"航空公司抗戰前主要有上海飛往西北的滬迪線，以及北平到洛陽、銀川和廣州的幾條航線。1941年中德斷交，這家公司改組為中央航空運輸公司。"央航"的飛機主要是購買美軍的剩餘物資。至於英國佔領的香港與毗鄰城市廣州之間的通航則始於1930年12月30日。

世界飛機至20年代進入多元化時代，軍閥林立的中國當時進口飛機種類也是五花八門。馮玉祥手下有意大利的"安沙爾德式"，蘇聯飛行員駕駛的"地·海威侖式"。張學良除法式"布來蓋"、"德瓦丁"，還有日式"九二型"。張宗昌的飛機既有法式，又有德國造的"容克斯式"。後者是西門子公司產的全金屬飛機。此外這一時期飛機仍有用膠合板為機翼的，更多公司則採用了鋼管焊接機身與機尾的技術。孫中山領導的廣東革命政府此時也成立了航空局，而且辦有飛機製造廠，並生產一種雙翼雙座的螺旋槳飛機。1923年7月國民政府自製第一架飛機，在廣州郊外機場舉行試飛儀式，孫中山親自出席觀摩，孫夫人宋慶齡還隨機參加了試飛。後來孫中山就把國民政府第一架自製飛機命名為"樂士文"號，用廣東話唸就是Rosamonde，即宋慶齡的英文名字。這自然是我國航空史上的又一段趣聞。

30年代國民黨空軍大約有各種型號飛機一百八十架，但當時性能最好的仍數波音和道格拉斯等數種民用飛機。西安事變，宋美齡擔心

《點石齋畫報》關於美國工程師蘭萊用礬石（鋁）飛船的報道。

張學良"挾制"蔣介石去新疆,問張學良的駕駛員巴爾,張的自備波音飛機"滿載其攜帶油量,足敷為往新疆之用否",巴爾答曰"可"。宋美齡又問,何機所攜油量,足達波音機滿載後中途不再添油可往返地點。巴爾答曰:"道格拉斯機如只有夫人一人乘坐,艙中儲油,足應長途之用。"(見埃米莉·哈恩《宋美齡傳》)可見直到那時,飛機作長途航行還是件不容易的事。

1914年,北洋政府派南苑航校飛機去豫西鎮壓白朗起義,這是飛機用於軍事的第一次;以後北洋政府還曾派飛機去轟炸過發動護國運動的蔡鍔;張勳復辟時,討逆軍又曾在紫禁城上空扔過炸彈。但那時的飛機都是教練機,除了進行空中偵察,也只能是虛張聲勢。不過對於從未見過飛機的人來説,這種恫嚇還真管用。溥儀《我的前半生》記發生在1917年的那次空襲云:"聽見了飛機聲和從來沒聽見過的爆炸聲,嚇得我渾身發抖,師傅們也是面無人色。在一片混亂中,太監們簇擁着我趕忙回到養心殿,好像只有睡覺的地方才最安全。太妃們的情形更加狼狽,有的躲進臥室的角落裡,有的鑽到桌子底下。……這是中國歷史上第一次出現的空襲,内戰史上第一次使用空軍。如果第一次的防空情形也值得説一下的話,那就是:各人躲到臥室裡,把廊子裡的竹簾(即雨搭)全放下來——根據太監和護軍的知識,這就是最聰明的措施了。"

溥儀遇到的空襲雖然不是歷史上的第一次,但他在書中對初次遇到空襲時的恐慌,描述得確實非常細緻。

四、照相樓和電影院

　　人類能看得見週圍的一切，唯獨看不見自己。為了讓人類看清自己的尊容，有人發明了鏡子。可是鏡子裡看到的只是不能保存的虛相幻影，於是又有了照相術。照相不僅能夠留住眼前，而且還能保存歷史，所以電影要看新的，照片則是越老越好，只是究竟哪張才算最老的老照片，且讀下面自有分曉。

清宮中的攝影師勳齡。

舊中國四大家族的孔祥熙拿着照相機多得意。

清末上海高等娼妓攝影。

1948年11月，上海市國民黨當局勒令市民限期進行身份登記，核發身份證。圖為上海大光明照像館前排隊趕拍身份證照片的市民。

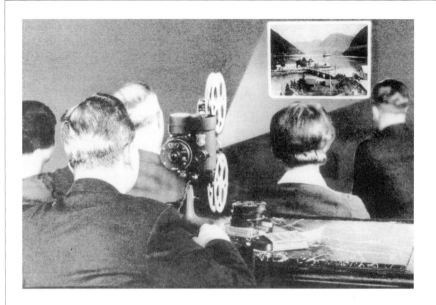

30 年代的電影。

電影攝影機。

照畫・照相機

早在照相機發明之前，西方畫家們已經在利用暗室輔助作畫，這種裝有光學鏡頭的暗室是望遠鏡問世不久發明的。湯若望天啟六年（1626）寫《遠鏡說》時就曾介紹過望遠鏡"用以在暗室畫圖"的功能。清人毛祥麟《墨餘錄》云："泰西照畫之法，初只映取物影而圖之，法於室中圍幕以蔽日，頂開一孔，隔以透鏡，上又斜覆一鏡，使物返照，即按影繪之"，說的也是這種輔助作畫的暗室。

18世紀初，西方藝術家製成一種新穎的反光式暗箱，人可在箱外用薄紙描摹投射在磨砂玻璃上的影像，繪成纖毫畢肖的畫來。畫家阿爾加羅蒂在1764年（乾隆二十九年）出版的《繪畫隨筆》中說："連當今最傑出的意大利畫家都身受其惠，可以說再也沒有別的工具能幫助他們畫得如此逼真。"康熙、乾隆年間供奉清宮的意大利畫師郎世寧、潘廷璋和阿加羅蒂生活在同一時代，又都以寫真傳影"圓活渾跳"、"儼然如生"而聞名，他們的繪畫有沒有借助暗箱現在尚不清楚。但清朝人對"泰畫照畫之法"早有了解，所以照像術傳入之初，許多人稱它為"照畫"。

早期的照相機。

照畫使從未學過丹青的人，也能一筆一畫勾勒出惟妙惟肖的圖畫。但如此一絲不苟實在太費功夫。18世紀，歐洲科學家已經發現了對光線極敏感的物質，畫師們受這一發現的啟發，決心尋找能直接保留影像的技術。19世紀初，英、法、德等國都有人相繼投入了這項有趣的研究，結果"攝影之父"的桂冠被巴黎一家歌劇院的首席佈景畫師達蓋爾捧走。

1839年（道光十九年）8月19日，法國科學院和藝術學院共同宣佈了達蓋爾的銀板攝影法。三十年以後刊刻的《墨餘錄》介紹說："法人始創用銀片，傅藥置箱，照物於上，以海藍（海草也）薰之，

西洋發明在中國

初視若無跡，復薰以水銀汽，影即顯現，再用黃鹼水洗之，跡始難滅。然懸之當風日處，不十年而影滅矣。"作者毛祥麟從材料、曝光、顯影、定影，到水洗，把早期銀板攝影介紹得清清楚楚。

達蓋爾攝影法猶如一夜春風催開萬樹梨花，1840年美國人率先在紐約創辦了全球第一家照相館，此後五年間攝影術迅速傳遍了歐美各大城市。與此同時去東方冒險的攝影師也把鏡頭對準了中國這塊神秘的土地。年逾百歲的攝影大師郎靜山珍藏一幀攝於1844年（道光二十四年）的《石牌坊》，就是法國人在中國沿海的船上拍的，由法國攝影博物館館長轉贈給了郎大師，因為是目前所知我國境內拍攝的第一張照片，所以彌足珍貴。張德彝在法國原駐中國公使葛羅的巴黎家中，見到"四張大皆盈尺"的北京風光照，"一係正陽門大街，一係北京大四街即東四牌樓，一係京中芳桂齋糕點舖，一係北京所建之天主堂"。葛羅1860年參加《中法天津條約》的簽字，這幾張照片應是咸豐年間所攝。

我國最早記載攝影的是湖南舉人周壽昌，他於道光二十六年

上海得照相風氣之先的是青樓藝妓。

（1846）旅粵期間寫的《廣東雜述》云：廣東"奇器多而最奇有二。一為畫小照法。人坐平台上，面東置一鏡，術人自日光中取影，和藥少許塗四週，用鏡嵌之，不令泄氣，有頃須眉衣服畢見，神情酷肖，善畫者不如"。周壽昌對達蓋爾攝影的描述雖不及毛祥麟準確，但作為早期攝影的一個目擊者，他記下了當時攝影必須自己製作銀片，——"和藥少許塗四週"；因曝光時間長，不用快門，只需將鏡蓋啟閉定時——"用鏡嵌之不令泄氣"，以及靠日光攝影"取景必辰巳時"等特點。

台灣學者王爾敏《今典釋詞·照相館》曰："照相技術發明之後，即迅速輸入中國，惟得風氣之先者，倒不是達官貴人、縉紳先生，而實多市井小民。"中國最早擁有照相機的正是潮州小民、做番語通事的林鍼。林鍼道光二十七年（1847）隨外國船主去美國紐約，在那兒他購置了一架達蓋爾式相機。他在《西海遊記草》中稱之為"神鏡"。林鍼因仗義執言救援被拐騙的同胞，遭一英國船主誣陷。船主勾結當地的"照鏡師"（即攝影師），造謠說林的神鏡是偷盜來的贓物。後因得到紐約各國水手會會長雷即聲的幫助，才獲得假釋。雷即聲之女贈給林鍼一張像片，《西海紀遊草》有云："孤燈淚漬衾綢，時維睹畫呼真，一紙心懸枕席。""睹畫呼真"就是指雷即聲女所贈照片。林鍼還說照相原理："煉藥能借日光以照花鳥人物，頃刻留模，余詳其法。"可見他已經掌握了攝影的方法。

雖然市井小民得風氣之先，但王公大臣對這一奇器淫巧也從不排拒。秦瘦鷗《清朝最早的攝影師勳齡》說，有人見過道光帝和林則徐的照片。由於這兩位都死於1850年，所以即使傳聞無誤，他們用的也只能是既無底片復印，圖像保存也不容易的銀板攝影。

1851年，即清咸豐元年，西方攝影有了重大突破，英國雕塑家阿切爾在法國人維克多發明蛋白黏劑的玻璃板基礎上，試製成功珂珞酊玻璃板。阿切爾的玻璃板是將硝化棉溶於乙醚和酒精製成的，用這種攝影方法底片必需始終保持潮濕，所以稱為濕板攝影。濕板法圖像清晰，可以大量複印，成本低於銀板，一般人能承受得起，所以一直流行到19世紀的70年代，我國照相業也就是始於這一時期。

鄧肇山《廣東攝界的開山祖》說：咸豐年間有周森峰等人旅居香

港，經營一家"宜昌"油畫店，後來三人合夥請一西人傳授攝影術。"時乾片未出世，所授皆濕法片"，學成後各集二百元經營攝影社，"經營數載大有起色，截算各盈九千餘元"。後來"宜昌"的股東又分頭去福州、廣州發展照相館。除"宜昌"外，咸豐九年華人黎阿方也曾在香港開設一家照相館，店裡還僱了個葡萄牙人作幫手。

咸豐年間的上海，也已經出現專業攝影師，王韜《瀛壖雜誌》稱法人李閣郎、華人羅元佑"皆在滬最先著名者"。王韜《蘅華館日記》記咸豐九年（1859）三月初三，和李善蘭、華蘅芳同去上海城裡棲雲館觀畫影時說："畫師羅元佑，粵人，曾為前任道台吳健彰司會計，今從西人得受西法畫，影價不甚昂，而眉毛清晰，無不酷肖，勝於法人李閣郎多矣。"王韜寫這則日記時，剛到上海不久，他稱羅元祐為畫師，稱照相為西法畫，對攝影知道不多。三年之後他在《瀛壖雜誌》談"西人照像之法"之光學、化學原理，說來頭頭是道。

同治十年（1871），乾片攝影在英國誕生，光緒十年（1884）英國第賽爾乾片、又稱船牌玻璃片開始傳入我國，與之相配的是一種十二英寸的皮腔式相機。乾法攝影因不用自己製作底片，所以一般人也能方便學會攝影。但最初乾法攝影也和濕法攝影一樣，是在屋頂嵌有玻璃的日光房中拍攝的，曝光仍然需要二至六秒。有的攝影師為了被攝者姿勢穩定，先連數二十個數字，然後拍一下木板，揭開鏡頭蓋時還要大喝一聲。據說"拍照"這個詞就是因拍木板而來。照相師的吆喝常使孩子受驚，回家萬一生病，迷信的人就以為是照相機吸走了孩子的靈魂，他們會去照相館為孩子叫魂，這在上海稱為"叫喜"。拍照既能攝魂，也能掃除人身上的晦氣。本世紀 20 年代上海照相館開始用燈光拍照，那時的廣告都寫"日夜照相"。上海老城隍廟附近照相館一年四季最忙的要數大年三十的晚上，那一天拍照的人通宵達旦，而且拍前就聲明，只拍晦氣，不取照片。

照相還沒有普及時，底層平民中拍照最多的是青樓藝妓。光緒二年（1876）刊刻《海上竹枝詞·詠照相詩》後的附記云："勾欄中人必照一像呈之壁間。"李靜庵同年寫的《中江雜詠·照相樓》也有"客為探春爭購取，要憑圖畫訪佳人"的詩句，寫票友或嫖客爭相購買藝妓明星的照片。光緒十年（1884）刻的《申江名勝圖説》下卷第二十五圖《照相館名花留影》的説明云："鏡中取影益覺活潑如生……凡柳巷嬌娃、梨園妙選無不倩其影，印成小幅，餽贈所歡。"這是伶人妓女拍照贈人的佐證。

　　照相術發明不久，《萊比錫日報》載文聲稱"神是根據自己的形像才創造我們人類的，所以絕不允許利用人造的機械，把神所創造的人類影像加以固定。"在並不相信上帝創造人的中國，對於照像並無太多禁忌。出國考察時年已六十四歲的斌椿，每到一處必攝影，每次攝影又都要在日記中記上一筆。當他得知"巴黎照像後，市儈留底本出售，人爭購之，聞一像值錢五十枚"，即洋洋得意吟詩曰："書生何幸遭逢好，竟作東來第一人。"自光緒年間乾板照片流行，清宮攝影漸漸多了起來，其中留下照片最多的是晚年的慈禧。給慈禧拍照的是中國駐法大使容庚之子勳齡，還有一個叫梁時泰的也常進宮拍照。

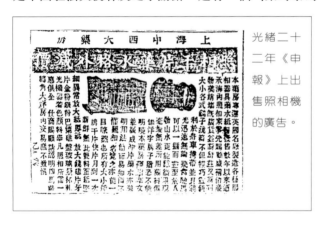

光緒二十二年《申報》上出售照相機的廣告。

光緒五年（1879）美國前總統格蘭特訪華，曾和李鴻章合影，攝影師就是梁時泰。據溥傑回憶，辛亥革命後還有個叫陳鋆的牙醫也曾進宮給溥儀和隆裕太后拍照。但光緒十四年（1908）北京舉行光緒和慈禧葬禮時，端方因答應天津鼎章照相館沿途拍照，後來被隆裕太后發現，以"妨害風水，破壞靈道，偷照御容，故意褻瀆"罪革去了直隸總督職。朱德裳《三十年聞見錄》説，端方後來應邀出席順天高等學堂畢業典禮，"禮成，將攝影，端方曰：'咱們還敢照相嗎？'"端方自然是在發牢騷，但隆裕太后哪會想到民國二年她的葬禮，已經是"清朝的玄色袍褂和民國的西式大禮帽並肩進出"了。

幻　燈

　　幻燈是從影戲發展來的。"影戲之源出於漢"，宋人高承《事物紀原》說，它與"漢武帝李夫人之亡，齊人少翁能致其魂"有關。少翁自稱是個能招鬼魂的方士，《漢書》說他招的是李夫人的魂，司馬光《資治通鑒》卻根據《史記》，以為少翁招的是王夫人的魂。雖然鬼魂姓李姓王關係不大，但卻關係到影戲的起源時間。《通鑒》把這件事列在漢武帝元狩四年，也就是公元前119年。少翁如何招魂，《漢書》、《史記》都未記載，《事物紀原》稱少翁"夜為方帷，張燈燭，使帝他坐，自帷中望之，彷彿夫人像也，蓋不得親視之，由是世間有影戲。"

　　影戲又叫燈影戲，最初只是少翁之流招魂弄鬼的伎倆，直到宋朝才成為一項民間娛樂。南宋吳自牧《夢粱錄》稱："汴京初以素紙雕簇，自後人巧工精，以羊皮雕形，用以彩色粧飾，不致損壞。"因影戲畫面由紙移到了羊皮，所以稱之為皮影。早在南宋就有"熟於擺布，立講無差"的藝人，如杭州的賈四郎、王昇、王閏卿。皮影的劇本與講史書者相似，大抵真假相半。據南宋孟元老《東京夢華錄》講，當時還有一種滑稽皮影，稱之為喬影戲。

　　元朝燈影戲傳到西方，14世紀波斯歷史家雷士丹丁說："當成吉思汗的兒子繼承大統的時候，中國的演員到波斯，……在幕後表演特別的戲曲"，指的就是皮影。歐洲中世紀也開始有皮影戲。這種在半透明的幕布後面映演的技藝，在望遠鏡發明之後，至少啟發了兩項重要的發明：一是用於繪畫的暗箱，它是把明亮的外景加以縮小；另一是作為電影先驅的幻燈，它把玻璃片上的形象放大投到布幕上。

　　幻燈和暗箱都出現於17世紀。1650年出版的《光和影的偉大藝術》一書，作者基爾歇神甫首次敘述了幻燈：一個包括鏡頭、一盞用鏡子增加亮度的油燈，還有繪有圖像的玻璃片帶的裝置。基爾歇也許並不是幻燈的發明者，但他最早記錄了幻燈。和他同時代的丹麥數學家汪格爾斯把幻燈出售給了羅馬的主教和意大利的王子，結果發了一筆大財。17世紀幻燈只是貴族的娛樂，而18世紀皮影則在歐美盛行，贏得了大批平民的喜愛。喬治·薩杜爾的《電影通史》說：那時"法國的薩伏衣有很多放映幻燈的藝人，他們從一個城市跑到另一個城市，嘴裡大聲喊着'請看幻燈，新奇玩藝兒'"。這種用油燈作光源的幻燈，只能在放映箱的一面蒙上透明的薄布，然後把畫面映在布上，不能將畫放大，投在大幕布上。

幻燈在歐洲一度曾是耶穌會士布道的工具，他們通過這種神秘的機關讓人民看到了地獄的恐怖，從而心悅誠服地成為上帝的信徒。我們還不知道那些最早向中國介紹光學器械的17世紀西方傳教士是否曾用幻燈在中國傳教，但同治六年（1867）去歐洲的王韜確實目睹了幻燈放映的情況。

西洋發明在中國

光緒二十二年徐園放西洋影戲的廣告。

王韜稱他在巴黎看到的幻燈為"影戲"，他在《漫遊隨錄》中說："一夕，導者偕余觀影戲，時不期而集者千數百人。余座頗近，觀最明晰。"能夠供千餘人觀看的影戲一定使用了大的布幕，王韜在幕布上看到"山水人物，樓台屋宇，彈指即現，生新靈動，不可思議"。此外還有各國京城，沿海景象……法京水晶宮"宏敞巨麗"；各種飛禽走獸"奇形詭狀"；王韜以"恍若身臨"，"見之者真不啻環行歐洲一週"表示了自己的驚訝和讚嘆。

王韜是最早記載幻燈的人，他所以能見到幻燈的逼真畫面，是因為使用了照相攝影。稍後張德彝在美國紐約又看到另一種幻燈片。《歐美環遊記》云："有作奇巧燈者來，如將蜘蛛腳黏於玻璃之上，映燈一照者，則長逾三丈，骨節百餘。蚊蟲睛大如輪，六角形花紋甚勻。螞蟻蚤蚤，大皆如豬。水蝎腹若玻璃，所吞蠓蟲逐節可見。總之，微些之物，映燈而照，皆極大而明晰……"能使人身臨其境的幻燈，大約在二十年後傳到中國。本世紀30年代出版的《上海研究資

最初傳入中國的幻燈"影戲"。

《料》稱上海最早放映幻燈是光緒十一年十月十五（1885年11月21日）。葛元煦《滬遊雜記》有《外國影戲》的條目，葛的《雜記》寫於光緒二年，光緒十三年再版時友人袁祖志又為之增添了不少新的條目，筆者所見是上海古籍出版社鄭祖安點校本，不知用的為原本還是重版。如若光緒二年的書中已有外國影戲的記載，幻燈傳入的時間至少還得提前五年。光緒九年（1883）成書的《淞南夢影錄》有："……影戲，滬上曾演數次，嘗詢諸友人往觀者"，可見幻燈傳入不會晚於這一年，但當時見到的人不多，所以有"洋場才子"稱號的黃式權著《淞南夢影錄》時，也僅僅是耳聞。

池志澂的《滬遊夢影》作於光緒十九年（1893），他把"影戲"和東洋戲、馬戲並稱為滬遊之樂。池氏在書中寫道："客曰：'聞滬上有影戲、東洋戲、馬戲，子皆已往觀否乎？'余曰：'唯唯。'"可見他也確曾看過影戲。確曾看過影戲的池志澂、詢諸友人的黃式權寫當年的幻燈，都說"台上張極薄布幔，內燃地火燈"。可見那時用煤氣燈作放映時的光源，所用布幔極薄，並不同於《滬遊雜記》所說"以水濕之"的幕布。《淞南夢影錄》記幻燈畫面：初時海闊天空，有輪船一艘，飛駛而下。驀被狂風吹轉，橫撞山腳下，截成兩橛。正在惶急之際，又有一船駛至，放小艇救起多人……根據書中的描述判斷，放映的影戲畫面似乎連續不斷，很可能當時已經引進了能放活動畫面的幻燈機，這種幻燈法國人稱為"光亮啞劇"，英國人稱為"機

65

動幻燈片"。薩杜爾在《電影通史》中説："放映十二分鐘光亮啞劇需要七百幅畫面。"有了機動幻燈，離電影的問世已經不遠。

電 影

喬治・薩杜爾《電影通史》用了整一本書的篇幅講述電影發明的故事。姑且不説作為電影先驅的皮影和幻燈，單是為了研究活動影戲，19世紀就有愛迪生等二十多位發明家為之絞盡腦汁，然而最後集眾人之大成的，乃是法國的盧米埃爾兄弟，因此全世界都把他在巴黎卡皮辛大街一家咖啡館首次放映電影的日子，定為電影的誕生日，那一天是1895年12月28日。

和喬治・薩杜爾《電影通史》相比，中國電影史的序章顯得非常簡單，除了幾則幻燈傳入的史料，我們只能從當時的報紙廣告，獲取一鱗半爪的線索。正是根據上海徐園又一村在光緒二十二年（1896）西曆8月11日於《申報》副張上登載的一則廣告，程季華的《中國電影發展史》才得以確認電影傳入我國的日期。

這則廣告的全文曰："初三夜仍設文虎侯教，西洋影戲客串戲法，定造新機奇巧電光焰火。"除"西洋影戲"四字，廣告中的文字均與電影無關。又一村那個晚上的節目有京戲文唱武打。有魔術戲法，還有放焰火，影戲只是穿插其中的一個節目而已，何況早在電影發明前，上海人就已把外國傳入的幻燈稱作外國影戲，所以僅根據四個字證明徐園那一天放的就是電影，證據未免不足。

然而到了光緒二十三年（1897），外國電影傳入的記載便逐漸多了起來。為了和80年代已經風靡上海灘的外國影戲相區別，當時人都稱電影為電光影戲。孫寶瑄這一年五月初五的《忘山廬日記》曰："夜詣味蒓園，覽電光影戲，觀者蟻聚。俄頃燈熄，白布間映車馬人物，變動如生，極奇。能作水騰煙起，使人忘其為幻影。"能和孫寶瑄日記互證的，還有天華茶園1897年7月27日在《申報》登載的廣告，稱該園放映電光影戲"純用機器運動，靈活如生，且戲目繁多，使觀者如入山陰道上，有應接不暇之勢"。廣告還列舉了一連串的節目，如《俄國皇帝遊歷法京巴里府》、《羅依弗拉地方長蛇跳舞》、《馬鐸尼鐸名都街市》等不下十餘部。據喬治·薩杜爾説《沙皇到達巴黎》（即《俄國皇帝遊歷法京巴里府》）是片商百代在 1897 年發行的最著名的電影之一。另有一部《以拳術賭輸贏》很可能是薩杜爾《電影通史》提到的《考倍特與弗茨西蒙的拳賽》。這部片子是由美國攝影師雷克多拍攝，片長大約為一千米，放映時間為十五分鐘，這在當時稱得上是一部長片。程季華先生在《中國電影發展史》上説，在天華茶園放電影的是美國放映商雍松。繼天華茶園之後雍松又到奇園、同慶茶園放映過電影。西曆 9 月 5 日出版的《遊戲報》登過一篇《觀美國影戲記》的文章，説："……近有美國電光影戲，製同影燈，而奇妙幻化皆出人意料之外者。昨夕雨後新涼，偕友人往奇園觀焉。座客既集，停燈開演：旋見現一影，兩西女作跳舞狀，黃髮蓬蓬，憨態可掬。又一影，兩西人作角抵戲。又一影，為俄國兩公主雙雙對舞……又一影，一人滅燭就寢，為地癟蟲所擾，掀被而起捉得之，置於虎子中，狀態令人發笑。……最奇且多者，莫如賽自行車：一人自東而來，一人自西而來，迎頭一碰，一人先跌於地，一人急往扶之，亦與俱跌。霎時無數自行車麕集，彼此相撞，一一皆跌，觀者皆拍掌狂笑。忽跌者皆起，各乘其車而杳。……又一為美國之馬路，電燈高燭，馬車來往如遊龍，道旁行人紛紛如織。觀者至此幾疑身入其中，無不眉為之飛，色為之舞。忽燈光一明，萬象俱滅。"文章結尾寫道："觀畢，因嘆曰，天地之間，千變萬化。如蜃樓海市，與過影何以異？……人生真夢幻泡影耳，皆可作如是觀。"

電影最初多在茶園酒館上映。光緒二十五年（1899）來華的西班牙商人加倫白克最初選上海福州路升平茶樓、虹口乍浦路跑冰場、湖北路金穀香番茶館放映。光緒二十八年（1902）北京公映首場電影曾租借打磨廠的福壽堂放映。第二年有個叫林祝三的商人從美國攜片帶機回國，也在北京天樂茶園放映。這是中國人自運外國影片在中國放映的開始。光緒三十年（1904），慈禧太后七十壽辰，英國駐北京公

67

使送了她一架放映機和幾套影片祝壽，不料只映了三本，摩電器炸裂，清宮從此不准再映電影。光緒三十一年清廷有五大臣出國考查，其中端方帶回一架放映機。在宴請賓客時，電影機又猝然爆炸，將擔任影片說明的何朝樺通判等人炸死。出了這兩次事故，王公大臣們都認為放電影不吉利，但北京城裡民間公映卻日漸增多，如"大柵欄大觀樓，每晚上座常滿"。

1908 年，西班牙人雷瑪斯在上海虹口海寧路與乍浦路口，用鉛鐵皮搭了一座可容二百五十人的虹口大戲院，這是滬上正式修建的第一座電影院。後來雷瑪斯又在北四川路修了家維多利亞影戲院，當時已稱得上相當富麗。香港最早的電影院稱照戲院，辛亥革命前後以擺花街口新比照戲院最為著名，專映英國影片，觀眾大多是西方人。陳謙《香港舊事見聞錄》說："西人觀戲常是夫婦同往，禮服堂皇，院中最好座位被他們預先定座，中國人很少往觀。"後來在德輔道中又開了兩家影戲院，一名俺派，一名域多利，建築簡陋，片子較陳舊，觀眾都是中國人。

20 世紀初電影放映日漸普遍，引起了清政府的重視。宣統三年（1911）上海自治公所頒佈了"取締影戲場條例"，規定"開設電光影戲場，需報領執照"，"男女必須分座"；"不得有淫藝之影片"；"停場時刻，至遲以夜間十二點鐘為限"。當時的電影票價太貴，也限制了許多勞苦者進影戲院。《上海產業和上海職工》說直到 30 年代，紡織女工"看電影的很少，大半都到新閘路的西海，看一角錢的座位"。

清末民初，我國各大城市放映的影片大多由外國進口，其中以法國百代和高蒙公司的影片為主，法國早期喜劇演員麥克斯·林戴極受中國觀眾的歡迎。第一次世界大戰期間，美國影片逐漸增多，大戰結束後甚至取代了法國片在中國的地位。至於中國人嘗試拍攝電影，始於光緒三十一年（1905），製片人是北京最早的照相館——"豐泰"的主人任景豐。任氏除經營照相館外，還開辦了西藥房、中藥舖、桌椅店和汽水廠，後來又在大柵欄開設了大觀樓影戲院。在放電影的同時，任景豐產生了拍電影的念頭，於是他向德商祁羅浮洋行購得法國製造的木殼手搖攝影機一架，膠片十四卷，開始了影片的製作。任景豐拍的第一部影片是京劇名角譚鑫培演的《定軍山》。後來豐泰照相館又接連拍了幾部戲曲片。繼任景豐之後，意大利人勞羅也在中國從事拍片活動，他用的是愛腦門牌木殼攝影機。早期影片主要有光緒三十四年，即1908年3月拍的《上海第一輛電車行駛》，11月拍的《西太后光緒帝大出喪》等。

宣統元年（1909），美國人布拉斯基在上海投資創辦了亞細亞影戲公司。因為不熟悉"國俗民情"，亞細亞的影片上座率不高。辛亥革命後布拉斯基將公司盤給另一個美國商人——南洋人壽保險公司的經理依什爾，自己則乘船回國。但布拉斯基經過香港時，卻認識了有志拍電影的劇社主持人黎民偉，並與他合作拍了部舞台片《莊子試妻》。後來，布拉斯基將這部影片帶回美國。程季華在《中國電影發展史》中稱它為"中國影片運往外國放映的開始"；子羽《香港掌故》又說它是"香港拍攝的第一部電影"。

附帶說一下日本的情況。日本最早輸入電影是神戶的軍火商高橋信治，1896年他通過理納爾公司輸入兩架愛迪生的電影鏡，影片是美國的城市風光和消防等，在神戶神港俱樂部初映。1897年愛迪生的維太放映機和盧米埃爾兄弟的電影機同時從美國、法國傳入日本，日本人最初稱之為"活動照相"，因影片長度只有五十英尺，所以前後接在一起反復循環放映，故有人稱之為"褲帶"。日本人最早攝製的電影完成於1899年，是由專營進口照相機之小西商店的淺野四郎攝製的，用的是法國高蒙式攝影機，攝製的影片為藝妓的舞蹈《鶴龜》和《葭町名妓》。

五、安得廣廈千萬間

　　杜甫想讓天下的寒士都能住
進寬敞明亮的房屋，可是撇開社會
原因不說，僅就當時的生產力和科
技條件而言，建築大批的較高質量
的房屋，永遠只能是一種美好的理
想。只有當現代科學技術創造了全
新的建築材料、建築工藝和住房設
備以後，這種理想的實現才獲得了
物質條件的保證。

澳門大三巴坊（中國最老的教堂殘跡）。

北京東交民巷使館區的建築。

1870年前後拍攝的圓明園歐式建築。

上海外灘的匯豐銀行。

中國現有最古
老的電梯留存
眾多偉人名流
足跡。

早期傳入中國的電燈泡。

建　築

　　矗立在上海東方明珠電視塔南側的金茂大廈是目前中國第一高樓，地上部分共有八十八層，高度為420.5米，僅次於443米的美國西爾斯大廈和450米的馬來西亞雙塔樓。

　　說到高層建築自然少不了電梯。金茂大廈結構封頂那天，《新民晚報》的記者乘電梯從底層上去只花了三分多鐘，而且乘的還是一部人貨兩用電梯。如果改用專供載客的自動快迅電梯，時間大約還可節省一半。早在30年代，上海南京路二十四層的國際飯店和十層的大新公司就已經採用了美國奧汀斯公司的快速電梯，直達十八層樓當時只需二十秒鐘。

　　奧汀斯是家老牌的升降機公司，早在1853年就已經開始生產蒸汽升降機，1904年又研製出了當時最先進的電梯。由於高速電梯的發明，紐約才在1907年建成了四十一層的辛格大廈，高度約為150米左右。

　　正好浦東金茂大廈結構封頂的前一天，迄今世界最高的上海環球金融中心也在浦東破土動工，預計到2001年它就可以竣工。屆時矗立在黃浦江東岸的，將是一座高460米，地面部分為九十四層的摩天樓。這個高度是人類跨入20世紀時建造的辛格大廈的三倍。

　　金茂和環球金融中心是上海浦東已經或正在建造的147座高層大廈中最高的兩幢。眺望浦東的幢幢高樓，無一不是匠心獨具，而它們的設計者中有不少是來自世界各地的建築大師，例如金茂大廈就是由美國SOM設計事務所承擔設計。不過浦東的高層雖然多姿多彩，但全都體現了現代建築簡潔明快的風格。它和浦西，尤其是黃浦江外灘的古典建築樣式恰好形成了鮮明對照。

　　外灘最早的西式建築是在上海開埠以後建造的，是一種週邊作拱券式回廊的磚木結構建築。由於這種類型最初是由歐洲傳至印度和其他東南亞國家的，所以稱為"殖民式"。"殖民式"的建築通常呈正方形，高為一至二層，外牆往往刷得雪白，居室、辦公室、廚房和馬

上海最早的西式建築。

廄都集中一處。造這種房子的都是沒有造洋房經驗的本地泥水匠，而它們的設計者又都是未曾受過專業訓練的外國商人和傳教士，他們"憑記憶之力，草繪圖樣，鳩工仿造"。但到19世紀50、60年代，上海已經有了專門設計西式建築的營造廠，在本地的泥水匠中也分出了造華式屋宇的本幫，和造洋屋的"紅幫"。1864年動工的法國領事館就是由英國設計師設計，法商希米德營造廠承建的具有"殖民式"風格的建築。這幢四層樓的房屋解放後改作金陵中學的校舍，直到前幾年才被拆除。從此在上海就很難找到與此同一類型的建築。

19世紀末20世紀初，西方建築界盛行復古主義，這一時期來華的建築師也把西方的流行樣式紛紛搬到了上海。比如1915年建造的亞細亞火油公司（今上海冶金設計院）、1920年建造的怡和洋行大樓（今外貿大樓），都採用了對稱嚴謹的仿古典主義。建於1906年的匯中飯店（今和平飯店角樓），又以仿文藝復興的樣式，體現出居住用房的平穩和安逸。至於建造於1910年的英國總會（今東風飯店）則採用了古典的巴洛克的風格。

早在明朝中葉，西方古典建築風格就已通過天主堂的建造傳至了我國。《澳門記略》寫明代建造的聖保祿堂（又稱三巴寺），"石作雕鏤，金碧照耀"，並強調了它"屋側啟門，制狹長"的特點。順治七年(1650)這種巴洛克式的教堂已經開始出現在北京宣武門內。吳長元《宸垣說略》稱其"堂制狹深，正面向外而宛若側面，……止啟一門，窗則設於東西兩壁之巔"。趙翼《簷曝雜記》寫它的內部結構"其屋圓而穹如城門洞，而明爽異常"。等到鴉片戰爭之後，在像上海這樣的商埠，教堂猶如雨後春筍般湧現，其風格也顯得多姿多彩。上海既有典型巴洛克風格的董家渡天主堂（1853年），也有哥特式和羅馬式混合的洋涇浜天主堂。1904年至1910年建造的徐家匯天主堂採用的是法國哥特式的雙鐘塔，1925至1935年建造的佘山天主堂則折衷了羅馬、拜占庭和哥特式的多種風格。此外位於襄陽路的東正教堂採用俄羅斯風格的孔雀藍色蔥頭式穹窿頂，這在當地的宗教建築中又別樹一幟。

如果說從明代開始的教堂建築展示的是一種西方的古典風韻，那麼本世紀20年代大量湧現的花園洋房小住宅，更體現了西洋住宅建築中的多種不同風格。例如英國商人馬勒在上海的住宅就屬北歐樣式，外形凹凸變化，屋頂陡峭，頂部有高聳的尖塔，形成一種童話般的意境。上海汾陽路上的一幢住宅仿造歐洲古典官邸，顯得豪華氣派。而沙遜別墅又是一種英國田園式樣，南面有大片草坪，紅瓦屋頂又陡又高。此外還有一些混合型的建築，或者把西班牙、英國和哥特式建築糅和一體，或者將中國傳統的宮殿式樣摻進了西洋風格的建築中去。

不過自20、30年代起，影響我國城市建築的主流仍然是歐洲的現代主義風格。匈牙利籍的建築師烏達克設計的上海國際飯店和大光明電影院，就是我國西式建築轉向現代主義的標誌。受現代主義的影響，這一時期建造的花園洋房里弄民居也較舊式石庫門寬敞明亮，而且有了新式衛生設施，或者安置了煤氣灶。室內裝潢材料則採用高級洋松和柳安木，並且安裝了鋼質門窗。鋼窗在我國的應用大致可以追溯到1919年建造的上海漢口路工部局大樓。

從上海開埠到本世紀20、30年代新式里弄的出現，經過了將近一百年。咸豐年間(1851-1861)旅居滬上的馮申之是改良派思想家馮桂芬之子，他的日記曾以極大好奇描述了上海租界洋房內的陳設：西洋壁爐"火正熾，皆依壁，鋪瑩然"，遍地鋪設地毯，牆上懸着光照一室的大穿衣鏡，四壁掛滿洋畫，"簟褥用皮而中鼓以氣，高厚柔軟勝於絮"的臥具或沙發。此外寫庭院裡的草坪則是"有草一塍，剪平如繡茵"。當時誰會想到有錢的華人再過七、八十年已經能夠享用這一切。上海雖有舒適的花園洋房，也有窄小、骯髒的棚屋，甚至到本世紀的80年代上海的市區用馬桶的人家仍然有八十萬戶。上海住房的全面改善還只是近十幾年的事，其餘中小城市自然又比上海更為落後。然而歷史車輪已經高速地轉動起來，中國離現代的文明已經不是那麼遙遠。

到下個世紀初，世界第一高樓將矗立在黃浦江的東畔，作為人類建築史步入21世紀的標誌，就像紐約四十一層的辛格大廈標誌了20世紀建築史的開始一樣。請記住這個新世紀的標誌性建築——上海環球金融中心，連地下的建築一起它共有九十七層，地面高度為460米。晚清朝臣中頗具見識的郭嵩燾，光緒三年(1877)在英國倫敦參觀肯辛頓博物館，曾見"巨壁張畫一幅，極四大部洲最高房屋羅繪其中"。當時世界最高建築大都是教堂，據郭嵩燾說倫敦最高教堂為五十丈，比南京琉璃報恩塔高出一倍；光緒十四年(1888)刊刻的《倫敦竹枝詞》云，"大客店皆九層樓，較浮圖尤高，為房可千餘間"。這是說電梯出現之前，歐洲的最高層建築。那時候漫遊海外的人怎麼也不會想到數十年後人類能造成像辛格大廈那樣的高層，更不會想到百餘年後世界最高的建築會矗立在他們進出國門時必經的黃浦江東畔。

自來水

鄧雲鄉《燕京鄉土記》說：幾十年前，一般居民飲水主要是靠買甜水吃。甜水就是味道好的井水。自明末，北京城裡就有送甜水的行當，北京人稱賣水的舖子叫"井水窩子"，那窩字讀成"臥"。不過並不是什麼人都夠得上買甜水。據庚子年間(1900)的高枏日記說，讓人擔水一家每月要花二兩銀子，這錢當時能上街割二十斤豬肉了。

北京人吃水不易，上海也是"城中食水腥穢，飲者多生疾病"。《李平書七十自述》說："每次失火，延燒數十戶，俱因潮退河涸無從取水之故。"所以早在光緒初年"官商曾議仿西洋法，設機器鐵管，引水灌注城內四隅，以濟民食”，但據光緒二年(1876)刊刻葛元煦《滬遊雜記》說：“後以費巨不果。”光緒四、五年李平書等士紳，又曾倡議於南市設自來水廠，但因“風氣未開，守舊者眾，無人贊同”。光緒六年(1880)，恆昌、怡和等幾家洋行通過公共租界工部局組織了自來水公司，並於當年十一月在倫敦註冊。光緒九年(1883)6月29日英商自來水公司建成供水，“水管……自靜安寺起，至小東門止，遍地埋設，一氣流通。又於沿街每十數步豎一吸水鐵桶，高四尺許，下面與水管聯絡，頂上置一小機括，用時將機括拈開，水自激射而上”。

　　英商上海自來水公司是我國第一個自來水廠，最初它只向租界供水。水廠竣工後，《字林滬報》編輯李平書與友人姚安谷“赴廠考察”。安谷弟弟蘭谷是水廠的工程技術人員，“指示一切，頗得肯要”。於是李平書和姚氏兄弟共同發起“引水入城”的工程。他們先在二洋涇橋（延安東路四川路一帶）賃屋設局，承銷法租界及城中用水，但“僱夫挑送，情人四出勸用，乃應者寥寥，每日銷水不及百挑”。直到光緒十年(1884)，買自來水吃的人才漸漸多起來，乃議“借用租界之水，自設水管，於交界處立表記數償值”。但因負責與自來水公司議訂合同的官員臨時調遷，上海華界的自來水仍然只能以每擔十文，“飭水夫送去”。

　　英商自來水公司因其壟斷上海的自來水，往往借供給租界外居民用水的名義，擴大租界的範圍。光緒三十年(1904)英國人的自來水管已經埋到了閘北，同時他們還給當地居民編發租界門牌。後因當地居民強烈反對，他們才把“租界門牌”換成“水電門牌”。直到宣統元年(1909)，因上海閘北市場日見繁盛，居戶日多，為了不讓洋人水電公司滲透，才在恆豐路底的潭子灣，成立了官商合辦的“閘北水電公司”，並於1910年開始供水。

　　其實早在1879年（光緒五年），李鴻章在旅順建北洋海軍時，就曾用鐵管引附近泉水。因係軍用，供水範圍不大。這條軍用水管後來轉入日本人手中，供水範圍才有擴大。而香港的自來水供應則始於同治二年(1863)，比上海更早，但只是造蓄水池，鋪水管而已，並沒有真正建造水廠。

天津自來水廠始建於光緒二十四年(1898)。光緒二十七年(1901)，德國人在青島修建的水廠也開始供水。早期東北的水廠大多屬日本人辦的南滿鐵路株式會社。廣州增步水廠創建於光緒三十一年(1905)，採用官商

上海法租界的自來水供應。

合辦的方式集資。北京的自來水也是在光緒三十四年(1908)由周學熙等人籌辦。"京師自來水公司"用安定門外孫河的水作水源，在東直門建水塔。過去即使飲"甜水"，因含鹼太多，所以"茗具三日不拭，則積滿水鹼"(《酌中誌》)。自從有了自來水，北京人再不用為水鹼擔憂。但因北方河流經常乾枯，自來水公司後來仍打機井利用地下水源，這樣的自來水含礦物質還是很高，所以北京人家的開水壺，仍然積了厚厚的水鹼。

1949年前，全國城市自來水供應量的四分之一集中在上海，上海自來水的一半又是由英商楊樹浦水廠提供。這家始建於1883年的水廠為它的股東賺取的利潤，可以再造七、八個新廠，但最初它使用的還是蒸汽機水泵，直到抗戰前才改用電動水泵，並用了加氯消毒的裝置。我國給水設施真正有了較快發展還是最近幾十年，據統計80年代全國約有二百二十六個城市用上了自來水，淨水的技術也從過去用氯液漸漸改為臭氧、紫外線。

煤 氣

　　張德彝寫一百二十多年前的巴黎街景說:"法國京都巴黎斯,週有四五十里,居民百萬,巷閭齊整……甬路胥以小方石墁平,專行車馬,寬若三丈許。兩邊石砌高起半尺,寬約丈五,皆煤油與白沙抹平。數武植樹一株,如桐如楊,以便行人遊憩。每兩三樹後,置一綠油長凳。又兩樹間立一路燈,高約八尺,鐵柱內空,暗通城外煤氣廠。其上玻璃罩四方,上大下小,狀如僧帽。"(《航海述奇》)

　　電燈出現之前,不僅街頭用的是煤氣路燈,就連巴黎著名的歌劇院也是"樓之四面高懸煤氣燈,中一燈一千百枝,燈頭千盞,緣泰西戲皆夜戲也"。

　　煤氣是瓦斯的一種,用煤在爐內燃燒,將其濃煙透過水與鐵屑、木屑濾清後就可得到。德博諾編《發明的故事》說1760年歐洲就有人用煤氣作室內照明。但煤氣燈的真正發明者是法國人勒邦,他於1801年成功地演示了一盞技術上和造型上都很成功的煤氣燈。後來有個叫溫澤的德國推銷商把勒邦的發明帶到了英國,並在倫敦的一家劇院進行了表演。最初,人們只是把溫澤作為笑料,但1814年倫敦卻首先將煤氣燈用作街頭的照明。

　　中國的城

馬路自來水龍頭漏水。

西洋發明在中國

市原來沒有街燈，只有舊曆十五元宵節才能張燈結彩，所以那天俗名又叫"燈節"。《燕京歲時記》云："自十三至十七，均謂之燈節，惟十五日謂之正燈耳。每至燈節，內廷筵宴，放煙火，市肆張燈。而六街之燈，以東四牌樓及地安門最盛。"第二次鴉片戰爭時，有個叫埃德溫‧匹克華特的人來上海，因見街上一片昏暗，便於咸豐十一年(1861)提議建煤氣廠，用煤氣燈作街頭照明。《上海研究資料》曰："第一次英美租界路燈用煤氣在1865年，由上海自來火公司供給"，"第一次法租界的路燈用煤氣在1866年，由法商自來火行供給"，這裡說的自來火就是煤氣。香港煤氣廠興建大致與上海同時，但1864年12月3日，中環街道上已有五百盞煤氣燈開始照明。子羽編《香港掌故》說，這種長留火種在罩內的燈，要工人們早晚拿着帶鉤的長竿，逐支去開關煤氣燈掣。他還說香港的戲院等公共場所，為了防止斷電，大約十年前還保留了煤氣燈，甚至直到本世紀70年代他的書出版時，中環都爹利街尾的大石級上，還保留了四支曾替夜行人照路的煤氣燈。

上海人毛祥麟同治九年(1870)刊刻的《墨餘錄》稱"煤氣燈，西人之地火也……柱上置燈，密佈街衢，至晚燃之，徹夜不熄"。王錫麒《北行日記》寫光緒五年(1879)上海寶善街（今廣東路）"一帶車聲隆然，往來雷動。泰西十七國貨物屬集鱗聚，驚心眩目，應接不暇。晚則煤氣火燈千百萬盞，如列星"。十年後，江寧人何陰柟《鉏月館日記》寫寶善街相鄰的四馬路（今福州路）云："每至下午，遊人如織，士女如雲；而入夜則電氣燈自來火，照耀如白晝，真如不夜之城，靡麗紛華，至此已極。"這時上海的煤氣燈已與電燈並舉。

同治年間香港、上海先後創辦煤氣廠，安裝煤氣街燈，起初也曾引起過許多的謠言。姚公鶴《上海閒話》說："租界自來火之創設……公鶴親聞之該公司一司事華人。該司事年已七十餘，當時曾親預其事者，故知之較悉。當創辦之初，謠諑紛起，而其最可笑者則云地火盛行（當時名之曰地火燈），馬路被灼，此後除衣履翩翩之富人，腳着高底相鞋，熱氣或不至攻入心脾，若苦力小工，終日赤足行走馬路者殆矣，云云。又該廠設在今垃圾橋南堍，一般苦力相戒無蹈其地也，以為該處路面必較他處為尤熱也。種種盲論可謂發噱。"

電燈引進之後，煤氣路燈逐漸被電燈取代，煤氣才開始成為市民的煮炊燃料，但直到1931年，上海煤氣公司大約只有二萬用戶。

電　燈

黃式權《淞南夢影錄》引友人的一首詩賦云：

泰西奇巧真百變，能使空中捉飛電，電氣化作琉璃燈，銀海光搖目為眩。一枝火樹高燭雲，照灼不用蚖膏焚。近風不搖雨不滅，一氣直欲通氤氳，……申江今作不夜城，管弦達旦喧歌聲，華堂瓊筵照夜樂，不須燒燭紅妝明。吁嗟呼！繁華至此亦已極，天機至此亦已泄。……

這詩賦寫的雖然是電燈，但並不是愛迪生發明的白熾燈，而是英國大化學家戴維用碳棒為電極做的弧光燈。弧光燈1807年就已經出現了，但因它極其昂貴，而且光線又太強烈，所以只能做沿海燈塔的夜航燈，以及公共場所的照明燈。弧光燈傳到中國是在光緒四年(1878)，這一年西人畢雪伯把一盞用電池的弧光燈帶到了上海，中國人於4月5日第一次看見了電燈發出的亮光。1879年（光緒五年）5月17日，剛卸任的美國總統格蘭脫到上海訪問，公共租界特意從國外運來小型直流發電機和燈器，安裝在黃浦江外灘，並於17、18兩天點燈以示歡迎。那台發電機是德國科學家西門子1867年發明的自饋式，因為用自身的電產生磁場，所以比較輕便。

光緒八年(1882)，英國商人C·狄斯和另外兩個合夥人，出資銀五萬兩，購置美國克利芙蘭白勒喜公司出品的電機，在上海創辦了中國境內第一家電廠。那年9月1日的《捷報》介紹這件事說："立德（即C·狄斯）創辦的上海電光公司從美國訂購了電機，……在南京路、江西路口，豎起了上海第一株電燈桿，它剛剛豎立在有名的老同孚洋行的院落裡。這座洋行的地基今年五月已轉手為電光公司所有，自五月以來公司的人們便在洋行住房後面的老倉庫裡安裝起全部機器……現在機器只能供應十六盞（弧光）燈。……大約本月底以前，公司即可開始接受私人裝燈的請求。"9月15日的《捷報》又說："工部局……已命公司沿黃浦江外灘先試行裝燈十盞。"編著於電光公司成立一年後的《淞南夢影錄》說："近有西人名立德者，在租界創設電氣燈，其法以機器發電氣，用鉛絲遍通各處，用時將機刮一開，則放大光明，無殊白晝。初行時，當道者惑於謠諑之言，恐電發傷人，諉請西官禁止，後知其有利無害，其禁遂開。近日沿浦路旁，遍設電燈，以代地火之用，而戲院，煙室，茗寮，更無不皎潔當空，清光璀璨。入其門者，但覺火鳳拏天，普照長春之國，燭龍吐焰，恍遊不夜之城。"從黃式權的筆下可知，不到一年的時間電弧燈已經照亮了上海的酒樓茶館。

弧光燈有其局限性，故發展很慢，法國巴黎1875年建立的北火車站電廠是世界上第一家供應弧光燈電源的發電廠，上海電光公司的出現僅比這家電廠晚了七年。電弧燈收費每盞年金二百五十兩白銀，因為電費太貴，在上海發展同樣緩慢。1890年由原電光公司改組的新申電氣公司開始供應白熾燈的電源。1893年初公司的一份營業報告說："弧光燈方面……情況沒有什麼進展……只增加了街燈四盞，弧光燈的用戶略有增加"，"但估計公司在白熾燈方面，收入將大大增加。……公司所供的白熱電燈，直到今天為止，一共是1209盞"，"還有451盞在準備安裝中"。等到下半年工部局收買新申公司時，白熾燈已發展到6325盞。為了推廣愛迪生的白熾燈，工部局1895年還在張園進行過展銷。

電燈傳到北京已是光緒十六年(1890)，最先亮起電燈的是慈禧太后居住的西苑，也就是今天的中南海。西苑電公所是中國最早的自辦電廠。據李鴻章信函，西苑的發電量只有15千瓦，但上海電光公司創辦時更少，只有12千瓦。1891年開業的香港電廠主要供應一百幾十盞街燈，發電也不過50千瓦。子羽在《香港掌故》中說1977年香港第一季度用電便是五億千瓦。

內宮有了電燈，也就有了專管電的太監。溥儀《我的前半生》說他學會自行車後，在御花園撞倒過一個小太監"就是幹那玩藝的"。

皇帝開玩笑賜了個"鎮橋侯（猴）"給他，那小太監當了真，還到內務府去要"官誥"呢。

西苑的發電設備是李鴻章的心腹、天津海關稅務司的德璀琳採購的，這個英籍德國人也是外國人在我國創辦最早的飯店——天津利順德的股東。德璀琳乘機也給飯店購買了一台發電機，使利順德成為中國第一家使用電燈照明的高級賓館。而天津市內設電燈公司的專利，則被擔任直隸總督的袁世凱授給了購買軍火有功的德國世昌洋行商人海禮。由於世昌洋行缺少資金，這項專利又被轉讓給了比利時的財團。等到 1904 年，天津也有了電燈。

雖然早在 1890 年我國就有了民族資本家經營的廣州電廠，但直到 1905 年，天津教育品製造所才生產出供學堂教課用的弧光電燈。首先在我國製造白熾燈的是美國通用電氣公司在上海的子公司，1913 年這家公司創辦中國奇異安迪生燈泡廠（即上海燈泡廠的前身）出產的白熾燈泡佔領了中國和東南亞的市場。繼安迪生之後，上海又出現了亞浦耳燈泡廠，即今天的亞明燈泡廠的前身（1924 年）和華德燈泡廠（1934 年），這兩

一百年前發生在上海外灘的觸電致死事故，死者是電工王阿虎。

家廠雖是民族資本家開辦的，但它們的產品在國內外市場也很有競爭能力。不過截止 1949 年全國總計還只有八家生產燈泡的工廠，以及一些生產電珠的小作坊。

抽水馬桶・浴缸

　　眼下都市人衡量居室好壞，有水、電、煤、衛是最起碼的。但在六十年前，只有新式人物才會認為，西式浴缸和便具是住房所必備，在一些守舊的人眼裡，這些不過是社會的奢侈。1932年，曾紀芬在《廉儉救國說》中云：“夫起居日用服裝之不便，莫甚於日本，假設日本亦競尚奢侈，好便利，求適體，則必棄其所固有者，而求諸外國，則其所耗價款之巨，不堪設想。”曾國藩的長女，這位當時已經八十一歲的老人批評說：“西式浴缸、便具、火爐、衣櫃、銅鐵床、彈簧褥、地毯等等，皆我國新人物認為不可少者，彼國（日本）則除少數貴族豪商及公共建築外，凡中上等人家，概無此等物也。尋常家屋，並玻璃窗而無之。”“夫彼多數人民，能毅然守其舊有之俗尚，而安於不便不適者，益由能抑制私人之慾望，以保全立國之精神與物力而已。”

　　曾紀芬反對奢靡提倡節儉，但她並不否認西方生活設施比舊有的俗尚更加便利適意。其實中國社會的奢靡也並非始於民國時代的新人物，當英國維多利亞女王使用抽水馬桶的時候，慈禧享用的卻是水銀鋪墊的便具，連頗有政績的張居正也在八人大轎中安置了考究溺器，可見“能抑制私人之慾望，以保全立國之精神與物力”的統治者原來就不多，相反好便利、求適體的王公貴族，中外歷史上卻比比皆是。在歷史上最先想到抽水馬桶的，是伊麗莎白女王的教子哈林頓爵士，他寫了一本題為《阿加克斯》的小冊子，書名用的便是抽水馬桶這個詞的雙關語。書中他用圖描繪了一個帶閥門的抽水馬桶，他說這個設計是他從印度人那裡得到的。據說伊麗莎白女王是個嗅覺靈敏的人，為了減少廁所裡的不潔空氣，在她的里士滿宮中試修了一個抽水馬桶，結果證明效果很好。

　　女王的抽水馬桶並沒有在她的臣民中普及，所以1731年斯威夫特寫《僕從指南》這篇諷刺雜文時，還在“教唆”女僕如何對付那些不願去戶外上廁所，要求把便盆放在房間裡的女主人。然而並不是每一個僕人都能按照斯威夫特的話去做，1813年鼎鼎大名的英國科學家漢弗萊‧戴維爵士去法國講學時，他的妻子就曾吩咐男僕兼她丈夫的"哲學助手"的法拉第去尋覓一隻便盆。當這個出身窮苦的青年拒絕爵士夫人的命令時，他挺了一記響亮的耳光，女主人還威脅說如果不聽話，就要他馬上滾蛋。法拉第這時也許想到過《僕從指南》，但如果就此和主人決裂，他將失去向一個舉世聞名的科學家學習的機會。法拉第最後還是做了一個順從的奴僕，用自己的錢買了一隻瓷便盆給女主人送去。

法拉第送便盆，就像韓信受胯下之辱的故事一樣流傳了下來，而我們從這個故事裡可以知道，19世紀初葉，即使一個公爵住的旅館，室內也還沒有廁所，雖然18世紀末已有兩種抽水馬桶獲得了專利。

中國人最先見到抽水馬桶是在歐美的輪船上。張德彝《航海述奇》寫航行於天津與上海之間的英國火輪船"行如飛"號的廁所曰："兩艙之中各一淨房，亦有划門（即移門）。入門有淨桶，提起上蓋，下有瓷盆，盆下有孔通於水面，左右各一桶環，便溺畢則抽左環，自有水上洗滌盆桶。再抽右環，則污穢隨水而下矣。"抽水、排水都用開關，這點和今天抽水馬桶略有不同。志剛《初使泰西記》也有一段關於抽水馬桶的記述，這是他同治七年(1868)訪美時寫的，比張德彝那則日記晚了兩年。這個參加中國第一個外交使團的總理衙門章京，從老子的"道在屎溺"談到了西人的"遺屙之具"，說什麼莊子非以屎溺為道，乃以愈下者況道之無不在。形而下者謂之器，器之於遺屙之具，則尤以下者矣。西人嫌大小便太髒，所以用清潔的"器"，這也就是老子說的"道"。志剛描寫他所見的遺屙之具"其器如箱，平板為蓋，揭而倚諸壁，則見木板中孔，下接白瓷盎而無當。當以銅頁托箱，右偏豎銅條勾其端。盎中存清水二寸許。用時坐臀於盎口之板，糞落於盎，即提勾斯，聞水聲淅瀝而下。起而視之，則屎溺皆無，惟盎底空洞，而清水細流，猶自盎口板縫旋轉而下，並穢濁之氣味亦吸而去矣。及放勾條，則銅托上抵，旋流之餘，又存清水二寸許矣。充世道也，凡世間污濁，皆當有以滌之，何但用之屎溺乎哉！"志剛見到的抽水馬桶只有一個開關，但馬桶底部卻有一個可活動的銅頁，志剛稱它為"當"。

在歐洲，良好的盥洗設施的出現，和抽水馬桶一樣大約也只有百餘年的歷史。在這之前最文明的法國，即便貴族也很少洗澡。17世紀凡爾賽根本就沒有廁所和澡堂；在英國1846年才制定了澡堂和盥洗室的法令。然而當斌椿、志剛他們到歐美訪問的時候，對於西方人的衛生習慣已經有了良好的印象。斌椿與法國郵輪"用氣化之水以供用，舟之上下四旁，皆有鐵管貫注，數百人飲食洗濯之用，無缺乏憂也。"張德彝《航海述奇》記另一艘法國遠洋船的衛生間，曰："客眾澡艙三間，每間一大木盆，內敷以錫，傍有龍嘴，轉則水出。頂上懸一漏壺，下一龍口，轉則涼水自然澆頭而下。蓋泰西人三日一浴，五日一洗，多用涼水也；夏則日日洗之。"記法國馬賽"笛路埃得拉佩"旅館"店內各屋牆上有二小龍頭，一轉則熱水湧出，一轉有涼水自來。層層皆有淨房數間，四面暗玻璃如紙，亮而不透，綠綢簾帳、紙匣、瓷盆、水管皆備。"

徐建寅去歐洲比張德彝晚了十三年，他在光緒五年(1879)寫的日記裡描述了柏林的澡堂，收費一馬克，男女區分兩處，"人各一房，約方丈餘，中闢小池，作葵花形，長六尺，寬深各二尺。有階三級，由此入池。池用堅石灰築成，堅滑如石。穴牆以通水管，一通熱水，一通冷水，一通海水。均有塞門，可任意開取。凡客入門，侍者放水入池，以寒暑表測準冷熱。房內小桌一、椅一、巾鏡梳篦，無一不備。較之上海盆湯，不啻上下床之別。浴畢給侍者鎳錢一二枚。"

徐建寅是個技術專家，像柏林澡堂一類生活細節的描述，在他的《歐遊雜錄》中很少見。而他之所以不厭其煩地介紹西方的澡堂，也許覺得上海的盆湯落後得太多。但是從光緒二年(1876)成書的葛元煦《滬遊雜記》看，租界盆湯的奢華，比起西方的澡堂恐怕是有過之而無不及："官座陳設華麗，桌椅皆紅木嵌湖石"，還有"密房曲室，幽雅宜人。堂內兼有剃髮，剔腳等人"。盆湯的價錢官盆每人七十文錢，客盆每人三十五文錢。盆湯雖然奢華，但對洗滌污垢並無幫助，難怪注重實際的徐建寅寧願提倡柏林的澡堂。

抽水馬桶和西式浴具直到民國初年，甚至在北京、上海那樣的大城市也還很稀奇。1915年考進清華的梁實秋在《清華八年》中說：品學兼優的潘光旦曾被記小過一次，事由是他在嚴寒冬夜不敢外出如廁，就在寢室門外便宜行事，結果被齋務主任迎面相值當場查獲。潘光旦對此事從不諱言，認為這是很有趣的事。和梁實秋同班的項君回憶往事恐怕不會發出會心的微笑，全班最矮小的他，有一回掉在一隻大尿桶裡幾乎淹死。清華那時候洗澡的設備也很簡單，用的是鉛鐵桶，由工友擔冷熱水。

梁實秋說："臨畢業的前一年是最舒適的一年，搬到嚮往已久的大樓裡面去住，另是一番滋味。這一部分的宿舍有較好的設備，床是鋼絲的，屋裡有暖氣爐，廁所裡面有淋浴有抽水馬桶。不過也有人不能適應抽水馬桶，以為這種事而不採取蹲的姿勢是無法完成任務的。可見吸收西方文化也並不簡單，雖然絕大多數的人是樂於接受的。"難怪，曾國藩的女兒，一個出門寧願坐馬車而不願乘汽車的八十歲老太太，直到本世紀30年代，對於西式浴缸、便具還在絮絮叨叨。

電　梯

高層建築裡的居民最擔心電梯出現故障。在沒有安全的升降機的時候，城市裡最高的樓房都不超過五層。1835年兩個英國人弗羅斯特和斯特拉特發明了水力升降機，1853年美國人奧蒂斯又以蒸汽機為動力，設計了一種安全的升降機，後來他把這種自動升降的小車裝置在紐約一家商場內。

同治五年(1866)斌椿率同文館學生赴歐洲考察，船到法國馬賽，住進七層樓房的"笛路埃得拉佩"飯店。他的《乘槎筆記》曰："客寓樓七層，梯形如旋螺。登降勞苦，則另有小屋可容六七人，用火輪轉法，可升至頂樓。"這種用火輪轉法升降的小屋，就是奧蒂斯發明的蒸汽升降機。與斌椿同行的張德彝在同一天的日記裡，稱它為"自行小屋"，説"如人懶上此四百八十餘步石梯，梯旁一門，內有自行屋一間，可容四、五人。內有消息，按則此屋自上，抬則自下；欲上第幾層樓時，自能止住。"

真正的電動升降機直到1889年才開始批量生產，後來奧蒂斯公司又在1904年率先研製出不用齒輪牽引的電梯。有了快速安全，造價也不高的電梯，建造萬丈高的摩天大樓才有了可能。於是紐約在1907年建成了41層的辛格大樓，1932年又建成了帝

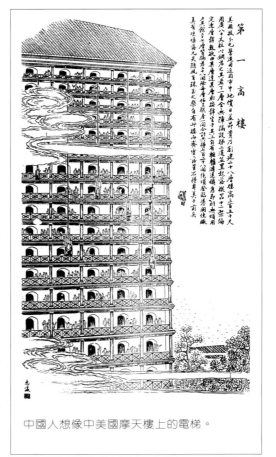

中國人想像中美國摩天樓上的電梯。

國大廈。近代著名企業家，上海厚生紗廠的創始人穆藕初《五十自述》寫他宣統元年(1909)赴美留學，在舊金山金門飯店初次見到電梯時的情景："下車入旅館，定房位，有一僕者引余登電梯，余不知其為何所，逡巡不敢入。僕人牽余登其上，電機一動，驀然騰空而向上，余不禁異之。"這位被僕者牽進電梯的企業家，五十年後病逝重慶，當時的《新華日報》稱他為"中國民族工業的一部活的歷史。"

上海有電梯始於1902年。外灘華俄道勝銀行樓（今華勝大樓）安裝了從英國進口的電梯，1906年南京路外灘匯中飯店（今和平飯店南樓）也有了電梯。但電梯廣為人知還是在1912年，當時有些留日學生，建議商人黃楚九學東京的樣開屋頂花園供人遊樂，黃楚九便與買辦經潤三合夥創辦上海第一家遊樂場——樓外樓。樓外樓五層，花

圍設在樓頂平台上，為了吸引遊客裝了一架小型電梯，不乘電梯上下門票一角，乘電梯門票二角。民國初年電梯還是一種新鮮玩藝，許多人出於好奇買了票子乘電梯，覺得比逛城隍廟有趣。上個世紀人們只是在《點石齋畫報》上看到過美國造二十八層高樓使用"起落機器"的圖畫，或因作者道聽途說，把它畫成了吊車的模樣。

上海樓外樓的電梯恐怕無處可尋，華勝大樓與和平飯店的電梯也早就更換了新的式樣。有人說現存年代最久的電梯，是天津利順德飯店1924年請美國奧蒂斯電梯公司裝的那一架。據說經歷了七十餘個春秋的這架電梯已留下了許多歷史名人的足跡，同時它也為今天的青年展示了發明者的最初成果。

風　扇

解放前上海有家美國人辦的英文報紙《密勒氏評論報》，主編鮑威爾是個很有見地的人，1936年鮑威爾曾允准刊登該報記者斯諾從延安發回來的報道，於是毛澤東的生平首先在這家報紙公諸於世。不過我們這裡要說的不是那樁有深遠歷史影響的大事，而是《鮑威爾對華回憶錄》裡記述的一件區區小事。

那是在鮑威爾剛剛進入上海的1917年夏天，為了給自己的辦公室安裝電燈，他初次拜訪了上海市政廳的電力處，結果意外地發現，電力處的辦公室裡吊着一隻名叫蓬卡的印度大拉扇。鮑威爾在回憶錄裡描寫"蓬卡"是一個長形的大竹框框，框子上面黏着一層粗布，下端飄着流蘇，用繩子吊在天花板上；另外一條繩子繫住竹框邊緣，穿過牆上的洞眼，一直拖到院子裡，由一個中國僕役在那裡前後拉動繩子，"扇子就會不停地搧動"。

鮑威爾描寫的"蓬卡"對於我們這些四、五十歲的人並不陌生，記得60年代初上海許多理髮店和街道工廠還在用它來降溫，只是我們那時候並不知道，這種土頭土腦的拉扇竟然也是舶自於外洋。

最早記述"蓬卡"的或許是張德彝的《航海述奇》，他寫同治年間乘法國郵輪"崗白鷗士"號上等艙，曾見客廳"棚上掛綠綢風扇"。他在記船上員工時又說有"拽風扇幼童八名"。"崗白鷗士"號共有船員 150 名，單為拽風扇就僱用了 8 名童工，可見此項工作之繁重。

張德彝寫的是外國船上用人力拉動的簾式風扇。據《知堂回憶錄》記述，魯迅和周作人兄弟倆青年時代去南京求學，當時的學堂裡也裝有這種風扇，可見印度的蓬卡在中國流行約在 19 世紀末或 20 世紀初。

在電扇發明前歐洲已有了用於鼓風的機械扇風機。

清末除蓬卡之外，從外洋傳來的還有一種用發條驅動的家用風扇。葛元煦《滬遊雜記》描述這種"外洋所製自來風扇，以法條運輸鼓動摺扇，不煩人力，置諸案頭，微風習習，最可人意，惜時不久，法條一轉不及一刻耳"。

葛元煦所謂的摺扇猶如電風扇的葉片，這種由機械帶動葉片的風扇，西方已經存在了好幾個世紀。1530 年出版的歐洲冶金學權威阿格里拉的著作中，就有一幅用於鼓風的搧風機的插圖。歐洲 16 世紀的搧風機主要用於礦井通風，樣子和今天的風扇很是相似。鼓風設備的改良乃是冶金業發展的一大關鍵，只有良好的通風條件，才能有效地提高爐溫。東西方最早的鼓風設備都採用皮囊。中國的皮囊後來向木質風箱發展，尤以三百年前出現的木製活塞風箱最為靈巧。歐洲 16 世紀也有非常巨大的風箱，但與此同時也發明了圓筒式風扇。在這一基礎上發明機械風扇，進而製造電風扇，也就不是一件難事了。

正是源於這樣一種工藝傳統，於是電風扇便在後來琳瑯滿目的現代電器中捷足先登，成為最早的家用電器。

電扇何時傳入中國？據劉鑒唐《利順德百年風雲》說，天津利順德飯店於1888年始用電燈，至1897年再從歐洲購進一台大馬力發電機。於是"在人們只能用手搖扇驅熱的年代，這家洋飯店用這台發電機驅動了電扇"。這本書還說當時"除慈禧太后外，整個中國也沒有一家使用電扇"。如果此說無誤，那末電扇在上個世紀快要結束時就已經在中國的宮苑和洋人的飯店裡旋轉了。

首先享用電扇驅暑降溫的，既然是那些自備發電機的宮苑、飯店以及資本雄厚的洋行，那末財力稍遜的階層要用電扇便只好等待發電廠來供電。上海市公用局1930年一份業務報告云：設在斐倫路（今九龍路）的發電廠，光緒二十七年(1901)自六月起至九月止，日夜繼續供電，其日間送電係供電扇之用，"是為電氣處供給日電之始"。由此可知，跨入20世紀，在上海電扇的使用已經是夜以繼日。而在這之前電廠只在夜晚供電。

公用局業務報告所說電氣處恐怕就是《鮑威爾對華回憶錄》提到的市政廳的電力處。專管電力供應的機構，夏天不用電扇，只用靠人力拉牽的印度大拉扇，初來乍到的鮑威爾當然感到意外。經了解，鮑威爾才發現那些長期僑居中國的洋人由於和海外聯繫減少，所以對種種新生事物都抱着一種懷疑態度。對於電扇當時上海的外僑都認為它有礙健康，會引起肺炎和胃病，因此即便裝了電扇，大熱天也要穿着"肚兜"或繫上羊毛腰巾帶以防冷風吹進體內導致腸胃不適（見《鮑威爾對華回憶錄》）。

有了這層顧慮，電風扇在上海的銷路自然不廣。當時中國市場行銷的電扇主要是美國通用電氣公司生產的奇異牌，由美商慎昌洋行獨家銷售。不過，中國人自製電扇的歷史倒也可以追溯到清朝末葉。據直隸工藝總局在天津開辦的教育品製造所光緒三十三年(1907)印的《製成品物分級編目錄》載，該所製作電器包括"電氣唧筒、電氣搗米、電扇、弧光電燈、電話匣、紅礬電池、乾電池、濕電池等"。當然作為一家生產教具的工廠，這些電器的製作僅為實驗性質。至於在中國成批生產電風扇乃要數美國通用電器公司1913年在上海設立的中國奇異安迪生燈泡廠。不過這家廠主營燈泡，電扇和電燈開關僅為附帶兼營而已。而國產的第一台電風扇則係裕康洋行賬房楊濟川於1914年

(一説1915年)試製成功，據説當時由於缺少資金未能投產，其實當時的消費市場恐怕也是供大於求。1916年楊濟川和友人葉友才、袁宗耀在上海四川路橫濱橋辦了家生產變壓器的工廠，以"中華民族更生"之意，取名為華生電器製造廠，至1925年華生電扇正式投產，很快便成為民族電器工業中的著名品牌。據《中國電器工業發展史》云："華生電扇初期仿照美國產品，風葉、網罩及底座均採用銅製，沒有搖頭機構。"自"華生"上市，"奇異"銷量大減。慎昌洋行曾以50萬美金為誘餌，企圖收買華生的專利，但卻遭到了中國人的拒絕。"華生"電扇抗戰前年產已達三萬台，1949年前，它的最高年產量為五萬台。當然這和本世紀80年代我國年產電扇幾千萬台相比尚不及一個零頭。

19世紀80年代，電燈剛剛發明不久，西方就開始在家庭電氣化上動腦筋，當時出版的《點石齋畫報》曾以"電氣大觀"為題，介紹一美國富翁的婚禮，説宴會廳裡花瓶、玩物、屏几等處"都密設小電燈"；此外還有電鼓、電鐘奏出音響；有電器為客人點雪茄，注瀹咖啡、有"電鼓大鳴以代掌"。

百年前的電氣大觀今天看來如同兒戲，新電器如今目不暇接，昔日只有慈禧才能享用的電扇早就走進尋常人家，甚至隨着空調的普及和發展，風扇或許還有遭到淘汰的一天。現在回頭再讀鮑威爾記述當年上海外僑擔心吹電扇導致腸胃不適的文字，簡直就成了海外奇談。

《點石齋畫報》"電氣大觀"。

六、莎士比亞之寶帶

1903年梁啟超著《新大陸遊記》談及當時電報環繞地球一週只需十二分鐘，云："昔英國詩聖索士比亞作夢遊仙吟有句云'吾有寶帶兮，以四十分鐘一週地球'，此實三百年前理想家之一寓言耳。豈期物換星移，物質文明之發達，不可思議。我輩生此20世紀者，竟人人皆得以至微末之代價，利用彼索士比亞之寶帶而有餘。嘻！不亦異哉，不亦偉哉。"梁任公的話未滿百年，人類已經開通了國際互聯網絡，先賢地下有知該作何等感慨。

早期電話。　　　　　電話接線員。

打電話的女
孩。

第四十九課
電報

郵政便矣。然急遽之事。則又虞其遲緩。於是乎有電報。法於通都大

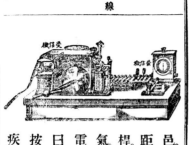

線

邑。徧設電報局。各局相距之地。隔數丈則植木桿。置銅絲其上。以通電氣。是曰電線。局中各置電機。機有二。一曰發信機。一曰受信機。發信者以手按機而動之。因其動之疾徐。而受信機所聯之

話

第五十課　電話

人之言語輕者達數尺。重者達數丈。數丈以外。不復可聞。自有電話。則雖相去千里。而無語不可以達矣。電話之製畧如電報。而以受語送語二

稚

機。傳達聲音。故所隔雖遠。對語自若。便埶大焉。幼稚之童。嘗有以數丈之線。分系其端於兩竹筒。而藉以傳細語者。其理與電話同。惟選料不精。又不知用電。故未足以及遠。然卽其理

光緒十三年國文教科書上的電話、電報。

馬可尼和他發明的無線電報。

1924 年英文《地理雜誌》上的收音機廣告。

30 年代的留聲機。

1905年上海印刷所廣告。

20年代上海望平街是報館集中之處。

鉛字印刷。

延安時代因陋
就簡的印刷
機。

電　報

　　電話、電燈、電車和電影等技術的發明都是在德國人西門子發明自饋式發電機以後的事，只有電報是在這之前就出現了。一般人認為美國人莫爾斯1832年發明了電報，其實莫爾斯的主要貢獻，是創造了以點和橫兩種符號組成的新型電碼，這樣發報、傳報和收報都變得十分簡單。有關電報的發明史，薛福成《出使英法義比四國日記》已經有記載，說：“道光十八年(1838)英人惠子敦（惠特斯）設電線於倫敦。二十四年(1844)法人設電線於巴黎。是年，美人莫爾斯設電線於華盛頓。”

　　莫爾斯第一次演示他的電碼是在1837年，但到1844年才安裝了商用電報機，並在華盛頓與巴爾的摩之間架設了有線電報線路。道光二十七年(1847)去美國的林鍼，是最早用文字描述電報的中國人，他的《西海紀遊草》稱電報曰：“巧驛傳密事急郵，支聯脈絡，暗用廿六文字，隔省俄通。”作者的自注曰：“每百步豎兩木，木上橫架鐵線，以膽礬、磁石、水銀等物，兼用活軌，將廿六字母為暗號，首尾各有人任其職。如首一動，尾即知之，不論政務，頃刻可通萬里。予知其法之詳。”林鍼說的字母為暗號指的就是莫爾斯電碼。

　　咸豐初年英國已架設了四千英里的電報線，從此西方的有線電報便進入了全盛時期。同治年間出使的張德彝、斌椿和志剛都在日記中寫了他們在國外看到的電報。斌椿稱巴黎的電報局為“電機寄信公所”，“代人寄信，以鐵線之一端畫字，其一端在千萬里外，即照字寫出，不逾晷刻也”。志剛稱“通線信以電氣為體，以吸鐵氣為用”。張德彝《航海述奇》描述最為詳盡，他說：“電報一名‘法通線’，又名‘電氣線’，……譬如由某國往某國有此電報，則兩處各設一局，當中通一銅線，週於筆管，以印度樹汁（即橡膠——筆者注）裹之，永不生鏽。隔大海則置此線於海底，在陸地離數武立一桿，……桿首有瓷碗……此線恆在輪車（火車）道旁。……有送信者，先將稿付於局內，其語貴簡，局內按字數計費。主信者按稿上語言，一一在字母盤上以指按之。此處按之，彼處亦隨得之。……各局案上皆有一小銅輪，其上繞一白紙條，有信到時紙條自放，其上自有紅字印出，局人急以筆錄，轉為飭呈，毫無耽擱。"

　　西方列強最先想在中國鋪設電線的是沙皇俄國。同治元年(1862)，沙俄公使巴留捷克要求將電線從恰克圖延伸到北京、天津；同治九年志剛去俄都披得爾布爾（彼得堡），俄國人又一次提出從黑龍江到中國東海岸設海底電纜的要求。繼俄國之後，英、美等國也曾提出類似要求。但清朝從中央到地方的官吏都把鐵路和電報視為洪水猛獸，說銅線與中國毫無所益；以中國之貿遷驛傳，毋須輪車、電機，更有甚者則認為電報等西洋奇器會"驚民擾眾，變亂風俗"。甚至直到光緒年間，中國已有電線長二萬六千五百三十啟羅邁當（《出使日記續刻》），民間仍有謠言流傳。譬如《點石齋畫報》上的一則消息說："聞報云，泰州為揚屬一大邑，早經設立電報局，……乃近有匪徒造言謂電報局所用電氣，係以死者之魂煉成，故專收人家供奉之神主牌。每牌價值洋四、五十元，須在三年以內者方為合用。局中買得此牌後，飭人領至墳所，唸咒語即有小蟲從墳中出，即係死者之魂，捉入木匣，又挖取牌上主字，則有鮮血迸出，滴入瓶內持歸合藥煉成電氣，便可傳消遞息。"《點石齋畫報》上的圖，畫的就是某甲攜牌去電報局求售，遭"局員"驅逐的場景。

　　電報雖不能攝取中國人的魂魄，但對來華經商的洋人，卻有很大幫助。同治九年(1870)未經中國政府的同意，丹麥大北電報公司把海底電線偷偷鋪設到了上海的吳淞口大戢山島，然後順著長江把水線通到了上海租界。也就在這一年，英國大東電報公司脅迫清政府同意，將另一根電纜接到了停在吳淞口外的船隻上，收發電報。張國輝《洋務運動與中國近代企業》分析列強在中國沿海鋪設電纜的影響，說舉凡清政府從中央到地方的重大舉措，軍隊調遣，邊防狀況以及財政調度等情況，都更加方便地為列強所掌握。在經濟方面，70年代前歐亞之間因距離遙遠，絲茶價格須根據中國的生產情況來決定。有了聯繫中國的海底電纜，加上蘇伊士運河的通航，正如當時《捷報》所說，英商只要拍一個電報，就能在六個星期後接到本國的訂貨單。這樣西方商人不需投放龐大資金，就能根據歐洲市場的需求，左右中國茶葉和絲綢的出口價格。

70年代，洋務派官僚對電報的作用也逐漸有了了解。同治十三年(1874)日本侵略台灣，南洋大臣沈葆楨建議架設福州到廈門之間的電線，以利消息暢通，但這條線路只設了兩年就被拆除。光緒五年(1879)李鴻章借天津魚雷學堂教習貝德斯的協助，在大沽口炮台與天津之間架設了一條長約四十英里的軍用電線。此後，李鴻章又以曾紀澤辦中俄伊犁條約的例子，說曾從俄國發電報到上海，數萬里之遙只需用一天時間，但電報從上海轉送到北京，相距不過二千里，路上卻花了十天的時間。於是經清政府批准，全長三千里的津滬電線於光緒六年(1880)開始籌建，並在次年投入了使用。光緒十年(1884)，貫穿蘇、浙、閩、粵四省的第二條電報幹線也已竣工，不久清朝的電報總局從天津遷到上海。進入19世紀90年代，電報線路不僅遍及內地，而且架設到了新疆伊犁，中俄邊境的塔城，及西南的昆明等邊遠地區。

光緒二年(1876)，上海只有租界可打電報，並且只能打到香港、廣州和海外。葛元煦《滬遊雜記》錄當時的電報價目，上海至香港、廣州、日本長崎，每十字洋三元，十一字至二十字六元，二十一字至三十字十元。可是那時一張上海到長崎的船票只需六元銀洋，到神戶是十元，到橫濱十五元。直到20世紀初，電報費仍然很貴，姚公鶴《上海閒話》說每字約為一角多錢。電報局是個盈利很多的機

電報局設立之初，民間誤傳電報係用死者之魂煉成。

構，股東的年利率約在百分之三十左右，所以它的股票也很受投資者的青睞。

光緒二十九年(1903)梁啟超遊美，西曆7月5日他在匹茲堡的報紙上看到美國太平洋海底電纜告成，並在美國獨立紀念日舉行通信祝典的消息。美國總統羅斯福命令海電局總辦，在本局發電，令繞地球一週而復還本局，結果只用了十二分鐘。梁啟超在《新大陸遊記》中說"昔英國詩聖索士比亞（莎士比亞）作夢遊仙吟，有句云：'吾有寶帶兮，以四十分鐘一週地球'此實三百年前理想家之一寓言耳。豈期物換星移，物質文明之發達，不可思議。我輩生此20世紀者，竟人人皆得以至微末之代價，利用彼索士比亞之寶帶而有餘。嘻！不亦異哉，不亦偉哉！"然而當時用海底電纜通訊從芝加哥到上海，每個字就要一塊半美金，所以能利用莎士比亞寶帶的人，先得備足所需的美金。

電　話

電話中國人最初稱德律風，就是英語Telephone的音譯。薛福成《出使日記續刻》光緒十八年(1892)六月十三日曰："電報之法奇矣，德律風則奇之又奇。此器成於光緒三年（西曆1877年），有美國人倍爾者，用電氣收入人聲，由線通彼處之電氣，復發為人聲。先是光緒二年，美國賽百年大會，倍爾製德律風，已粗具規模，陳之會中，任人聚觀，試驗之，靈便異常。"

倍爾即貝爾，生於英國，1869年應邀到美國波士頓大學教授聲學，1876年2月他試驗成功了世界上第一部可供實用的電話，隔着幾間房間，貝爾叫自己的助手說："沃森先生，過來——我等你。"這就是用電話傳送的第一句話。貝爾的電話首先在紀念美國獨立一百週年的費城博覽會上展出，前來參觀的巴西皇帝佩德羅二世放下聽筒，大聲叫喊說："它在說話呢！"1881年美國建立了第一家電話公司，等薛福成寫上面一則日記的時候，美國每五十個人就有一個人裝上了電話。

薛福成的德律風史話是在貝爾發明電話之後十五年寫的，清朝第一任駐英國公使郭嵩燾則是在貝爾發明電話的當年到達倫敦的，既然英國是貝爾的家鄉，首先得知這一發明的自然也是他的祖國。光緒三年九月初十(1877年10月16日)郭嵩燾受廠主畢諦邀請訪問了他在倫敦附近的"電氣廠辦公地"，畢諦特意請他來參觀剛發明不久的電話，郭嵩燾當時的日記稱之為"聲報機器"。畢諦將電話安置在相距約十丈的樓上和樓下的兩間屋內，畢諦的秘書告訴中國公使，"人聲送入盤中，則鐵餅自動，聲微則一秒動至二百，聲愈重則動愈速，極之至一千。……鐵膜動，與耳中之膜遙相應，自然發聲。"聽完電話發聲原理之後，郭嵩燾老實說："其理吾終不能明也。"主人又請公使和他的隨從張德彝親自嘗試打電話。張德彝去樓下，郭嵩燾在樓上與相語。郭"問在初（張德彝）：'你聽聞乎？'曰：'聽聞。''你知覺乎？'曰：'知覺。''請數數目字。'曰：'一、二、三、四、五、六、七。'"郭嵩燾在當天的日記裡寫，"其語言多者亦多不能明，惟此數者分明"。看來那台電話傳聲很不清晰。雖然初次打電話效果不盡人意，但郭嵩燾和張德彝的那次通話，在中國人的歷史上也算是第一次。

上海是世界上最早擁有電話的城市之一，據說上個世紀70年代，就有兩個外國人在十六舖擺了兩架電話機，供遊客通話，每次收費三十六文，這點錢當時大約可買麵粉一斤，雞蛋六個，甲魚半斤不到。這時距貝爾發明電話還只有幾年。

1881年上海有了電話。

光緒七年(1881)丹麥大北電報公司在上海公共租界埋電桿，裝設電話二十五家。姚公鶴《上海閒話》云："聞租界初辦電話時信用不著，即外人亦鮮裝用。瑞記洋行首與該公司訂立合同，且代盡提倡之責，故公司以第一號報之。普通報電話必先明號數，獨打電話至瑞記洋行，可直稱瑞記，無須報名第一號，則於事實上亦殊多便利矣。"光緒八年大北電報公司又在外灘創設第一家電話局，僅比美國電報公司晚一年。這一年又有英人皮曉浦（又譯畢曉普）在租界試行電話。黃式權《淞南夢影錄》記載此事云："其初有英人皮曉浦在租界試行，分設南北二局，南在十六舖，北在正豐街（今廣東路中段）。其法沿途豎立木桿，上繫鉛線二條，與電報無異。惟其中機括，則迥不相同，傳遞之法，不用字母拼裝，只須向線端傳語，無異一室晤言。據云十二點鐘內，可傳遍地球五大洲。蓋藉電通流，故能迅速若此也。""如欲邀人對談，無異一室晤言。"但因為經費入不敷出，不久遂廢。光緒九年(1883)天主教傳教士能慕谷又從徐家匯拉電話線到英、法租界各洋行，開始了電話預報氣象的業務。但黃式權不知德律風 Telephone 原意是遠距離傳聲，還以為是"由歐人名德律風者所創，故即以其名名之云"。正因為中國人還不知德律風名稱的由來，所以薛福成訪歐，特意要在日記中介紹電話的發明者倍爾（即貝爾）。

中國最早的電話也有人說不是在上海，而是在天津。劉鑒唐、田玉堂《利順德百年風雲》說，1879年李鴻章接受德璀琳的建議，"從河北大胡同總督衙門官署到南郊葛沽，架設一條有線電話，通過紫竹林租界地，利順德作為中繼站，從而使利順德飯店成為了全國最早使用電話的單位"。

大清的直隸總督光緒年間用上了電話，但電話機安進紫禁城已經是民國十年。溥儀在《我的前半生》中回憶說："我十五歲那年，有一次聽莊士敦講起電話的作用，動了我的好奇心，後來聽溥傑說北府（當時稱我父親住的地方）裡也有了這個玩藝兒，我就叫內務府給我在養心殿裡也安上一個。內務府大臣紹英聽了我的吩咐，簡直臉上變了色。……第二天師傅們一齊向我勸導：'這是祖制向來沒有的事，安上電話，什麼人都可以跟皇上說話了，祖宗也沒有這樣幹過……這些西洋奇技淫巧，祖宗是不用的。……'外界隨意打電話，冒犯了天顏，那豈不有失尊嚴？''我就連這點自由也沒有？不行，我就是要安！'"

宮裡的電話安上了。電話局又送來電話本，溥儀看到京劇名角楊小樓的電話號碼，對話筒叫了號，一聽對方回答的聲音，就學京劇裡的道白腔調唸道："來者可是楊——小——樓呵？"對方哈哈大笑問："您是誰呵？"溥儀連忙把電話掛上了。同樣的玩笑他還和雜技演員徐狗子開過，又給東興樓飯莊打電話，冒充一個什麼宅子，叫他們送一桌上等酒席。也是用電話，溥儀約見了"白話文運動"的幹將胡適。

本世紀20年代都市裡有了供大眾用的電話，因為當時還沒有自動接線，所以溥儀給楊小樓打電話先搖攪柄再取聽筒，等有了應聲要對着話筒叫號。這種手搖磁式電話最初是個尺半長、八寸寬的木箱，釘在牆頭，鈴在箱頂，兩側分設搖柄和掛聽筒的鉤子。

30年代，撥打號碼的自動電話取代了人工接線的電話。國民黨的都城南京約在1929年從美國購置了五千門自動電話機，實現了更新換代。上海香港到1930年也用上有號碼攪盤的話機。使用自動電話，先要聽一下有無"蟬鳴聲"，如果沒有，說明線路暢通，才能撥號。但據王正元《為蔣介石接電話十二年》一書說：蔣介石直到1937年還不習慣自己撥號碼打電話。1938年蔣介石住在武漢，那裡的電話號碼是五位，但他老先生有時僅撥四位，或撥"8"、"9"時沒有到位就鬆了手。這樣打不是錯就是不通。所以為了打不通電話"委員長"經常發脾氣，有一次甚至要把武漢電話局局長叫來，嚇得一班負責通訊的官員不知出了什麼事。蔣介石到重慶後，電話局索性在他的官邸都裝上西門子式手搖電話，先由總機的接話員撥號接通，然後再搖蔣的電話。蔣氏無論打給誰的電話都要別人拿着話筒等他，所以一拿起聽筒他就開始說話。例如他要接何應欽，接通後立即就說："敬之兄嗎？"蔣介石打電話的這些習慣，不知拍電影、電視的人有沒有注意。

晚清文人錢翔甫有竹枝詞《望江南》三十首，"讀之如向十里洋場採風問俗"，其中第二十四首云："申江好，電線接雷霆。萬里語言同面晤，重洋息信霎時聽，機括竟無形。"説的便是引進不久的電話和電報。但直等到一百餘年後的今天，電話才成了都市百姓家中尋常的通訊工具，而且正以迅猛的速度進入越來越多的城鄉人民的家庭。據西門子公司最新統計，到1993年底全世界擁有電話6.1億門，擁有電話最多的大陸是大洋洲；每100人有電話38門。按國家算，美國以1.48億門居榜首；按增長率算1993年中國新增電話5800萬門，增長率達到50%，居世界第一。

郵　票

薛福成《出使英國日記》光緒十六年(1890)五月十六日云："赴招司金星墩大博物院之茶會。倫敦信局通行一本士信資印票適屆五十年，故設茶會以慶祝賀之也。"

世界最早的郵票俗稱"黑便士"，是英國1840年發行的一便士黑色郵票。1890年恰逢黑便士發行五十週年，薛福成作為清朝的使臣，出席了倫敦郵局舉辦的慶祝茶會。

歐洲近代郵政可追溯到1464年法王路易六世頒佈的《郵政法》，英國直到1635年才有了皇家壟斷的郵局。那時用馬車遞送信件，每八十里收費兩便士。1836年羅蘭·希爾提出以重量為標準的收費辦法，並且建議預收郵費，寄信時把收費憑據黏在信殼上。1840年5月6日英國正式施行希爾的收費制度，與此同時發行了一便士黑色郵票和兩便士藍色郵票作為收費憑據。

中國自古就有傳遞政府公文的"郵驛"，民間的信函傳遞也有人專司其職。近代香港人稱幹這一行的人為"水客"，又叫"巡城馬"。明清時內地"民信局"已經形成了相當大的傳遞網絡，但傳統的郵遞，規模和效率遠不能和近代郵局相比。張德彝《航海述奇》記法國巴黎郵政説："至信局，見樓上書信堆積如山，有四十餘人在彼分別四方路途，皆以輪船、輪車攜帶。輪車取帶信文不停車，……車過時送者自掛在竿上，取者自從竿頭鉤於車上，不延時刻。"兩年後張德彝又在《歐美環遊記》云："同鄉居馮安坦往看信局，所收之信，隨時按地而發，自本城各巷至本國各邦，以及別國，晝夜無頃刻之暇。"這裡寫的是 1868 年紐約郵局的情況。

張德彝在法國、美國考察郵政都未曾談及郵票，但在出使英國的日記裡他卻寫道："聞英國於二三年前，有種陋俗，凡收得信票者張貼於壁上，以多為貴，相習成風。女子有無許多信票而不得嫁者。"同治年間稱為"陋俗"的集郵活動，後來從英國波及到了包括中國在內的整個世界，有人甚至稱精美的郵票是"國家的名片"。但最初的郵票既沒有齒孔，印成黑色打上郵戳後又容易被擦掉。直到 1854 年阿切爾才發明穿孔機；為了防偽，郵票印製也逐漸講究。正因為如此，英國才會出現收集郵票的熱潮。

最先在中國開設郵局的是霸佔了香港的英國。1842 年倫敦郵局派了一個叫羅伯特·愛德華的人，在臨近海邊的花園道口搭棚辦公。他不負責送信，郵件從海外寄到時，他便鳴炮為號，等候郵件的人這時就會趕來翻找自己的郵件，找到了隨便可以拿走。

英國在香港設立郵局以後，又在我國各通商口岸先後設立郵局，作為香港郵局的分局。英國人開了先例，法、美、日、俄等也紛紛效尤，這種由西方國家在我國擅自設立的郵局稱為"客郵"。開始它們都用本國的郵票，後來就在本國郵票上加蓋 CHINA 字樣。也有的國家專門印製了標有中國國名或地名的郵票。例如 1902 年發行的一枚法國客郵郵票，圖案和 1900 年版的法國普通郵票相同，只是將下框裡的文字改成了"CHINA"（中國）。而香港郵局正式發行第一套郵票則是在 1862 年。

除了在中國直接辦郵政之外，西方國家還利用它們在沿海城市的租界，設立了名為"書信館"的機構。書信館最早出現在上海的公共租界（1863 年），起初只為外僑服務，寄信的人定期交款，平時就可投寄信件。1865 年工部局發行了一套無齒孔的郵票，票面分壹分銀、兩分銀、肆分銀、捌分銀、壹錢六分銀五種，郵票以龍為圖案。雖然這套郵票發行最早，但因它不是本國郵政機構發行，所以不能算作我國的正式郵票。

咸豐年間，根據《天津條約》，駐北京的各國公使傳送文件，要由清政府的驛站負責從北京運到天津，然後由輪船運到上海，再從那兒分發世界各地。冬天，天津海口封凍，郵件又只好從陸路運到鎮江。用馬車在兩地往返，速度自然很慢。後來爆發了太平天國革命，郵件的轉運更成問題，所以清政府決定把傳遞郵件的事交給洋人主管的海關。1866年海關增設了郵務辦事處，開始只負責遞送使館的公文，不久便為外僑郵寄信件。

1878年初海關總稅司赫德命令天津海關稅務司德璀琳兼辦郵務，經理天津、上海之間郵遞。為了適應郵政業務的需要，從那一年開始海關郵政局發行以蟠龍襯雲彩、水浪為圖案的"大龍"郵票，由上海海關造冊處雕刻銅版印刷。大龍票前後發行過三期：第一期採用半透明白紙，所以稱為"薄紙大龍"；第二期郵票每枚間距較闊，故稱"闊邊大龍"；第三期紙質略厚，圖案不及前兩期清晰，俗稱"厚紙大龍"。"闊邊大龍"五分銀面值二十五枚的全張新票只有一張存世，是中國早期郵票一大孤品，曾為美國人史氏握有，被譽為西半球最寶貴的華郵。

大龍郵票印了三期，印模已逐漸模糊。1885年海關郵局從國外定購專門印郵票的水印紙，印刷尺寸較小的蟠龍郵票，俗稱"小龍"郵票。1894年慈禧六十壽辰，赫德建議發行紀念郵票共九枚，稱作"萬壽郵票"。大龍票的設計者過去傳說是外國人馬斯，新近研究得知是中國人，但名字已難考證。萬壽票的設計者則是在海關供職的法國人費拉爾。

清廷把郵政委於洋人主持的海關，但出使西方的大臣卻發現："泰西各國專設郵政大臣，歲俸至少亦英金一千五六百鎊"，於是他們對西方的郵政制度詳加考察。例如薛福成光緒十七年(1891)的出使日記一一介紹了英國郵政部的成員、郵政總局的下設機構、"信票"（郵票）章程及留局待取等項制度，說"印票信片（明信片）通行國中，每十張值五便士有半或六便士”，“倫敦城中信局及信筒凡二千所，僱用送信人凡萬有一千，其各鎮各埠尚不在此數……”。受此影響，清朝於光緒二十二年(1896)正式建立大清郵政局，仍委赫德為總郵政司，各地海關郵局也一律改名。大清郵局將郵資從銀兩改為銀元，在沒有發行新郵票前，暫在“小龍”、“萬壽”票上加蓋面值權且使用。後來又把原準備徵印花稅而印製的六十萬枚紅印花票，也分別加蓋各種面值充當了郵票。據說其中“當一元”只加蓋了四十枚，後來和“闊邊大龍”一樣，成為我國早期郵票的孤品。

郵票，張德彝稱為“信票”，薛福成《出使日記續刻》叫作“信牌”，又說“華人謂之‘人頭’，西人譯稱‘憑印紙’。”直到民國時代，“郵票”這個詞才正式出現，但仍有稱“郵花”的，例如閩西老革命根據地1930年就曾發行過一種印有“赤色郵花”字樣的郵票。

張德彝同治年間曾把集郵稱為陋俗。19世紀末，中國雖然有了郵票，但懂得集郵的人仍然很少，所以早期珍貴郵品，如錯體票、變體票大都為外國人所得，比如僅存一枚的小字“當一元”舊票，最初

郵局剛成立時因損害了私人信局利益，郵遞員遭信局僱工圍攻。

就為費拉爾所有，後來幾經輾轉才被我國集郵家重金收購。1920年上海集郵商店得到四十八枚“宮門倒印”的變體郵票，劉肇寧《中國集郵史話》說，“那時，我國集郵活動尚不普遍，不易賣出，郵票商店便改為發售彩票的方式”，但仍沒有人問津，最後只好把這批郵票悉數賣給外國的集郵公司。外國人不僅利用中國人對集郵的無知，混水摸魚賺了不少的外快；一些控制中國郵票發行的洋人甚至有意製造錯票牟利。例如九分銀的萬壽票有一枚倒印票，就是負責郵票印刷事務的費拉爾自作主張故意製造的。

和清朝統治者對郵票的發行漠不關心形成鮮明對比的是，孫中山當選為臨時大總統後，親自召開會議，研究新郵票的發行，孫中山曾建議把"平常用飛船"即問世不久的飛機作為普通郵票的圖案。因為飛機作為現代交通工具，當時民眾知道得還不多，中山先生想藉此進行宣傳。

郵局出現之初曾和民間信局發生衝突，《點石齋畫報》上就曾報道揚州信局人員圍攻郵夫的事。

無線電通訊

道光二十六年(1846)前後，法、英、德三國天文學家共同發現了太陽系的第八顆行星，它就是以希臘神話中海神之名命名的海王星。19世紀，能和海王星相提並論的科學發現唯有電磁波的發現，只是電磁波對人類的影響，要比海王星大得多。

自從光緒九年(1888)德國科學家赫茲證實了電磁波的存在，只過了七年意利的馬可尼、俄國的波波夫便各自獨立地發明了無線電收發報機。光緒二十四年(1898)，馬可尼的無線電通訊投入了實用，光緒二十七年(1901)，無線電波已經飛越太平洋，由歐洲傳至美洲。在俄國，無線電通訊也於1900年搶救遇難海軍軍艦時發揮了作用。

中國在光緒十年(1884)已經建成了北洋水師、南洋水師、福建水師等三支海軍。但那時軍艦和沿海炮台的通信仍然"日用旗號，夜用燈號"。光緒二十五年(1899)軍機處給兩江總督兼籌南洋防務大臣劉坤一的批示中叮囑："各式旗燈有書可考，各國兵輪大約相似"，由於不斷有新輪添置，各炮台可能難分敵我，"萬一辨認不真，為害非細"，所以南洋海軍必須加強旗語訓練。劉坤一接到上諭後，上奏摺回覆：南洋兵輪炮台通語旗燈都按北洋章程辦理，各艦各台都有專管旗燈的人，他們講習有年，通訊不會出現隔閡。可見在歐洲海軍相繼使用無線電通訊之際，中國仍以旗語燈號為聯絡工具。

19世紀末，中國雖沒有將無線電用於軍事，但江南製造局翻譯館卻已翻譯了英人克爾寫的《無線電報》一書。及至光緒三十一年(1905)，北洋大臣袁世凱已在海軍艦隻和陸上基地配置了無線電通訊裝置。次年，袁世凱給朝廷的奏摺稱："竊查無線電報為西人所創立之法，輕巧靈便，隨處可設。施之陸地……省建設之費，免守護之勞。""而風濤浩渺之中並能申警險要"，"尤為海軍艦隊所不可少。"因此，他已在光緒三十年

飛利浦收音機的廣告。

(1904)"選飭各軍將士，留心考究"無線電報，並與外國水陸兵官"討論利弊"。袁世凱說，據考究，馬康尼（馬可尼）所造能傳一百五十英里的無線電報機，最適合海軍使用，故延聘意大利海軍將領葛拉斯前去購置，並在購機的同時，從上海電報局調來已學會有線電報技術的學生進行速成訓練。無線電報機購得後分別在南苑、天津、保定三處設陸上電台，另將四套裝置在"海圻"、"海容"、"海籌"、"海琛"等四艘軍艦上，並把經過訓練的報務員分至各處擔當領班。

除北洋水師購置七台馬可尼式無線電台外，據劉國良《中國工業史》載，南洋水師也在同一年於廣東、江西的要塞和江防炮艇上安裝了火花式無線電報機。及至1908年上海崇明也設置了無線電台，並開辦無線電報局，這是我國商用無線電報的開始。後來官私無線電台陸續出現了許多，直到1929年電台才完全歸交通部管轄。抗日戰爭前，全國的無線電機千瓦以上約有十七台，千瓦至五十瓦的中型機約一百三十台，五十瓦以下小型機僅十三台。這個數字當然不會包括紅軍革命根據地擁有的電台。

岳夏《一個通訊戰士對長征的回憶》說，長征前紅軍無線電台配備：紅四方面軍有五台，紅一方面軍有三十六台。長征時紅一方面軍只攜帶了十八台，其餘留在了中央蘇區和贛東北紅七、十軍團。紅軍

的無線電台主要是用於軍內聯絡的小型機，中央軍委下屬的通訊聯絡局（第三局），也有一台專門用來與上海地下黨秘密電台聯繫的一百瓦的中型無線電台。通過上海的地下台，紅軍和莫斯科的共產國際保持了聯繫。一九三四年底，由於紅軍大量減員，中央軍委下令將部分笨重物品就地掩埋，當時無線電通訊部隊埋掉的有發電機、蓄電池、X光機、石印機和三門小口徑山炮。由於埋掉了笨重的發電機，從此紅軍同上海地下電台失去了聯繫。直到一九三六年十二月三十日，黨中央遷到延安，才恢復了與上海黨地下台和莫斯科電台的聯繫。遵義會議就是在那台一百瓦無線電收發報機的發電裝置埋入地下後不久召開的，所以這次會議能不受制於共產國際。

無線電廣播

電視出現之前，收音機是家庭的"寵兒"。文革時有些人家裡還保存着解放前進口的六燈收音機，由於能接收短波，所以在"史無前例"的日子裡，或許曾給它主人帶來過麻煩。解放前買得起這種進口玩藝的，能有幾個是賣苦力的勞工。

無線電廣播是美國物理學家費森登於光緒三十二年(1906)發明的。電磁波能把當天的新聞、即時的行情，或者美妙的音樂送進千家萬戶，這在九十年前實在是一椿十分新鮮的事情。不過直到1918年第一次世界大戰快結束時，德國人才正式使用剛建立不久的腦恩廣播電台傳播軍事消息。1920年，美國廣播電台在經過了多年的準備之後，終於開始播音。次年無線電短波發送獲得成功，又使無線電遠距離傳送信息成為可能。

1922年在日本，有個叫奧斯邦的美國記者結識了富裕的華僑張君。經過一番游說張君答應出資到上海創辦中國第一家廣播電台。1923年1月24日20點這家由華人出資、以外國人名義開辦的電台開始播音，電台功率為五十瓦，天線設在上海大來洋行的屋頂。也是在這一年，香港出現了一家電台，因當時香港地位不及上海重要，故其影響也就不及上海。

奧斯邦辦電台時，還沒有無線電廣播這個詞，眾人姑且稱它為"空中傳音"。空中每天只傳音一個小時，時間是從下午8點15分到9點15分。為了擴大影響，奧斯邦讓《大陸報》為自己作宣傳，而空中傳音每晚傳的也是次日大陸報的新聞，結果這兩種大眾傳媒能夠相得益彰。

空中傳音只傳了兩個月就關門大吉，原因說來真叫人啼笑皆非。雖然按當時的法律私人不可有無線電收發報機，但由於無線電廣播是項新的發明，所以當局對奧斯邦開的廣播電台並未加以阻止。然而要想收聽廣播必須有收音機，那時用的礦石收音機又非得配耳機不可，可是中國過去一直把耳機作為軍用物品列在了海關的禁運單上。奧斯邦辦廣播本想靠推銷收音機賺機，既然不許進口耳機，他的計劃自然全都落了空，結果那位張君白白損失了數萬元錢。不久，美商新孚洋行也在上海開辦了一家廣播電台，而且這回還打通了政府的關節，取消了進口耳機的禁令。但終因當時收音機極少，聽者寥寥，而該行本身的業務又適遇挫折，故播音半年後，亦告停頓。

1924年美商開洛公司在福開森路（武康路）設置功率為一百瓦的廣播電台，不久擴充為二百五十瓦，每天播音八小時，內容為商情、歌劇、教堂禮節以及該公司的廣告，直到1929年電台宣告歇閉。這時上海附近約有收音機三萬架，礦石機佔十分之三（溫世光《中國廣播電視發展史》）。

今天上海市第一食品商店大樓原為新新公司，由華僑劉錫基等創辦。為了商業宣傳，新新公司別出心裁，在六樓開辦了廣播電台。因電台的播音室四週全用玻璃裝飾，大家都叫它"玻璃電台"。玻璃電台1927年夏天開播，這是中國人自辦廣播電台中的第一家，所以很有名氣。也是在1927年，轄屬交通部的天津廣播電台成立，電力為五百瓦，這家電台附近的收音機約為三千架，真空管機每月收費一元，礦石機收費為五角。次年遼寧、哈爾濱都設了電台，它們也向附近聽眾收費，其中遼寧台附近用戶約有一千架，哈爾濱約有三千架，收費標準也和天津台相等。聽無線電收音機還要收費，現在的人恐怕無法想像。

在國民黨元老中提倡辦電台最賣力的要數陳果夫，由於他的堅持，1928 年開播時只有五百瓦的“中央”廣播電台，到抗戰前已增至七萬五千瓦。音波所及的江蘇、皖北、浙西、魯南等處，夜間都能用礦石機收聽。全國除邊遠省份外收音效果日夜都很清晰。當時日本全國的電台總計還不敵南京一台，日本軍閥對其十分害怕，稱之為“怪放送”。

1928 年香港殖民政府接管了五年前開辦的那家私營台，將其改組為港府台。香港當局宣佈置有收音機的居民需取牌照，每年收牌照費十港元，當年發出收音機牌照五百張，多數給了在港的西人。

進入 30 年代，無線電廣播和收音機都有了較快的發展。據上海通社編《上海研究資料》統計：1932 年全國共有廣播電台八十九座，僅上海就有四十一座。這麼多的電台擠在方圓幾十里的範圍之內，電波相互干擾，聽眾不勝其煩姑且不說，更使人心煩的是一些商業電台整天播送庸俗不堪的節目。1935 年南京當局曾下令對電台加以整頓，但遭關閉的只是其中最不像樣的幾家。

南京政府最不能容忍的並非庸俗電台，而是宣傳抗日、反對內戰的進步電台。西安事變時西安當地電台送出“停止內戰，一致對外”的播音，深夜時京滬一帶聽得清清楚楚。為了“安定”東南各省人心，南京政府立即下令延長“中央”台的播音，並改變了南京、山東、河南台的頻率，予以干擾，但收效甚微。於是又臨時決定將南京台機件空運到洛陽，擴大裝置，用同一頻率，予以遏制。經過中國無線電廣播史上的第一次電波大戰，國民黨當局從此便把廣播視之為繼陸、海、空之後的第四條戰線。

1941 年蘇德戰爭爆發，蘇聯人在孤島上海設立了“蘇聯呼聲電台”，用華語、俄語、英語幾種語言廣播，當時在這家傳播共產國際立場的電台翻譯廣播稿的草嬰說 XRVNGP（這家電台所用的呼號）的開播給上海和附近淪陷區的人民帶來了反法西斯鬥爭的真實消息，許多雄壯動聽的蘇聯歌曲最先也就是通過這家電台播放的，而電台負責音樂節目的是一位早晨上班時，常常咬着大餅油條的青年，他就是後來中央交響樂團團長李德倫。

據台灣出版的《中國廣播電視發展史》估計，上海在1929年約有三萬架收音機。等到30年代，上海電台已佔了全國的半數，其收音機的擁有量自然也應居全國之首。據《上海研究資料》載，當時華界登記在冊的收音機為六萬三千架，佔華界五十四萬人口的百分之十一，換句話説每九個人有一架。當時租界人口和華界大致相等，擁有的收音機應該是只多不少。《上海研究資料》還有一份30年代收音機的價目表："四燈機自8元至14元；五燈機15元至21元；最好的六燈機15元至30元。"那時魯迅寫的《病後雜談》説："近來的文稿又不值錢，每千字最低只有四、五角"，但鄧雲鄉《稿費滄桑》告訴我們30年代舊刊物的稿費一般是千字二至五元。可見當時"雅人"的稿子，每一萬字大抵也能換回一架上好的六燈機了。至於只能寫四、五角千字的下層文人，寫二、三萬字也可買台四燈機，聽聽滑稽解悶兒了。但那時候一塊錢大抵可買五、六斤豬肉，或者一百多個雞蛋，或扯一丈多布。所以每天只能掙一、二角錢的工廠苦力，或許能偶爾嚐到肉味，但收音機是絕對買不起的。1935年，上海城鄉總人口為三百五十萬，即使算華界租界共十二萬架收音機，每百人中間平均還不到三架。這麼一算擁有收音機最多的上海，人均數字也少得可憐了。而這一多一少反映的無非是一個事實，上海是個貧富懸殊的社會。

上海是重要的通商口岸，到處充斥着舶來品。單説上海的收音機市場，20年代以英、美貨居多；進入30年代，德國貨年年上升，英國貨每下

1936年的上海華僑無線電播音台。

愈況；美國貨基本持平，而以日本貨增長最快。當然最不起眼的還是中國人的國產貨，它們就像石頭縫裡長出來的小草，雖然弱小但有着旺盛的生命力。1924 年由蘇氏弟兄創辦的亞美無線電廠就是這些寂寥小草中的一棵。在創廠之前"亞美"只是個家庭無線電實驗室，起初只生產線圈之類的零件，後來漸漸由組裝礦石機發展到 1935 年生產五燈超外差式收音機。

蘇氏兄弟創辦的亞美無線電廠不僅生產出最早一批國產收音機，也培養了最早一批無線電愛好者。當年許多喜愛收音機的中小學生都曾在他們的門市部裡買到過便宜的礦石機零件，甚至得到過店裡老師傅的指點。生意人的目的也許只是想集腋成裘，但昔日裝礦石機的孩子，日後沒準成了無線電工程師。礦石機的製作甚至到本世紀的 60 年代、三年自然災害剛過去的時候，仍然是椿令十幾歲的男孩兩眼生輝的事。

1947 年 3 月，毛澤東率領部隊主動撤離延安，中國的兩種命運的決戰這時很快就將勝負揭曉，毛澤東在通向勝利的途中和一個從未見過收音機的老農談起了無線電的原理，那位叫老王的農民正要把一個木盒子劈開當柴燒，當時化名李德勝的毛澤東盡其所知地講解了電磁波的一些問題，然後叮囑他說："下次再看到這玩意時，可別把它劈開當柴燒嘍。"老王的回答是："不會的，我要用它來聽毛主席的講話。"二十年後發生了"文化大革命"，幾乎所有像老王那樣的中國農民，都能夠坐在家裡聽毛主席的"最高指示"，有的人家裡聽到的是直接從北京傳來電磁波，但更多人家裡的木匣子傳出的，只是公社有線廣播站轉播的毛主席的聲音。

留聲機

電視裡正放着陳道明主演的《胡雪巖》，胡雪巖與女伶玉惠路遇那場戲發生在太平軍攻佔杭州以後，時間約為咸豐十一年(1861)，可

117

玉惠卻坐着部鋼圈人力車。別說那時候人力車還沒發明，就是有人力車，最初也不是這種豪華的樣子。裕仁天皇年輕時倒是坐過這樣的車，可那已是 20 世紀 30 年代的事了。

話扯遠了，我們還是來說留聲機。丁日昌羞辱玉惠那場戲，舞廳裡赫然放了架銅喇叭的留聲機。這可又是件離譜的事了。愛迪生發明留聲機是在光緒三年(1877)，比果伯造出世界第一台人力車還要晚差不多十年的光景。

說來也巧，中國第一個見到留聲機的正是電視劇《胡雪巖》裡也曾出場的蘇松糧道郭嵩燾。郭雖和曾國藩是換過帖子的弟兄，但做官的本領遠不及曾國藩、李鴻章。所以曾國藩說他是"著述之才，非繁劇之才也"。也就是說是個不善衙門事務的書呆子。但正因為他不通世故，所以當他成為駐英國公使時，能夠言人所不言，見人所不見。

郭嵩燾是在光緒二年(1876)出使英國的，貝爾發明電話和愛迪生發明留聲機都在這前後不久。郭氏光緒四年四月十九日的日記云："隨赴羅弗得斯阿陀衛、洛克斯兩處茶會。"羅弗得斯阿陀衛張德彝的《隨使日記》譯作敖特衛夫人，她那天舉行茶會是為了"邀視傳聲機器"。從後面的日記來看，那年是英國南堪興坦博物館遷館五十週年紀念，貝爾的電話、愛迪生的留聲機，還有擴音機都曾在館慶期間展覽。正如鍾叔河先生所說："郭嵩燾並不懂外語，靠人翻譯不免會發生訛錯。"比如這天的日記他記傳聲機器，"美人格力音貝爾所創造"，但他對"傳聲機器"的記述又並不像電話而更像留聲機。由於這段文字不長，錄下來不妨請讀者自己辨別：

留聲機的各種形式。

西洋發明在中國

舊上海的唱片廣告。

愛迪生為之演示。折視之，或如三寸小牒，煉薄鐵片如竹萌嵌其中，安鐵針其下，上施巨口，筒高二寸許以收納聲。另為銅圓筒，環鑿針孔，用軸銜之。右端安機爪，上樹銅片相對，如兩旗相比，下垂鐵權。機爪上下轉動，則機發而旗轉，輪亦自動，推傳聲機器近逼轉輪。則觸筒孔自然發聲。

郭嵩燾在看愛迪生演試之後又曾向他提出詢問。愛迪生作了一番解釋後說："傳言納之筒中，推使其針緊逼輪孔，而後發機轉動，則所傳之言皆自罩中一一傳出。"

敖特衛夫人的茶會之後，郭嵩燾又於五月初三日與張德彝等應邀出席了南堪興坦博物館的紀念五十週年茶會。張德彝那天的日記提到當天所見展品，"英人貝臟新創一種電氣傳音器名太來風者……又一種名佛諾格拉茀者，為合眾人艾的森所創，係左右皮筒，中藏關鍵，人向左筒言後，必反捩機柄，聲始得出。"佛諾格拉茀 phonograph即留聲機，張德彝譯作佛諾格拉茀。郭嵩燾同年十月初九日記再次提到時，譯作方羅格納夫，並說特累風(telephone)、買格洛風(microphone 今譯麥克風)、方羅格納夫，"三者皆起自近數年，因屬張聽帆為各覓一句"。由此看來郭嵩燾還是最早擁有電話、麥克風和留聲機的中國人。

愛迪生的留聲機經過了很多人的改進，到20世紀初才流行了起來，但那時候的發燒友仍很少。溥佳《清宮回憶》說清亡之後，住在故宮裡的溥儀有留聲機，莊士敦常送外國音樂唱片給遜帝。溥傑的《清宮會親見聞》說，1916年前後祖母多次帶他進宮，午飯後大人們說着閒話，他和妹妹韞媖便跟着太監在殿中兩側屏風後面，聽太監給他們放唱片。可見聽唱片仍是件很時新的事。

然而到了20、30年代，有錢和有閒的城裡人坐在家裡的沙發上嗑着瓜子，翻着歐美的流行雜誌，聽聽百代公司的歌曲唱片，或者以高亭戲曲唱片過足戲癮的人已漸漸地多了。

城裡的富人不再以留聲機為稀罕之物時，鄉下人卻從來沒有見過這種洋玩藝。革命先烈彭湃1922年回家鄉海豐做革命宣傳，為了能親近農民，脫下洋服穿起土布衣裳，隨身攜帶着留聲機，在農田邊上給他們放音樂，然後再給他們講革命道理。西洋的留聲機也開始為革命效勞。

石　印

魯迅先生說晚清出版的《點石齋畫報》"神仙人物，內外新聞，無所不畫"，只是主筆的吳友如對於外國事情很不明白，所以免不了會鬧出畫戰艦只是一隻商船艙面上擺着野戰炮之類的笑話。其實看吳友如的畫最叫人賞心悅目的恐怕是他題在畫上的一大段一大段飄飄逸逸的蠅頭小字，不僅好看，看完了還會知道許多有趣的故事。這一幅幅印於一百年前的風俗畫，所以能毫髮不爽地將畫家的真跡保留下來，靠的是捷克的發明家塞尼菲爾德發明的石印術，比之鉛印的凸版，銅蝕的凹版，業內人又稱石印為平版。

1798年，出生在布拉格的塞尼菲爾德正和母親住在慕尼黑。那年已經二十四歲的他除了擺弄化學試管別無所長，甚至一日三餐也要依靠母親為人洗衣掙些微薄的小錢來供給。有一天，母親讓他記一筆緊急的洗衣單，可正在做實驗的塞尼菲爾德一時找不到紙和筆，於是他便把蠟、肥皂、烤肉上滴下來的油和燈黑調成的墨水，隨手蘸了寫在塊石板上。塞尼菲爾德後來就從這件偶然發生的小事上，找到了一種嶄新的印刷方法，並於1799年獲得了巴伐利亞州的專利，繼而在英國也取得了專利權。

塞尼菲爾德的方法是利用了油和水不調和的原理，以膠着性的藥墨書寫於特別的藥紙上，字微乾然後將紙覆於石面，用強力壓之，字黏於石之後揭去紙。印時先在石上拭水，水尚未乾即滾油墨，凡石面有水處便不能着墨，而用藥寫成的字因不沾水，所以便能着上墨。敷紙壓印於石上，一張清晰的字畫也就完成了。道光年間毛奇齡《墨餘錄》對發明不久的石印已有記載，他稱那塊神奇的石板曰"吃墨石"。

塞尼菲爾德既然首先在英國獲得了"吃墨石"的海外專利，他的奇石最先當然也是在英倫三島流傳。基督教倫敦會的印刷工麥都思便是在這時候學會石印技術的人。1816年掌握了石印技術的麥都思受教會派遣來到東方，配合已經在馬六甲和巴達維亞傳教的馬禮遜等人翻印宗教宣傳品。根據熊月之的研究，第一本中文石印書是1828年由麥都思在巴達維亞（今雅加達）印刷所印製的《中文課本》。1829年出版麥都思自編的《東西史記和合》也是石印本。此後教會在巴達維亞出的中文書刊幾乎都採用了石印技術。熊月之的這幾條考證尚可補充張秀民《中國印刷史》這部權威著作的闕漏。據1833年逗留在廣州的美國人衛三畏說："上個季度一個石印所開設在廣州，我們高興地知道它是成功地在運行。"可見石印法在鴉片戰爭前已經傳到了廣州，但這一時期的廣州石印品保存下來的只有幾冊道光十八年(1838)由麥都思主編的中文月刊《各消息》。

姚公鶴《上海聞話》云："石印書籍之開始，以點石齋為最先。"這裡說的是上海的情形。美查兄弟公司創建這家石印局是在光緒三年(1877)，而徐家匯土山灣印刷所在前一年已有了一台用人力攀轉的木製石印機，由於它只印少量的宗教宣傳品，影響遠不及點石齋，所以後來的人談上海的石印往往都以點石齋為嚆矢。民國時期賀聖鼐撰《三十五年來中國印刷》回憶我國石印的早期歷史説："吾國之有石印術，發軔於上海徐家匯土山灣，時在光緒二年(1876)。前此在寧波之花華聖經書房顧爾達(Coulter)亦曾擬辦石印於中國，然未見諸事實。"

其實也難怪後人不記得土山灣的石印機，更不記得麥都思在爪哇國開始的中文書的石印史，原來早期的石印機"係以木料造成，形如舊式凹版印刷機，用人力攀轉，印刷異常費力"。用這樣落後方法，流傳下來的書籍自然也就不多。"至英人美查開設點石齋石印書局始有輪轉石印機，惟其轉動以人力手搖"，"而其出數，每小時僅得數百張"。"至光緒中葉始改用自來火引擎以代人力，而出數亦稍見增加⋯⋯"由此觀之，石印書籍成為一個生產部門，確實也是從點石齋開始的。

點石齋時代的石印廠不僅解決了石印機的動力，提高了印刷的速度，就是在製版的方法上也已經吸收了當時最新的攝影技術。後來中國最大石印企業同文書局的創始人徐潤在他的《自敘年譜》中回憶光緒八年(1882)見到的點石齋的石印機時説："用機器將原書攝影石上，字跡清晰，與原書無毫髮爽，縮小放大，悉隨人意，心竊慕之，乃集股創辦同文書局。"次年黃式權著《淞南夢影錄》，也曾提到當時人覺得十分新鮮的石印書籍："西國石板，磨平如鏡，以電鏡映象之法，攝字跡於石上，然後傅以膠水，刷以油墨，千百萬頁之書不難竟日而成就，細如牛毛，明如犀角。"黃式權想必是點石齋石印機的目擊者，他的描述可以解釋《點石齋畫報》何以能保持原作的真跡絲毫不變。

光緒年間始於上海的石印業吸收了當時的許多新技術，所以就有了舊的木刻本和尚未成熟的鉛字本所沒有的好處。《上海閒話》説："聞點石齋石印第一獲利之書為《康熙字典》，第一批印四萬部，不數月而售罄。第二批印六萬部，適某科舉子北上會試，道出滬上，每名率購五、六部以作自用及贈友之需，故又不數月而罄。"這種盛況今天的出版商看了恐怕也會羨慕。

讀慣了宋版明版的人未必喜歡鉛印洋裝，中國的古籍汗牛充棟，即使發明了木刻，又動員了許多放牛娃和未出嫁的女孩也來參加刻書（見張秀民《中國印刷史》第 754 頁），能流通的書籍仍然不多。於是這種毋須雕版卻能保持古籍原貌的石印書，立刻就成了穿着長袍馬褂坐着人力車上街的那群"科舉族"趨之若鶩的寶物。年輕時曾在寶順洋行學過生意的徐潤雖然沒有讀過多少古書，但他知道："以西法石印留真，流傳古籍，一無訛誤。商利既厚，教學尤便。因集股購機械以為之。"徐潤的同文書局所印石印書，上自廿四史、圖書集成、全唐詩，"下至士子應試、干祿之所需，凡數萬種"，大多又是"汗牛充架之巨帙"，或者未廣流傳的罕見珍本。

石印古書樣子不比木刻本差，但價錢卻比木刻本便宜了許多。據《捷報》1889 年的報導，買一本《康熙字典》木刻大字本售價在三至十五元，可是石印的價錢只在一元六角至三元之間。說到當時書報的價錢，不妨再舉幾個例子。1872 年葛元煦的《滬遊雜記》曰：申報"按日出版，每紙十文"。光緒元年(1876)的《申報》介紹"福州有一印書局，特設立華字新報，……每七日出報紙一章，計一年收洋價一元正"。若以道光三十年(1850)的物價計，這十文可以買半斤梨子或兩個雞蛋，至於那一元錢，在英租界西人的伙食舖中足可以買十四磅新鮮牛肉，或者十磅左右的新鮮豬肉。

光緒十五年(1889)西文《北華捷報》上登了一篇有關石印的文章，說當時上海已用蒸汽機石印成百千種書籍，現有石印書局四、五家，其所印的書銷行於全國。但這位洋記者卻弄不明白"大部分印的書字體很小，奇怪的是居然有那樣多的人喜歡買這樣小字的書"。然而光緒十三年(1887)擇定英會審署前朝北舊房，將其重新改造成屋峻牆高之西式樓房，並在此設立了"蜚英館"石印局的李木齋，卻完全看透了讀書人的心思，所以他專門印製那些蠅頭小字的場屋夾帶書籍。這些石印的巾箱體不僅便於南來北往的考生隨身攜帶，更有助於考生挾帶進試場作弊。難怪洋人弄不懂其中的奧妙。《申報》光緒十三也有篇記蜚英館的文章，末尾有首打油詩曰："行見鏡石磨來，眼賞蠅頭之字；金錢飛去，汗堆牛背之書矣。"說的也就是石印書字小品種多這兩大特點。蜚英館還有一項代客印刷各種家藏書籍的業務，曾在《申報》上大做廣告稱"價值無不公道，刷印亦極精美"。這恐怕也是石印盛行的原因。

和點石齋不同，同文書局、蜚英館都是中國人自己辦的石印書館。本國的石印是否精美，光緒十四年(1888)《捷報》一篇報道說"本埠湖北路627號機器印刷廠羅君海齡饋送本館一張印得很好的上海地圖。這樣一張精美的成品出自華商開辦的石印局，足以證明中國人絕不是不能學習西洋技藝，因為此圖的印刷，至少從外表上看，足可以比得上英國的印刷術。"

"中國人絕不是不能學習西方技藝"，在木刻已經落伍、鉛印尚未成熟的轉折時期，西洋石印在中國找到了一個特殊的發展機遇。只是近代用石印印了千百萬種中文書的中國人，其石印機械卻大半是來自英國，也有少量是法國運來。甚至那種方約二英尺厚約三英寸的白石板，也都從英國或德國輸入。更有甚者，明明這些是天然的石塊，而杭州最早開設石印書局的經理也以為它是洋人用人工合成的。光緒初年，郭嵩燾在英國參觀一家印刷廠時得知，那裡的吃墨石也都是從德國進口，"逾尺小方約值十磅"，合中國白銀十二兩。

鉛　印

"車翻墨海轉輪圓，百種奇編字內傳。忙殺老牛渾未解，不耕禾隴種書田。"

這首竹枝詞寫的是創建於道光二十年(1843)的墨海書館用牛轉動機器印書的事。這家書館其實也是上海最早一家運用西方技術的印刷工廠，他的創始人是英國倫敦傳教會的教內印刷工麥都思。墨海書館起先只印聖經，1850年以後又曾編譯了若干科技書籍，主持其事的就是近代著名學者王韜。

王韜受僱於洋人的書館，故對西方的印刷史頗有了解，他在《甕牘尺牘》中第一次向中國讀者介紹了西方活字印刷的發明者谷騰堡與科斯特。科斯特是谷騰堡的繼承人，有人說活字印刷是由他最終發明的。在王韜的時候爭論尚未分曉，可現在多數人已經接受了谷騰堡發明活字的說法。

西洋活字究竟是誰發明，與我們的討論關係不大，這裡要問的倒是西洋活字和中國、朝鮮的活字究竟有什麼不同？

中文裡"印刷"一詞很容易讓人聯想到"雪泥鴻爪"這樣的成語。把紙小心地放在雕好的木板上輕輕一拂，多像是小鳥在雪地或泥濘上留下了輕柔的爪痕。可是英語 to print 指的卻是用印模撞擊金屬硬幣後形成的花紋。據說谷騰堡本人原是個金飾品的工匠，他從衝軋凹進去的銅字母開始，當然在這之前他必須先刻一副凸出來的鋼模，以便裝在衝床上使用。同一個鋼模能夠軋出許多完全相同的銅字凹模，再在銅凹字模上固定一個可拆卸的匣子，然後將熔化的鉛澆進匣內，等其冷卻之後，拆開匣子，就能得到規格完全一致的鉛字。至於東方的活字多數是由雕刻直接而成，即便用澆鑄的方法，也是先做好木模然後再翻砂製作陰模。兩相比較：西方的工藝有利於鉛字的標準化，也有利於印刷走工業化的道路。所以谷騰堡取代畢昇本是歷史的必然，而 1456 年谷騰堡用活字印成第一部拉丁文《聖經》也就標誌了印刷業跨進了一個嶄新的時代。

據張秀民《中國印刷史》云，西洋活字印刷早在明朝萬曆十八年(1590)已被天主教會傳到了澳門，但當時只能印西文。因為印中文先得做好成千上萬筆劃繁難的字模，這一點和只有幾十個字母的西方拼音文字有很大的不同。

製作中文活字是橫在用西法印刷中文書籍面前的攔路虎。19 世紀的初葉，西方出現了一批熱衷於中文活字研究的人。巴黎的活字專家賴格蘭德首先提出了"每字偏旁分析，或分二、或分三"的拼合活字法，王韜稱其"用字省簡而工較費"。費了九牛二虎之力賴格蘭德才刻成了兩千個漢字模，道光十五年(1835)美國長老會以五千元的代價定購了一套，用於該會在澳門開設的印刷所——花華聖經書房。鴉片戰爭以後這家教會印刷所內遷寧波，太平天國戰爭期間它又遷到了

125

上海，易名為美華書館。

　　賴格蘭德發明拼合活字的時候，馬六甲檳榔嶼倫敦會牧師戴約爾也在研究中文字模。1833年，他用一副現成的木刻雕板澆出鉛板，然後再把它鋸成單個的鉛字。這樣做出來的字粗俗且不耐用，於是戴約爾決心刻製鋼模。然而出師未捷身先死，戴氏鋼模只刻了一小半就被上帝召走。美國長老會牧師谷立此時便接下了他未竟的事業，最終刻成了四千七百字的鋼模。由於戴約爾和谷立的字模最終完成於香港，後人就稱它為"香港字"。賀聖鼐《三十五年來中國之印刷術》稱："是時他處印書購用華文鉛字，悉於此取給。"可見在19世紀前期香港字使用相當廣泛。

　　一人製成陽模（鋼模），他人便紛紛前往購置陰模（銅模）澆鑄鉛字。主持美華書館的谷立既然為教會做了件賺錢的買賣，嗣後主持美華書館的姜別利（他曾在美國費城一家大印刷廠工作多年）自然更懂得製作字模的重要。咸豐八年(1858)姜別利一到美華就全身心地投入了新型字模的研究，而且很快找到了一條捷徑，用黃楊木刻成陽模，然後再用電鍍法生產紫銅的陰模，最後把陰模鑲入黃銅殼，於是既省時又省錢的字模就做好了。

　　姜別利的發明深得大家的讚許，王韜《瀛壖雜誌》稱他"造字製板，悉以化學，實為近今之新法"。同治五年(1866)張德彝出使歐洲途經上海參觀了美華書館後云："其法多用電氣，不費刀鐫火鑄之力，中外字母俱全，新奇精巧。"

　　姜別利的中文字模確實俱全，他當時共製成大小不等的字模六套，後來又應日本人本木昌邀請前往長崎指導造字，此次他又在原來六套字模的基礎上增刻了特大的初號字和特小的七號字，這就是我們至今仍在用的宋體一至七號鉛字。取名為"美華字"的八種鉛字，不僅銷售到了本地的報館，而且遠銷北京的總理衙門，乃至歐美日本各國。直至光緒二十三年(1897)，中文鉛字先後又有了大而扁的"美查字"，以及商務印書館精美雅緻的楷書字、隸書字、仿古活字和注音連接字等等，在此就不一一贅言。總之，中外人士花了將近一百年的時間，總算制服了中文鉛字這頭攔路虎。

在實現活字規模化生產的過程中，前人也曾為如何提高鑄字的速度走過不少的彎路。最初澆活字全憑手工，鑄字爐每次只能出幾十枚鉛字；後來改手拍鉛字為腳踏，每小時可出鉛字七、八百枚。民國二年(1913)商務印書館增置湯姆生自動鑄字爐，每爐一日可鑄字一萬五千，造字速度一下子快了許多。也就是在那一年，二十歲的毛澤東每天到湖南省立圖書館去看書，他"學習了世界地理和世界歷史"，"第一次看到一幅世界地圖"，他還"讀了亞當·斯密的《原富》，達爾文的《物種起源》和約翰·穆勒的一部關於倫理學的書……讀了盧梭的著作，斯賓塞的《邏輯》和孟德斯鳩寫的一本關於法律的書。……也閱讀詩歌、小說和古希臘的故事"(《西行漫記》)。如果沒有那座湯姆生爐，或許毛澤東那樣的青年就不能方便地讀那麼多的書。現代印刷業的發展不僅方便了青年學生，也使窮鄉僻壤的孩子放下牛鞭後，能夠讀得上"人、手、尺、刀……"。

鑄字只是西法印刷中文的第一道難關，成千上萬的漢字如何準確迅速地排版，又是樁令人頭痛的事。乾隆朝宮裡印武英殿聚珍本時，工匠們共刻了十五萬棗木活字，分別儲進按子、丑、寅、卯十二地支序號的大櫃。十二隻大櫃每個有二百個抽屜，每屜又分成大小八格，每個格子放進大小字各四。排字時，擺字的人向管字的人喊字，管字的人取來交擺字的人排人上。用這個法子，大字書每天頂多擺兩板，小字書擺一板也很勉強。又是姜別利，那個王韜稱為"江君"的愛爾蘭人解決了這道難題。姜別利先請來兩位中國學者，請他們花兩年時間，把美華書館印的包括《聖經》在內的27種中文書籍，共計170萬字逐一統計。結果發現只有十三個字重複使用萬次以上，重複使用千次以上的224個，重複不足25次的為3750個。有了這份統計，姜別利便按字的使用頻率，製作了一個三層24盤的元寶字架，將常用字放在中間八盤，備用字放在上下排的16盤中，大量的罕用字全都放在架旁的46隻盤中。經過了這麼一番設計，排字效率立刻就提高了三倍。真虧了那位愛爾蘭基督徒，使中文的印刷又闖過了一道難關。

讓我們再回到文章開頭那首竹枝詞。據王韜記載，"墨海書館印書車長一丈數尺，廣三尺許，旁置有齒重輪二，一旁以二人司理印事，用牛旋轉推送出入，……其所以用牛者，乃以代水火二氣而。"水火二氣就是蒸汽機，在此之前畜力牽引的印刷機，較之人工印刷其實已經進步了許多。"歐人最初輸入中國之凸版印刷機為手扳架，每人印數不過百張。旋有自來墨架，不必手工上墨，出數較快。至同治十一年(1872)上海申報館始有手搖輪轉機，每時可出數百張。"據光緒十二年(1886)《捷報》報導李鴻章參觀天津《時報》館的消息說，這家廠有新購布萊姆納機器(Bremner Machines)每次能印八張，每小時能印六百次。而到1879年《匯報》出版時，上海開始有煤氣引擎的印刷機。到1890年《申報》館也安裝了煤氣機，結果報館提高了效率，但是卻解僱了十三名多餘的勞力；"而且原來印十八小時的活，現僅五、六小時即可完成"。

直到此時，鉛活字用於中文印刷才算成了氣候，鉛印和石印大致也能平分秋色。然而鉛印大多用於印新學書籍，盤根錯節的舊學，主要還靠石印。處在這個新舊並峙的時代，即使鉛印的優越性已是顯而易見，守舊的人仍然不願接受。

光緒二年(1876)正月二十三日，清朝駐英國使臣訪英倫第一家大報泰晤士日報館，見該館每日印七萬份報紙，每份四紙合計二十萬紙，只需一台機器和兩個操作工人，費一點鐘就可印畢，副使劉錫鴻在當天日記中寫道：

> 以余遲鈍之見籌之，若專用人力，當令每人自備活字板一分。凡新聞撰成，各限一時，刷印百紙，力無不給也。計28萬張，應得2800人刷印之。以每日所入洋銀4375元，分給諸2800人，每人可一元半有奇。雖英國澆裹費重，八口之家亦足贍養。是二萬數千人之生命，託於此矣，何為必用機器，以奪此數萬人之口食哉？

劉錫鴻是按泰晤士報的售價每份三便士折成中國銀約一分四釐算這筆賬的。這位公使大人竟然不知，原來用一副活字版就能印完的報紙，如今改成一百副版來印刷，報紙的價錢也就提高了百倍。如果報價漲了百倍，除了英國女王還有多少人能看得起報紙？以劉錫鴻的遲鈍居然被委為國使，如此政府若不垮台豈不怪哉，豈不怪哉！

七、舊上海説"開香檳"

　　1866年有個中國青年訪問瑞典，國王請他喝正宗的法國香檳。後來溥儀在紫禁城舉行婚禮，宴會上飲的也是原裝法國香檳。然而到了本世紀的30年代，連舊上海的舞女也慫恿客人買香檳的時候，聽到的只是瓶子發出的噓噓聲，於是"開香檳"便有了新的含意。

一品香，清末上海最著名的華商開的西菜館，位於今西藏中路、漢口路口，頗受中國顧客歡迎。

40年代北火車站設立的咖啡室，咖啡已為普通中國人所接受。

西　餐

　　張德彝《航海述奇》記他同治五年(1866)坐英國輪船由天津去上海，船上的伙食是"每日三次點心，兩次大餐……所食者，無非燒炙牛羊雞魚，再則糖餅、蘋果……飲則涼水、糖水、熱牛奶、菜肉湯、甜苦洋酒"，"更有牛油、脊髓、黃薯、白飯等物"。後來換了法國遠洋輪，飲食更加豐盛。早茶有種種飲料、糕點、麵包片和黃奶油；早飯是燒雞、烤鴨、鐵雀、鵪鶉、白煮雞魚、燒烙牛羊、鴿子、火雞、野貓、薑黃煮牛肉、芥末酸抹馬齒莧、粗龍鬚菜、大小藥豆；晚飯則"唯先吃牛油湯一盤，或羊髓菜絲湯，亦有牛舌、火腿等物"。"菜皆盛以大銀盤，挨坐傳送"。即使吃西餐用的餐具和調料，張德彝在日記中也有詳細記載："每人小刀一把、大小匙一、插一、盤一、白布一、玻璃酒杯三個"，寫調料瓶則曰"五味架"，"分裝油、醋、清醬、椒面、鹵蝦"。

　　張德彝是同文館的學生、中國最早培養的譯員，與洋人的接觸自然較早，但直到去外洋考察，他才在洋人的船上初次嚐到西餐，可見鴉片戰爭以後，京師人對西方的飲食習俗還很陌生。然而在最先與外國人通商的口岸廣州，那時候已經有了中國人開的西式餐館，當時叫作"番菜館"。19世紀60、70年代，番菜館陸續從廣州遷徙到了上海和北京。北京最早的番菜館大都設在東交民巷各國使館附近，有的番菜館甚至還邀請使館廚師掌杓。曾樸《孽海花》第二十二回寫光緒年間有個叫魚伯陽的山東土財主與人在東交民巷吃西餐，點了兩客西菜，一客是番茄牛尾湯、炸板魚、出骨鵪鶉、牛排、加利雞飯、勃郎補丁；另一客是蔥頭湯、煨黃魚、牛舌、通心粉雀肉、香蕉補丁。這家番菜館的掌杓正是使館廚子。

　　上海的番菜館早期集中在外虹口和徐家匯。杏花樓的前身生昌番菜號就設在"虹口老大橋直街第三號門"，它在《申報》做廣告可以追溯到1873年12月17日，也就是同治十二年。葛元煦《滬遊雜記》也説外國菜館"開設外虹口等處"，此書刊刻於光緒二年(1876)。

別饒風味的西餐。

《滬遊雜記》還説外國菜館是西人宴會之所，"華人間亦往食"。曾樸在《孽海花》中説北京東交民巷最初有番菜館，前來用餐的主要是進出使館的洋人。正如稍後刊刻的《淞南夢影錄》所説，"西人餚饌，俱就火上烤熟，牛羊雞鴨之類，非酸辣即腥羶，蓋風尚不同，故嗜好亦異焉"。可見由於習俗之不同，光緒初年中國人光顧番菜館的人為數不多。即使19世紀的80年代，上海的番菜館已經開到了人煙稠密的四馬路一帶，"裙屐少年往往異味爭嚐"，津津樂道，但有洋場才子之稱的黃式權仍在《淞南夢影錄》中説：他見了"非酸辣即腥羶的西餐"，"則掩鼻不惶"。可是到了19世紀90年代，《滬遊夢影錄》記番菜館，卻説："向時華人鮮過問者，近則裙屐少年，巨腹大賈，往往攜姬挈眷，異味爭嚐，亦沾染西俗之一端也。"這一時期上流社會喜好去番菜館的情形，從當時文人的日記中，也可找到不少的證據。《栩緣日記》的作者王同愈光緒二十一年(1895)之後去過的番菜館，計有吉祥春、萬家春、一品香、張園等好幾處。你看他同一天日記寫"歸途至張園飽西饌……晚至潮宗番餐，新舞台觀劇"就不難想像西餐在當時士大夫飲食中的地位。戊戌變法(1898)那年，逗留滬上的孫寶瑄和王同愈不同，他只對設在四馬路五層洋樓中的一品香情有獨鍾。"日中共飲一品香，下不聞車馬聲，望極遠"一類的記錄，在他這年二、三月記的《忘山廬日記》中至少出現過七、八回。其中有一次，他還和朋友在一品香為《天演論》的譯者嚴復餞行。

一品香所以成為清末士大夫常去用餐的番菜館，不僅因為室內陳設豪華，服務週到，能夠鬧中取靜，而且飯菜也是價廉物美。曾做廣

西洋發明在中國

州布政使的姚覲元在《弓齋日記》中説："至一品香赴伯施大餐之約，團坐共飲，味甚佳，而直亦不昂。"但同樣設在四馬路的海天春質量就遠不及一品香，何陰栴《鉏月館日記》云："赴海天春吃大餐，粵人仿夷式而已，亦嗜所未嘗，無甚足取。"

番菜館多數是廣東人開辦，不少菜用進口的罐頭和調味品做原料，烹製方法大多是不中不西。即使外國人親自掌杓的飯店，草創時期菜饌也難免簡陋。八國聯軍侵入北京時，有兩個法國人在現在的北京火車站西北蘇州胡同開了家三間門面的小酒館，除了賣一、二角錢一杯的紅、白葡萄酒，做的也只是炸豬排、煎雞蛋之類。但這家小店，後來竟發展成如今聞名世界的北京飯店。1922年溥儀在北京紫禁城舉行婚禮，就曾向這家著名的西式飯店訂購過"豐盛的冷食、糕點和法國香檳"。溥佳的《溥儀大婚紀實》對此曾有記述。大概就在這時，溥儀養成了喜歡吃西餐的嗜好。李淑賢《溥儀與我》説，他們夫婦"每月到莫斯科餐廳東安市場內或和平飯店吃一、兩次西餐。兩人吃一頓飯不過花三元到四元而已"。這已經是60年代，末代皇帝被改造成共和國公民後的事了。

北京飯店在京城雖然首屈一指，但若和天津利順德比，差不多又晚了半個世紀。利順德創始人是英國牧師殷森德，他在咸豐十一年(1861)於天津租界紫竹林造了座具有印度風情的英式平房經營餐飲、旅館和貨棧。如今天津利順德保存的一套同治二年(1863)打製的金銀餐具，已成了西餐傳入中國的實物證明。説到西式餐具，早在鴉片戰爭結束不久，就有一英國商人想用它取代中國老百姓手中用了好幾千年的筷子。然而他發現中國人"對這些上等器物連看也不看。這些東

民國初年江南菜館西餐廳。

133

西的售價還抵不上運費，在香港商店中曾井井有條地陳列了好多年，好像軍械庫裡的槍和矛一樣"。

在上海，"華樓傑閣，高大巍峨，列鼎鳴鐘無異巨家闊閱"的大飯店歷史雖不及利順德，但到光緒初年已有了不下十餘處，其著名者如"法界之密采里，美界之禮查"。大飯店的"飯間列長桌數十，每桌長可容十人，膳時搖鈴為號，膳畢亦然"。

在大飯店用餐者主要是住店的旅客，西餐在中國流行靠的還是普通的番菜館。番菜館的飲食最初分為大餐、便食和點心三種："大餐必集數人，先期預定，每人洋銀三枚；便食隨時，不拘人數，每人洋銀一枚，酒價皆另給。大餐食品多取專味，以燒羊肉、各色點心為佳。"可見當時所謂的大餐相當於一種正式的宴席，而便食好比是20世紀30年代上海出現的公司菜。秦瘦鷗老人在《沙利文雜憶》中回憶說："這種一、二元錢的西餐，菜單上列有一湯，一魚（或蝦），一主菜，還有一小杯咖啡和一道甜點。麵包是由一個孩子揹着一隻藤製的盤，送到餐桌前的，客人可以盡量取食，不取分文。"公司菜因主要顧客是餐館附近各大公司的職員而得名。凡吃西餐上海人後來都稱"吃大菜"，這個詞其實就是從不同於公司菜的大餐轉變而來的，因為在上海方言中"菜"和"餐"都唸作 cāi。只是後來人們所說的吃大菜已並非專指"必集數人，先期預定"的宴席。

民國時期，西餐在沿海大城市廣為流行，尤其到了本世紀30、40年代，上海各式西菜館多達數百家，廣州的西餐店有三十餘處，天津也相繼增加了十餘家西餐館。這時吃西餐的不只是上層社會的富豪，許多公司職員、報館記者也都成了上海沙利文、北京其士林之類中檔西餐館的常客。在西餐普及的同時，中國廚師烹飪水平也有了明顯的提高。例如40年代由意大利商人開的"喜樂意"以法式名菜焗蝸牛招徠客人。後來從法國進口的蝸牛忽然斷了貨源，老闆就請一位年輕的中國大廚尋找蝸牛的替代品。中國大廚經過再三嘗試，終於做出了香味馥郁的"焗蛤蜊"。"喜樂意"後來改名"紅房子"，雖然飯店屢經變遷，但"焗蛤蜊"一直是它的看家菜。1975年周恩來總理陪同法國總統蓬皮杜訪問上海，宴席上陳列的就是紅房子的正宗法式大菜，當然也少了紅房子的 “烙蛤蜊”。

毛澤東一生喜歡吃中國菜，尤其以愛吃紅燒肉名聞遐邇。只是到了 60 年代才對西餐發生了一點興趣。毛澤東吃西菜，特別喜歡吃魚蝦。汪東興擔任顧問的《毛澤東遺物事典》收了一份 1961 年 4 月廚師為毛澤東制訂的西餐菜譜，其中各式風味的魚蝦共有十七種，這裡不妨抄錄一下：

蒸魚卜丁、鐵扒桂魚、煎(炸)桂魚、軟炸桂魚、烤魚青、莫斯科紅烤魚、吉士百烤魚、烤青菜魚、菠蘭煮魚、鐵扒大蝦、烤蝦圭、蝦麵盒、炸大蝦、咖喱大蝦、罐燜大蝦、軟炸大蝦、生菜大蝦。

即使在對西餐感興趣的年代，毛澤東的一日三餐仍以中菜為主，夾雜幾個西菜或魚、或肉、或湯。也許毛澤東嫌牛羊肉腥羶，廚師給他做的肉類大多是法國豬排、意式奶豬、小乳豬之類。

季羨林先生有篇《從哲學的高度來看中餐與西餐》，說中餐是把肉、魚、雞、鴨與蔬菜合烹，這是東方的基本思維模式——綜合的思維模式——在起作用，西餐是把各種菜涇渭分明地分開而已，這同西方的基本思維模式——分析的思維模式——緊密聯繫。吃西餐原來還是在學西方的思維模式。難怪吃慣肯德基、麥當勞的孩子，對八寶飯、排骨年糕就很少有興趣。

洋　酒

1943 年 7 月 27 日南京《民國日報》有篇介紹《張弼士創辦張裕釀酒公司經過》的文章，說 “張君世業商，致巨富，清末捐道員。值海禁初開，粵省得風氣之先，飲食服御，以及交際酬酢，日趨歐化，煙必雪茄，酒必白蘭，漏巵所出，日有增加，（張君）爰創張裕釀酒公司籌備處於香港……”

張裕釀酒公司創辦於光緒十八年(1893)，受歐風美雨影響較早的廣州，已是 “煙必雪茄，酒必白蘭” 成風。但若向前推十餘年，換在

135

了上海，中國人進洋人的酒店真還有點戰戰兢兢，不信請看王錫麒《北行日記》，寫他光緒五年(1879)：乘馬車遊徐家匯，見"洋樓數十間，花木繽紛，鋪設精潔，外國酒館也，有洋人攜洋婦二在彼宴聚。園丁不令入，云來飲外國酒者，始含笑謝。入屋洋酒數十種，菜蔬十餘味，別有風致。洋婦顧其類談笑，毫不作羞縮態。余飲蒲（葡）萄酒二盞，涼沁心脾"。讀黃式權光緒九年(1883)編的《淞南夢影錄》，知上海當時的外國酒館"在二洋涇橋（延安東路四川路一帶——筆者注）北垛及徐家匯、靜安寺等處……每當安息之期，車水馬龍，喧闐門外……其酒有舍利、火克斯、白蘭地、皮鹵、香餅諸名目，每瓶自半元起至五、六元不等。青州從事，身價過高，故華人之借問牧童者，終鮮向杏村稅駕云"。原來中國人很少赴洋人的"杏花村"，只是因為洋酒價錢太貴。

常言道物以稀為貴，洋酒太貴自然因為進口數量太少。手頭正好有當年英國駐上海副領事阿連壁的一份貿易報告，提供了王錫麒去徐家匯飲"涼沁心脾"葡萄酒那年（光緒五年），上海港進口洋酒的數字。阿連壁的報告說："研究中國風俗習慣的學者也許會比商人更有興趣仔細察看這張表。在進口的奢侈品中，他會找到……7285箱的啤酒，2280箱的杜松子酒，20155箱的葡萄酒和3275箱的白蘭地……"

上述這張表裡葡萄酒進口數量最多，這不僅因為它"涼沁心脾"，而且因為當時中國人最熟悉這種飲料。這裡姑且不說《史記·大宛列傳》記載"在漢正西，去漢可萬里"的大宛國"有蒲陶酒"，也不提家喻戶曉的詩句"葡萄美酒夜光杯，欲飲琵琶馬上催"，就連西方人耳熟能詳的《馬可·波羅遊記》也曾記述："從涿州往契丹省向西旅行十天，到太原府……這裡生長着許多優良的葡萄樹，釀造出大量的酒。在中國只有這些地方（指河北、山東、山西一帶）出產葡萄酒，然後運到全國各地。"

咸豐年間發生第二次鴉片戰爭(1856-1860)，一群來自歐洲葡萄酒王國法蘭西的軍人，又一次發現昔日涿州，如今京津地區優良的葡萄。這群嗜酒如命的法國大兵漂洋過海甚至還攜帶了造酒的小型機器，他們用天津附近的葡萄造出了和法國一樣的甜酒。許多年之後，這些人中間的一個，被派往南洋荷屬殖民地當領事，在那裡他見到了後來中國張裕釀酒公司的創始人張弼士。法國領事請張弼士喝每瓶一英鎊的法國葡萄酒，告訴他中國天津和煙台的葡萄也能釀出如此的美酒，並説當年征戰天津的法國人曾想在那裡開辦一家酒廠。張弼士和法領事的那席談話是在同治十一年(1879)，他一直把這個故事記在了心裡，過了十八年他便創辦了張裕釀酒公司。但張裕葡萄酒一直到民國二、三年才陸續上市。因為推出的都是精心釀造，又儲藏了十餘年的陳年佳釀，所以張裕這個名詞很快一鳴驚人。

除了中國人熟悉的葡萄酒之外，當年設在上海的外國酒館銷售最多的恐怕要數白蘭地。傳説 16 世紀，有個荷蘭船主為了運輸方便，用蒸餾的方法將葡萄酒濃縮，後來這種蒸餾過的酒就稱之為白蘭地，荷蘭語的原意是 "燒過的酒"，英語稱之為 Brand，意即 "生命之水"。剛釀成的白蘭地含酒精很高，飲時需要兑水。張德彝在法國郵輪 "崗白鷗士" 號上飲紅酒，"係洋葡萄所造，味酸而澀，飲必和以白水，方能下嚥"，這裡説的恐怕就是白蘭地。等到黃式權寫《淞南夢影錄》時，中文裡已有了這個詞。

《淞南夢影錄》提到當年外國酒館的酒有舍利、火克斯、皮鹵、香餅等。香餅便是香檳。斌椿、張德彝去瑞典，國王請他們飲香檳，抽雪茄，張德彝的《航海述奇》將香檳譯作 "三鞭"。正宗的香檳只出在法國的香巴亞省，從前譯作香檳省，酒名就是由此而來。香檳的特點是它能產生天然的泡沫而且酒味醇正。西方的高級宴會必備的香檳，由於價格昂貴，因此冒牌香檳也就不少。但像瑞典王家的香檳自然是道地的法國香檳。溥儀 1921 年在北京舉行結婚大典，從北京飯店訂購的法國香檳也一定正宗。舊上海跳舞廳供應的香檳不論是否真貨，價錢絕對與國際名牌接軌。所以舞女常常慫恿客人買香檳而自己在暗中撈回扣，於是 "開香檳" 就成了 "斬客" 的同義詞。因為開香檳時，瓶子會發出噓噓聲，所以舊上海説 "開香檳"，又有喝倒采的意思。以上的掌故都見之於吳德鐸先生的《博物識小》。

黃式權提到的舍利，張德彝在美國友人家也曾嘗過，《歐美環遊記》曰："今謹奉舍利一杯，以酬盛情。"《走向世界叢書》注：舍利即雪利酒,是原產西班牙的一種葡萄酒。張德彝在書中還提到力大而猛,味醇而沉,飲者率數日醉的"回四季"(即威士忌)。《淞南夢影錄》所載火克斯即原產俄國的烈性酒伏特加,因為它與伏特加的另一個譯名俄克斯完全相同。最後還有皮鹵,就是啤酒,王韜的書裡譯作皮酒,20世紀初中國人也有稱啤酒為麥酒的。

啤酒是加了酒花的麥酒,因為富有營養,人稱液體麵包,原產地在德國的巴伐利亞,大約在1524年從荷蘭傳至英國,英語的Beer就是由德語的Bier轉譯而來。張德彝的《航海述奇》記他們到比利時的首都,下榻飯店的廚師請中國使節的隨從去酒肆飲"必耳酒","酒色黃,味極苦,酌以大杯,容半斤許,有酒無餚,各飲三杯"。這種無需下酒菜的飲料自然也就是啤酒。熱情的比利時廚師請幾個中國人連去了六家酒肆喝啤酒,結果"眾皆大醉而歸"。

啤酒傳到英國之前,英國已有一種不含酒花的麥酒,英國人稱之為Ale,張德彝書中屢次提到的苦酒也許就是這種。在倫敦張德彝還曾參觀過"造苦酒處","見其取送麥子以及輾磨,皆不費人力,悉火輪機也"。吳德鐸先生在《博物識小》中說Ale是比較淡的啤酒,英國人又稱它為small beer,還說在莎士比亞時代喝淡啤酒的只有下等人。但到了19世紀這種觀念就有了改變,據說華盛頓年輕時當過淡啤酒廠的老闆,這位美國第一任總統還寫過有關淡啤酒的論文。

19世紀西方人酷愛飲啤酒,為了滿足外僑的需要,上海首先出現了啤酒廠。光緒十九年出版的《上海今昔大觀》說"製造啤酒是很多年以前由埃凡洋行首開其端的"。埃凡洋行是亨利·埃凡創辦的。埃凡父子曾隨戈登攻打太平天國。咸豐八年(1858)他在上海創辦了最早的麵包、糖果廠,後來發財回國,不久遭破產又回上海重起爐灶,辦起了麵包坊和釀酒廠,時間約在19世紀60年代。《新輯時報匯通》稱:"西國啤酒,補身之功甚大,而西人用之者極多……上海埃凡洋行每年造此酒千擔出售,……其價每斗計銀洋半元,英國所來上等之皮酒每斗銀洋一元,蓋因路遠而水腳貴也。"光緒十二年(1886)埃凡退休,酒廠轉手給了福利公司。到了光緒十八年(1891)福利產的啤酒已經遠銷香港等口岸。那時啤酒的價錢,王同愈在光緒二十二年

(1895)四月初四的《栩緣日記》有記載云："一打二元半。"

因為在中國生產啤酒成本大為下降,所以到了20世紀外商紛紛在中國辦廠。俄德首先在東北開辦哈爾濱麥酒公司,不久英德又合資創辦了青島英德麥酒廠,也就是今天青島啤酒廠的前身。辛亥革命之後英德麥酒廠除生產桶裝啤酒外,又生產瓶裝啤酒,到今天青島牌啤酒因以河南優質啤酒大麥為原料,又以嶗山泉水為漿,所以不僅暢銷全國,而且也遠銷到了盛產啤酒的歐美各國。然而20世紀的90年代,中國又成了洋酒,尤其是高級洋酒的重要市場。據一家報紙說,1994年中國進口的高檔白蘭地,包括香港在內約為1600萬瓶。又云,法國人頭馬在歐洲銷量只佔11%,而在亞洲卻佔了64.4%。甚至連法國干邑白蘭地中的極品,號稱"特醇"的X·O,最近十年在中國的銷量也增加了146%。一小杯X·O價錢是三百元,和幫助一個貧困地區失學兒童讀完小學所需的錢相差無幾。《淞南夢影錄》曰:"西人之患,則不在煙(鴉片煙)而在酒。往往杏花村近,蟻綠香浮,濡首不知,沿途滋事。甚有工作之人,日得數百錢,衣食且不暇顧,而梨花春暖,鳥喚提壺,人思挈榼。……耶穌教中某西士惻然憫之,因就南京路西首,設一戒酒會。凡願戒之人,咸得入會。會中音樂間作,果饌並陳,打彈踢球,無所不可。惟不許曲秀者及青州從事輩雜坐其間。"嗚呼,今天連孩子都知道:"人頭馬一開,好事自然來",可又有幾個人曉得,西方人曾在上海開辦過戒酒會的往事。

中國人喝洋酒,洋人也喝中國酒,有的洋人甚至還喝出了竅門。鴉片戰爭時任江蘇巡撫的梁章鉅在《浪跡續談》中說:"嘗聞外番人言中國有一至寶,而人不知服食,即謂高粱燒酒也。""服食之法,須於每夜子亥之間,從朦朧睡夢中起服此酒一杯,以薄餚佐之,服訖仍復睡去,大有補益。"然而夜間溫酒畢竟麻煩,"適山左有屬令授以夜半服燒酒之法,製一小銀瓶,略如洋煙壺,口用螺絲轉蓋,以暖酒灌滿,懷於汗衫兜肚之夾裡,酒可通夜不涼。兼以小銀盒貯薄餚於枕側,夜中隨起隨寢,不煩人力,而適適自如,最為簡易。餘……如法行之,迄今將二十年,凡遇知交,即以此法語之。"

汽水·可樂·冰櫃

　　汽水清朝人稱荷蘭水,《滬遊雜記》云:"夏令有荷蘭水、檸檬水,係以機器灌水與氣入瓶中。"開始,汽水是從海外輸入的,但未必都是荷蘭。如英國人編的《商埠誌》說:"英國國內所造汽水的價錢既很高,有些商行便在國外幾處中心地區開設製造廠了。"最先在中國製造汽水的是英商老德記藥房,時間大約在咸豐、同治年間。1863年出版的《上海總覽》載入的汽水廠,還有未士法蘇打水與蒸餾水製造廠和洋涇浜卑利遠也荷蘭水——蘇打水製造廠。據說汽水是英國化學家普利斯特列於18世紀中葉發明的,他見到釀酒廠的發酵缸裡不斷冒出氣泡,因此而受到了啟發。後來他用人工的方法製造二氧化碳,然後把二氧化碳再溶入水中,這就是最早的汽水。蘇打水源於英語的Soda,即碳酸鈉,因為它也是一種化學藥品,所以最初出產蘇打水和汽水的是製藥廠。

汽水廣告。

　　光緒十九年(1893)出版的《上海今昔觀》說:"汽水製造現今景況十分良好,這種企業是許多年前老德記藥房首先製造的。汽水製造業始終很興旺,製造者不只老德記一家,還有其他大的藥房與商行。"其他的大藥房指創辦於同治五年(1866)的科發,以及成立於光緒十二年(1886)的屈臣氏大藥房。至於正廣和洋行於同治三年(1864)成立時,主要業務還是製造與販賣酒類。光緒十八年(1892)正廣和公司才

西洋發明在中國

創建泌藥水廠(Aquarius Company)，專門生產汽水。

《商埠誌》說：該廠"以手持水罐的人"為商標，產品"主要是以廠名泌藥水為名的一種純潔、起泡的餐桌礦泉水，單喝，或與正廣和公司出售的任何一種威士忌攙飲，都非常爽口。"另外還有"芳冽"(Brisk)，一種純汽水，不含礦質和鹽；而靜默(Silent)則是餐桌蒸餾水，按特殊方法加空氣製成，但沒有加汽。所製其他飲料，頗為流行的還有蘇打水、菝葜水、氧鋰水、薑汁水、薑汁啤酒、金雞納霜水、鉀水和檸檬水。光緒十九年(1893)西曆7月21日《捷報》發表《泌藥水廠記》稱"正廣和公司的汽水廠設在西華德路與百老匯路（今長治路、大名路)交叉點上，……是上海市中最合乎衛生條件的地方，鄰近沒有任何東西會弄髒空氣，因為靠近黃浦江，所以便於裝船運輸，同時對租界裡的顧客也很近便。"

關於汽水生產的衛生，《捷報》的文章說：該廠保證裝水的瓶子和各種細小零件的潔淨特別認真仔細，瓶子在自來水裡浸泡廿四小時之後，放在瓶架上，在熱水下轉動，將瓶子徹底洗濯。而後有一個"洗瓶工頭"照料，查看瓶子是否洗淨，最後一步由機器用蒸餾水將瓶子涮洗一過。當時，這套消毒已被認為是最先進的。正廣和汽水雖然採用了先進的工藝設備，每小時可以裝瓶加塞九十打，但裝汽水時仍然常發生瓶子爆炸，所以工人頭上都戴了粗鐵絲面具以備防禦。另外喝汽水時也經常有爆炸傷人事發生，所以《滬遊雜記》警告人們"開時其塞爆出，慎防彈中面目"。

可口可樂廣告。

老德記等西藥房生產的汽水最初還只是為滿足極少數外商的需求，甚至直到19世紀80年代，喝汽水主要還是在華的洋人。光緒九年出的《淞南夢影錄》對此説得很清楚：“梅炎藻夏之時，火傘威揚，冰紈力弱。我輩浮瓜雪藕，借滌煩襟，而西人則喜服荷蘭水。霞漿一咽，沁人心脾，誠洪爐中一服清涼散也。據西醫云，此水能滌邪穢，多服之，可已暑痧，然氣極香烈，易耗真元，恐虛弱人終不甚相宜耳。”

19世紀90年代，最早生產汽水的老德記藥房首先引進“一付最新式和最好的機器”擴大了汽水生產。接着正廣和洋行也引進了整套設備，大規模從事汽水的製造。《上海今昔觀》説：汽水工業“已逐漸從地方工業發展成為供應廣大地區的工業，而上海可以説是一個重要的製造中心”。正廣和下屬的汽水廠作為這個製造中心的心臟，一開始就安裝了電話，能和坐落在福州路的總公司聯繫。正廣和在上海送貨，起初用馬車。上海有了汽車，正廣和則成為“租界內‘商用’汽車的首創者”。

除了上海之外，天津也是我國生產汽水的中心城市。光緒二十六年(1900)創立的天津萬國汽水公司先後兼併了幾家小的企業，後來因山海關水質優良，遷往新址便改名為英商山海關汽水公司。1903年“山海關”出品的汽水上市，定名為“水晶牌”。正廣和那時出品的“泌藥水”英文牌子Aquarius是寶瓶座的意思，而aqua源於拉丁文液體的意思。1904年英商還在上海創辦了衛金生汽水公司。至於其他外國資本在華經營的汽水廠，主要有德商的嶗山汽水廠和攝生氏汽水廠，但它們的創立已是本世紀30年代的事情。

據《英商天津山海關汽水廠調查報告》説，該公司1918年已向美國可口可樂汽水公司接洽代理。1947年7月22日天津大公報有《可口可樂的來歷和銷路》的文章説：“現在日銷3400萬瓶的可口可樂，可以在蘇聯以外的世界任何角落上發現，推銷之廣，獲利之豐，實在當得上世界最著名的產品而當之無愧。……遠在戰爭以前英商山海關汽水公司和美國的可口可樂公司訂下合同，由美國運來可口可樂的濃縮液，而由山海關製成汽水，裝瓶經銷。”可口可樂在天津上市的前一年，可口可樂出口貿易公司的董事長法萊訪問了中國。法萊到天津的第二天，《大公報》記者報道説：“天津市市民現在每天都有美國

西洋發明在中國

香煙可吸，到明年夏季之前，便有美國汽水、'可口可樂'可喝了。"為了促銷，英商當年曾舉行猜謎、贈彩以及在各種文具、器皿、用品上標印可口可樂的商標和圖樣，然後大量的免費贈送。解放初英商山海關汽水公司改名為"天津山海關汽水公司"，還繼續推銷可口可樂。但不久在中國市場上就再也見不到美國的可口可樂及其他洋汽水的影子。

夏天喝上一盞冰鎮汽水是沁人心脾的，然而出售家庭和商業用的冷藏櫃大約始於本世紀20年代。1931年出版《慎昌洋行25週年紀念冊》云："1928年，奇異電器公司開始出售奇異冷櫥，頂上裝有圓筒形機關，現為環球人士所熟知。本行特就電器部專設一冷藏器具部，以利推銷。"在這以後冰箱才逐漸在中國露面。

麵包・糖果

50年代出版的近代工業史資料說：美國人沙利文創辦的"上海糖果廠"焙製麵包，是中國製造麵包的開始。此話差矣！沙利文是1922年才到上海開廠的，最晚在咸豐八年(1858)上海就有了麵包作坊，而且香港麵包坊的出現比上海更早。

李宏編的《香港大事記》云：咸豐七年(1857)西曆1月15日，四百多名住在香港的英國人吃了裕盛辦館做的麵包腹痛如絞，嘔吐不止。後經醫生檢查，發現麵包中含有砒霜。幸虧搶救及時，沒有人中毒死亡。"毒麵包事件"發生後，老闆張亞霖和夥計全被逮捕，經調查發現張的家屬也吃了麵包中毒，證明他並不知情，於是宣佈無罪假釋。然而麵包中的砒霜究竟從何而來，直至今天還是個謎。在裕盛辦館獨攬居港英人麵包之前承辦洋人伙食的不止一家，後來其他辦館紛紛歇業，於是張亞霖的裕盛辦館才獨家包辦了全港英人的麵包。

上海最早為洋人製作麵包、糖果的作坊稱埃凡饅頭店，老闆亨利・埃凡咸豐五年(1855)從香港到上海，咸豐八年創立了埃凡饅頭店，

143

《1858至1863歷年上海總覽》有這家店的記載。此外道光二十年(1840)設立於徐家匯的老牌德昌順南貨店，因與天主堂、育嬰堂較早有了往來，洋人便向德昌順提供配方，用糖、蛋、杏仁等製作杏仁餅，入口即化，味道鮮美。德昌順杏仁餅起初只供應教堂，20世紀初始供應上海各大公司（程相如《滬上最大南貨店》）。看來德昌順杏仁餅也是近代中國人最早製作的一種西點。

咸豐年間除了少數作坊之外，西式糖果點心也可在洋行中買到。馮桂芬之子馮芳輯咸豐十一年(1861)的日記云："山甫與陳小蓮、嚴築臣、戴盈之來，拉遊夷場，並隨上之同行。出小北門，先至泰妥行，培弟購洋飴二餅。"《馮氏日記稿本》另一處，稱泰妥行為泰安洋行，並說："其中百貨充牣，無不悅目可愛，如入波斯寶藏，惜價昂，但可供眼飽耳。"想必"培弟所購洋飴"也是悅目可愛、價錢昂貴之物。

最先看到西方人生產悅目可愛西式糖果的人是王韜，他在同治七年(1867)寫的《漫遊隨錄》中，記述參觀英格蘭邦迪的"煮糖之室"，"無一不以機器行事"，"所製之糖，各色皆有。或雜以橙、柑、梨、橘果，儲之瓶甖罐盌。入其室，芬馨撲鼻。主者導余遍觀諸處，迨出則幾盈一筐"。最早記載機器生產餅乾的是郭嵩燾，光緒三年(1877)他應英國最大的餅乾廠的廠主巴麥爾邀請前往參觀小洋餅的生產。他在日記裡寫道："其運送灰麵及運餅上下皆機器為之，不煩人力。""其麵厚薄推轉，如布帛之在機，或轉印模就麵，或推麵使就印模。下用洋鐵盤盛之……一分工夫壓餅至數千。""其裝匣處所運赴各國形式並異，亦分別為之。"雖然實現機械化，但仍有三千職工，可見規模之大。

最早記述巧克力的是張德彝，他在同治五年寫的《航海述奇》中把巧克力譯作"炒扣來"，說其色紫黃，其味酸苦，係"桃杏仁炒焦磨麵，熬成"。同治七年張德彝再度訪問歐美，又將巧克力譯作"紹勾臟"，這時他才搞清"所謂紹勾臟係一種豆糕，造以靠勾（可可）樹子。靠勾樹出於西印度與南美阿美利加，食時煮以滾水，加以白糖，其味微苦，其色紅黃"。其實可可的原產地在美洲尼加拉瓜，最初以那裡一個印第安部落的名字命名。印第安人煮可可汁時喜歡加入胡椒，傳入歐洲後才改用了糖作調料。同治年間往來於中國和歐美的郵輪上既然已經有了這種人稱 "苦水" 的飲料，喝過的人自然不會少。

在張德彝的《歐美環遊記》中還有一則關於巧克力的笑話，說有個叫博庇業的法國人想嚐嚐中華食物，張德彝以為 "天下所食者，無非五穀六畜、鹽梅菜蔬等物，惟中土之醬，以外洋所少，遂給醬磚一方。問係何物所造，答以豆麵與鹽。其人拜謝而去，午後復來，云是物既係鹽、豆所造，想即鹹'紹勾臟'也，遂割半方煮以白水，嚐之其味鹹而且苦，未詳何故，祈詳示之"。能告訴他什麼呢？這個洋人是把豆板醬當成了朱古力。不過我們也要知道，一塊塊的巧克力糖是1878年由瑞士人發明的；1828年，荷蘭人將可可豆中的油脂脫去，它才能和水、牛奶溶為一體的；張德彝喝 "炒扣來" 就是在這兩件事情之間，那時候巧克力還只是一種飲料。

張德彝年輕，對什麼都好奇，所以他的日記中保存了許多一百多年前中國人剛接觸西方文化時的趣聞。溥儀在紫禁城做退位皇帝的時候，也只是十幾歲的少年，但末代皇帝對於洋人如何造糖卻毫無興趣。溥儀的《我的前半生》寫英國人莊士敦給他帶來一些外國糖果，"那個漂亮的輕鐵盒子，銀色的包裝紙，各種水果的香味讓我大為高興。莊士敦講那水果味道是如何用化學方法造的，那些整齊的形狀是用機器製成的，我一點也聽不懂，也不想懂。我吃了兩塊糖，想起了檜柏樹上的螞蟻，想讓它嚐嚐化學和機器的味道"。

中國那時候不單沒有像樣的糖果廠，就是用機器生產沙糖的工廠也沒有一家。溥儀聽不懂，也不想懂的化學和機器原理，出生在光緒四年(1878)的馬玉山卻立志要弄懂它。他先在菲律賓開了家糖果餅乾公司。第一次世界大戰爆發後他回到中國，先後在香港、廣州、北京、上海開辦糖果餅乾公司。1921年，馬玉山的企業已能生產二百多個品種的食品，不久又成立了 "中華國民製糖公司"，打算以國產原料取代進口沙糖。後因資金缺乏，各地企業紛紛倒閉。

馬玉山因缺少資金沒有成功，但幾乎沒有什麼本錢的美國冒險家沙利文，卻靠經營糖果餅乾發了大財。據解放初的一份調查說，1922年"沙利文"每天只出產麵包十隻，但到解放前夕沙利文月產麵包已有20萬隻，此外還有糖果1.4萬斤，餅乾7萬斤，幾乎操縱了上海的麵包、糖果、餅乾市場。沙利文的經營訣竅：一是嚴格控制本廠產品的銷售數量，二是嚴格控制進口原料的渠道。但沙利文講過最有名的一句話則是："在上海一百條狗不好找，但要找一百個工人是不費力的。"（逄先知編《中國近代工業史資料》）"沙利文"在老上海的心目中留下了深深的印象，他講的這句話我們同樣也不應該忘記。

舊上海的冠生園廣告。

洗冠生和他的冠生園也是近代食品工業的先驅，他以一家兼售糖果餅乾的廣東菜館起家，後來發展成為有二千職工的大企業。冠生園在1925年就能生產梅子、糖果、餅乾、罐頭、果醬果露、麵包西點等六大類、二千餘種食品。北伐勝利之後宋美齡隨蔣介石回奉化省親，帶的禮品就是冠生園的糖果餅乾。《奉化風情》引用溪口人李祚達的回憶云："我是個山裡孩子，平時除最便宜的小酥餅（又叫和尚餅）和鹹光餅外，連大餅油條都很少吃到，得到一盒蘇州糉子香糖，真是高興得了不得……宋美齡女士帶來一批上海冠生園出品的精美的餅乾、糕點和糖果，分送鄉親，據說花了千把塊錢。我也從祖母手中分享了一份。"

在那個年頭，孩子最難忘的就是糖果，不論他身穿龍袍，還是光着腳丫。

人造冰

　　盛暑季節又來了，節儉的市民因擋不住咄咄逼人的炎熱，這才去銀行取出存款，然後匆匆到南京路或四川路轉上一圈，記得什麼書上說過偉民空調器商店是上海最早經營空調的專業商店……

　　花了錢立刻就享受到了現代化的清涼，坐在那裝空調的屋子裡，讀清人的《滬城歲事衢歌》，這才知道古人另有一套消暑的法子。"湘簾垂處耐晴烘，六六窗紗面面通。清晝敲棋深院靜，中庭無暑有涼篷"。別小看這涼篷，遮陽驅暑可是件好器物，道光帝還曾寫"消夏涼棚好，渾忘烈日炎"的詩句歌詠過它。據《燕京鄉土記》說，"清代的圓明園、頤和園等苑囿中，雖然佳木蔭森，但每年仍要傳棚鋪來搭涼棚"。《馬關條約》簽字那年單頤和園搭涼棚，總計花了百萬兩銀子，於是北京人就擬了這樣一付對子："台灣省已歸日本，頤和園又搭天棚。"天棚就是涼棚，皇帝、太后蹲在天棚下乘涼，卻把百姓棄於水深火熱而不顧。

　　話扯遠了，我們還是看看古人如何消暑。《滬城歲時衢歌》又云："剖玉最宜周浦緣，遣煩無計此浮瓜。"《淞南夢影錄》也說："梅炎藻夏之時"，"我輩浮瓜雪藕，借滌煩襟。"這裡所誦的浮瓜雪藕就是用冰涼的井水浸過的西瓜蓮藕。鄧雲鄉先生說，井水不過臨近冰點三四度的溫度，但三伏天瓜果浸透之後，吃起來真如嚼冰咀雪，滿口既涼又甜。

　　井水浮瓜是平民百姓也能享受到的消暑方法，至於在烈日炎炎的夏天，要尋覓一塊晶瑩透涼的冰塊，可就不是件容易事了。但中國人三千年前就已經知道藏冰。《禮記·月令》的注釋說："古者日在靈，則藏冰，至此仲春，則獻羔以祭司寒之神而開冰。"說的就是這種取天然冰消暑的習俗。《帝京景物略》記明代開冰制度說："立夏日開冰，賜文武大臣，編氓得買賣。"可見那時候的冰不僅賜給官吏消夏，只要有錢百姓也可買賣。《燕京鄉土記》說北京在人造冰出現之前，大約花十個小銅板，就可買到一尺見方的天然冰塊了。

北京人因住在天子腳下，所以才能享受到諸多的便利。設在御城河邊的幾十處冰窖提供了他們廉價的天然冰就是一例。香港用上天然冰是在鴉片戰爭之後，那裡已經成為英國的殖民地。子羽《香港掌故》說："那些冰塊，還是從美國用帆船運來銷售的商品，每磅要賣五仙，近於當時的米價。"當年經營這種生意的"丟杜洋行"於1845年開業，它的冰窖叫"雪廠"，設在離海很近的皇后大道上。雪廠是兩層高的倉房，卸下的冰塊都儲存在裡面，敷上木屑和穀糠隔熱。夏天它的銷量多達七八百磅。張德彝同治五年(1866)乘法國郵輪"崗白鷗士"號也曾見過船上的冰窖，他在《航海述奇》中的一段記載也可證明，當年沿海已有西方舶來的天然冰。

　　上海舊時也有賣窖冰的商人。據1886年（光緒十二年）4月17日的《捷報》說："上海窖冰商曾企圖叫生產人造冰的工廠停止使用機器，並答應付給他因此而虧折的全部款項。"窖冰商這樣做，目的自然是為了維持天然冰的市場。事實上直到1890年（光緒十六年）上海的天然窖冰仍有市場。那年7月19日的《捷報》說："大家對機器冰需要過多，該華商不能如數供應，遂設法使用天然冰攙在儲冰櫃中，裝做增加了產量。"但我們不知道上海的窖冰起於何時，也不知道這些窖藏的冰塊，是由美國帆船舶來，還是取之當地。只是光緒六年(1880)西曆1月29日的《捷報》報道第一家人造冰製造廠籌建消息時曾說，機器冰"比虹口稻田的冰當然好得多，這便能保障此企業定能贏利"。從這段話的口吻中似乎可以推測，上海的窖冰是取之於收割後的農田，而最早的冰窖恐怕也就在虹口一帶。香港的人造冰最初售價每磅為四個仙，後來工廠擴大了規模，產量有了增加，售價又跌至每磅三個仙，這才終於把價錢較貴的美國貨的天然冰逐出了市場。而在上海卻有人用天然冰冒充機製冰出售，這件事也證明了上海的窖冰是取之於當地的農田，所以價錢比人造冰更低廉。

　　發明冷藏法的是僑居英國的美國人雅各布·珀金斯，他在1834年獲得了英國的專利。那年夏天他的一個助手用致冷器造出了少量的冰時，珀金斯已經是個暮年的老人，於是一個移居澳大利亞的蘇格蘭印刷工獨立設計的致冷器1862年首次問世。子羽《香港掌故》說：

香港第一間人造冰廠創立於同治五年(1866)，直到光緒五年(1880)儲存天然冰的雪廠才最後報廢。上海製冰廠創建於光緒五年，到光緒十年(1884)這家公司生產的冰，每磅只售一分，日產量為四噸。幾年之後中國商人也開了家製冰廠，"上海居民，從在蘇州河岸開設製冰廠的中國人那裡購買機器冰，常以為該廠既然使用自來水公司的水製冰，必然是潔淨的……"（《捷報》1890年7月18日）。但到光緒十六年(1890)這家廠又被英商的製冰公司兼併。

19世紀80年代，除上海之外，廣州和福州先後都建立了製冰廠。沿海城市的冰廠，主要賣冰給出海作業的漁船，用來冷藏魚蝦。光緒三十四年(1908)和記洋行又在漢口開設了全國第一家冷凍食物廠，次年4月，裝有冰凍機器的拉馬號輪船將這個廠的冷凍雞、鴨、麥雀、鵝、水鴨、獐等裝運赴英國，這是由我國內地貨運冷凍食品的開始。

煙 草

煙草起源於南美。墨西哥瑪雅人造的廟宇中發現過一幅公元432年作的石刻浮雕，畫面是一個正在吸煙的祭司。美國亞利桑那州印第安人住的洞穴中，曾經發現過公元650年遺存下來的煙葉和煙斗。1492年，哥倫布率船隊航行到古巴沿海時，派遣了兩個西班牙人赫雷斯和托雷斯上岸探聽消息。第二天他倆回來報告説："在歸途中，時見眾多男女從村裡穿過，拿着點燃的柴棒，用它引燃一種草，不時吸其冒出的煙。"哥倫布把這段話記在了那年11月6日的日記中。和他同行的神父卡薩斯後來寫《西印度通史》又對這段記述作了補充："這是一種乾草，把它放在乾葉子上捲成筒，就像狂歡節上小夥子們做的那種紙槍。把筒的一端點燃，在另一端用嘴和鼻子吸冒出的煙，那玩意能使肌肉麻痹，使人昏醉，但據説也能使人消除疲勞。當地人將其叫做 Tobacco 托巴菰。"這是歐洲人對煙草的最早記錄。

卡薩斯神父認為吸托巴菰是一種惡習，可是沾染這種惡習的西方人卻對他說："只要一上癮就難以戒掉。"最初，煙草被帶到了西班牙和葡萄牙，後來漸漸傳到了歐洲的其他地方，大約在明朝末年也傳到了中國。明朝醫生張介賓《景岳全書》說："此物自古未聞也，近自我明萬曆時，始出於閩、廣之間，自後吳、楚皆種植之矣。"

煙草最初只在福建沿海傳播，中國人稱為淡巴菰，後來由多種途徑傳入中國內地。阮葵生《茶餘客話》云："煙草一名相思草，……初出呂宋，明季始入中國。"呂宋即今天的菲律賓。劉廷璣《在園雜誌》稱煙草"關外人相傳出高麗國"。此外明清之際筆記，還有說煙草由越南傳入。其實亞洲各國的煙草都是由從事海上貿易的西方人帶來的。

煙草初入中國，朝廷就企圖阻止它的傳播。崇禎十二年(1639)皇帝下命令對吸煙者處以極刑，但不久薊遼總督洪承疇以吸煙有助於邊防將士驅寒祛病，要求朝廷"弛禁"。那時正值明金大戰，崇禎迫於形勢只好解禁。關外後金也曾禁止吸煙，皇太極說"窮乏之家，其僕從皆窮乏無衣，猶賣煙之用，故禁之耳。"據薛福成後來記述，塞上當初"以馬一匹，易煙葉一斤"。可見吸煙在關外乃是一種極奢侈的消費。但貴族並沒有因煙貴而放棄這一嗜好，所以後金崇德六年(1641)關外清人也解除了禁煙的命令。但清軍入關後，康熙、雍正兩朝對吸煙仍然加以排斥，康熙對大臣們說："最可惡的是用煙，諸臣在圍場中看我竟日曾用煙否？每見諸臣私行在巡撫賬房偷吃，真可厭惡。"（李調元《淡墨錄》）雍正也說過："煙葉一種，於人生日用毫無裨益，而種植必擇肥饒善地，尤為防農之甚者也。"（見《煙草譜》）

嘉慶年間(1796-1820)皇帝又廢除了禁煙的命令，於是種煙、吸煙的人逐年增多，煙的品種也分為幾種。載濤寫《清末貴族之生活》，稱吸煙為晚清貴族平日最普通之嗜好。貴族吸煙分水、旱、潮三種。水煙最初出現於土耳其，明代已在東方盛行，清末貴族吸的主要有蘭州皮絲、青絲、幼絲等品牌；旱煙以關東煙最為著名，好的旱煙袋用烏木桿安上銅鍋，煙袋嘴或以翡翠、白玉、皮子玉、象牙做成，貴族間常以相互讓煙袋為禮節。潮煙,煙桿長,銅鍋小,吸煙時煙絲稍以水潤濕,宮裡只有婦女才吸潮煙。

以上幾種都是中國出產的土刨煙,吸食它的不只是上層。《捷報》1911年5月6日的一篇報道說:"對普通中國人說來,煙草是一個絕對必需的商品,而最下層的苦力,甚至可以少吃一頓飯,但不能少吸一袋煙。在這個帝國的一些地區,兩地的距離不是拿里數來量的,而是拿'抽了幾袋煙'計量。"

印第安人最初吸煙是用乾葉子捲的,這種葉子便是當地盛產的玉米的葉片,玉米葉捲製的煙稍加改進就成了雪茄煙。乾隆十六年(1751)成書的《澳門紀略》說:"煙草可捲如筆管狀燃火吸而食之",指的就是雪茄。最早大量生產雪茄的是古巴。1853年哈瓦那建立了世界第一個用蒸汽為動力的雪茄工廠。從17世紀起到18世紀末,吸雪茄曾是歐洲人擁有財富的象徵,向人敬雪茄煙也曾被視為一種禮節。同治五年(1866)斌椿、張德彝訪問瑞典首都斯德哥爾摩,王后等領他們參觀皇宮,"遊回,王勸飲'三鞭酒',吸煙捲。明辭以煙力猛,恐吸多必醉。王乃強予數枚,令放兜中。告以華服有兜者少,王曰:'何其迂也!'"張德彝在《航海述奇》中記瑞典國王贈的煙捲,應該是雪茄,因為那時的歐洲,只有身份低微的人才會吸紙煙,然而

中國的製煙作坊。

中國人對吸雪茄顯然還很不習慣。1905年菲律賓人在上海首次創辦雪茄煙廠,1910年前後四川什邡也開始生產雪茄,1911年菲律賓華僑在廣州開辦了漢昌雪茄煙廠,至此吸雪茄的人才逐漸多了起來。據枕書《博物述林》說:"軍閥時代的中國,有人在十里洋場的上海,以重金搜購'德皇'御用的雪茄,作為巴結軍閥的貢品。這種特製的雪茄,

煙葉要以上等白蘭地酒九蒸九曬，價錢與黃金相去不遠。"

雪茄傳入中國，只在上層流行，北洋政府郵傳大臣梁士詒就是個片刻不離雪茄的煙鬼。直等到香煙傳到中國，老百姓才有機會丟掉用了幾百年的旱煙袋。

紙煙的發明者是一群在埃及作戰的士兵，因為沒有煙斗他們就用包子彈的紙捲煙，時間是在1832年。皮斯在1860年發明了切碎機，後來又出現了捲煙機，這才使捲煙工業實現了機械化。但在中國直到光緒十年(1884)《津門雜誌》中才提到了紙煙，書中說："原以廣東通商最早，得洋氣最先，類多師法泰西所為也。嘗以紙捲煙吸而食之。"

1890年美國出現了巨大的煙草托辣斯，也就在這一年，美國人菲理斯克從美國運"品海"牌香煙若干到上海販賣，負責經銷這批香煙的是美國老晉隆洋行。因為看到中國有一個巨大市場，次年老晉隆就向萊特買下了彭薩克捲煙機在中國開工的專利。不久英國煙草商人也插足到了上海，於是英美兩國就以上海為據點進行了一場激烈的商戰。

英美煙草公司在內地做香煙廣告。

英商繼老晉隆之後，在上海成立了一家煙草公司，名曰"美國煙草公司"，專用美國和土耳其產的煙絲製造捲煙，捲煙的紙是從法國進口的，每一根紙帶可捲二萬支香煙。因為全部實現機械化，"所以只需這樣說明就夠了：一頭放進煙絲，另一頭很快地掉下來完整的即可進行裝包的捲煙"。其速度是每分鐘二百三十支。產品有專供外僑的"金鳳"，"維幾尼亞"和"甜薔薇"，也有專供中國人消費的其他牌號的捲煙，如十支裝的小盒"藍星"當時很受歡迎。那時煙價每小盒約在三十、二十五文之間，每支煙約為二、三文。

美商的老晉隆洋行和英商的"美國煙草公司"由於都用彭薩克捲煙機進行生產，為了爭奪這種機器的專利，最後只好對簿公堂。英美兩家的爭鬥，直到1902年成立英美煙草公司，才告一段落。《英美煙草公司在華事績紀略》評價這一合作時說："蓋兩國製造家知同行為敵，必致兩敗而俱傷，不若通力合作成為一偉大製造家之為愈。"

這一偉大製造家的光輝業績，就是把整個中國變成他們巨大的香煙市場。鑒於中國本地的煙草不適宜製造捲煙，1902年英商在山東進行了美國煙草的試種，並在濰坊獲得了成功。廉價的本地的煙草，大大地降低了洋人在中國生產捲煙的成本。繼而，英美煙草公司又在各地建立了巨大的銷售網絡：為了讓習慣吸旱煙的中國老百姓改吸紙煙，後來擔任張家口大經理的楊德富每天批完貨又步行數十里，將紙煙分予小販而自己卻分毫不取；另一個買辦李文仲從1905年至1915年，"十年之內備嘗辛苦到處演講，竭力提倡，遂得收良好之效果"；而遼陽劉金聲則以"僱傭小兒，沿街叫賣，鄉間小販寄頓出售等辦法"，打開了那裡的香煙市場。甚至雲南騰越、蒙自這樣的小城早在1909年也已經出現了香煙商人的身影，以及他們到處散發的"洋傘牌號招貼"。

紅錫包：是收入最好的工人吸的煙。

無孔不入的商業宣傳，不僅使紙煙的銷量直線上升，而且也潛移默化了一大批未成年的人。1911年出生的蕭乾，對於那段發生在辛亥年前後的史事，記憶或許不夠準確，然而香煙商人殷勤的促銷手段則在他的幼小心靈裡，留下了深深的烙印：

約莫五歲的時候，我頭一次見洋人，那陣子也許紙煙剛剛進入北京。一天下

153

午，胡同裡出現兩輛洋車，分別坐着一個高鼻樑、黃頭髮的洋人，和一個瘦骨嶙嶙的中國人。瘦子腳下堆着幾個紙匣。下車後瘦子就吹起喇叭來。看他腮幫子一鼓一癟的，幾乎把吃奶的力氣都用上了才把喇叭聲吹響，那副樣子煞是可憐。他大概是洋人僱來用喇叭聲吸引路人的。洋人接着就打開一個印有一隻燕子的綠色紙匣，拿出一枝枝香煙分遞給圍觀者。我記得這件事是因為他忽然從人叢中把我抱了起來，說不定把我嚇哭了。

蕭乾先生是把最早見到的洋人和最早見到的香煙，一起裝到了自己的記憶中。

洋煙"所出之煙盒，光滑可愛"，"所貼之告白，有繪就美人者，有設色繪就之水手者，行旅可到之處，皆得而見之"，"其價甚廉，市上各物皆不及也，其所特製招牌紙一件更無須多慮"。正是靠了這種包裝精美，價格低廉，大肆宣傳的優勢，不幾年裡紙煙已經威脅到了土刨煙的生計。光緒三十年(1904)兩江總督魏光燾已在呼籲"土刨煙絲銷路大減，幾至無人過問"。宣統元年(1909)有人議論"煙捲流行於數種社會，遞邇爭迎，遂致煙葉等相形見絀"。不久又有人說："紙煙既經盛行，水煙袋可棄之無用，如年湮日久，欲往取之，或向諸博物院，抑詢諸玩古之家斯可矣。"

為了阻擋紙煙的泛濫，已有人提議禁吸紙煙。李平書《七十自敘》說："中國人日吸之紙煙，支支銜接，可環遍地球。""自辛亥年，滬上有志之士，見斯禍亟於鴉片，乃創設禁吸紙煙會。……五月初七日，張氏味蓴園開大會……至九月初，路上幾不見口銜紙煙之人。"雖然當時禁煙效果不錯，但"不料光復以後，各處偉人莫不吸慣紙煙，堂堂都督府客廳陳以款客，而紙煙之運命，垂絕復甦，以至於今，竟無大力者起而議禁"。

由於偉人、名人的倡導，及至20、30年代，雖然人們明知道吸煙的害處，但多數人仍不以為然，相反卻把抽煙當作一樁樂事。朱自清《談抽煙》說："老於抽煙的人，一叼上煙，真能悠然遐想。""香煙頭上的火一閃一閃的，像(夥伴)親密的低語，只有自己聽得出。"林語堂寫《我的戒煙》，稱戒煙是"虧負自己而無益於人的不道德行為"。文人離不開抽紙煙，平民也普遍嗜好香煙，不同的只是煙的牌子。林語堂平常吸的是白錫包。 30 年代的碼頭工人,"吸的多是最起碼的牌子,品海和紅錫包是收入最好的工人吸的。普通的工人一天香煙的消費要一到二包,平均約要五分錢"(《上海產業與上海職工》1939 年),這是六十年前工人一頓早飯的錢:可以買一大團粢飯,再喝一碗豆漿。

從 1890 年老晉隆洋行兜銷 "品海" 到今天已經有一百多年,僅根據 1989 年的統計:我國捲煙廠已有 450 家,煙草種植的面積達 3000 萬畝,居全球第一,年產捲煙 7000 萬箱,佔據世界之首。這些數字自然還不包括從各種途徑進口的 "萬寶路"、"希爾頓"、"良友"、"健牌" 和 "555"。

英國生物化學家夏爾登早就説過:"吸煙為人類有史以來最有影響於人類生活的四大發明之一。" 隨着文明的進步,這種給人類生活帶來毒害的不良嗜好,已經被許多人所摒棄,相信在中國,吸煙的人也會越來越少。

八、走完二萬五千里的勝家

早在**1880**年勝家的縫紉機已經壟斷了全世界的主要市場。美國記者斯諾甚至在農民仍然留着辮子、蠟燭被視為奢侈品、電燈聞所未聞的吳起鎮，看到紅軍的被服工廠配備了十台名牌的勝家縫紉機。據説這些機器是南方紅軍經過六千英里世界上最難通過的路線帶到陝甘寧來的。

西式皮裘。

着洋裝的載澤夫人與着旗裝的外國使節夫人。

早期的縫紉機。

1924年英文《世界地理》上的紡紗機和織布機。

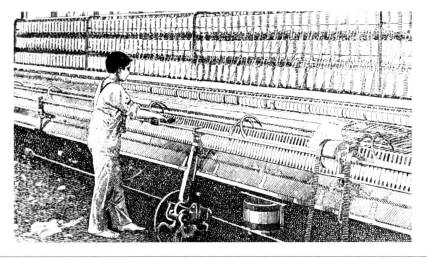

針

　　距今二萬餘年的山頂洞人已學會了磨製骨針。金屬針在秦漢時，不僅是縫紉的工具，而且用於了醫療。南宋臨安製作縫衣針的舖子甚至已在為自己的商品做廣告。但直到明朝中葉，宋應星的《天工開物》才把前人做針的經驗認真地記錄下來。

　　"造針，先要把鐵鎚成細條。另外在鐵尺上鑽出小孔做線眼，然後將細鐵條從孔眼抽過，便成鐵線。將鐵線剪斷，先把一端銼尖，然後將另一端敲扁，用錐鑽出針鼻，再把針的週圍銼平。然後放針入鍋慢火炒熬，炒過後，用泥粉、松木炭、豆豉三種東西掩蓋，下面再用火蒸，取出後再經淬火。"這樣一根縫衣或繡花用的針就做好了。這就是宋應星在《天工開物》裡告訴我們的古老的製針工藝，甚至到清朝咸豐年間，這種工藝毫也沒有一點更改。1858年在倫敦發表的一份有關中國的報告說："寧波有個製針工場，在那裡你可看到人們用手把長長的鋼絲在石頭上磨擦到必要的細度，然後截成所需的長度，並銼尖，而小孩子則拎起這奇異的鋼絲，在針上鑽孔。"這段描述後幾句寫得和《天工開物》上的插圖所繪一模一樣。

　　英國人寫這份報告，目的是鼓勵本國的商人到中國來與落後的製針者競爭。作者雖認為中國的製針作坊決不是英國機器製針廠的對手，但他提醒自己的同胞注意"據說英國針在中國人多汗的手中容易生銹，而這種粗短的代用品卻不會"。所以希望英國商人能克服這一缺點。但我們知道，直到洋針在我國使用已經

中國傳統的製針工藝。

西洋發明在中國

160

相當普遍時，容易生銹的缺點仍然沒有能夠解決。光緒十年(1884)寄往英國的一份報告又再次提醒英國的製造家若"能用特殊包裝方法以防止這一缺點，那麼這項外國產品的交易便會大大增進起來"。

進口的針比土法造針細長均勻而且價錢便宜。據光緒五年(1879)一份統計，上等洋針每箱五十萬枚，售價八十至一百海關兩。以每兩銀子一千五百文折算，一枚針約合銅錢三文。但一兩銀子通常還換不到一千五百文，所以每枚針的價錢大約在二至三文之間，那時候北京附近花四文錢可以買一個饅頭，或是一隻雞蛋，或是一斤青菜，對農民來說這一枚洋針該是很便宜了。

洋針漂洋過海運到中國不僅好看而且價錢這麼便宜，中國人到了外國自然要去弄個明白，看看它究竟是怎麼個造出來的。《航海述奇》記同治五年(1866)在英國工業城市伯明翰參觀"造針處"曰："層層高樓，橫以鐵橋；處處輪機，通以水道。男女作工各二百餘名，人多而力省，蓋恃火機（蒸汽機）之功也。"

洋針在同治初年還當作珍奇物品出售，但到光緒四年(1878)一份英文報告卻說："在一般用途上，上等洋針似乎已經代替價貴而質劣的土針，建立了自己的陣地。"這一年進口的縫衣針約為8億支。可是溫州這樣的城市，直到光緒十四年(1888)才開始進口洋針，第一年的進口數量為二百五十萬根。光緒八年(1882)當德國地理學家李希霍芬考察山西鳳山縣的冶鐵工業時，發現那裡有個"太陽鎮"，鎮上有無數人家經營鐵絲和針。李希霍芬說："幾年以前，中國人認識到了歐洲的產品，這種光滑而又堅硬的洋針自然很快奪得了市場。當我來到此間的時節，世代相傳從事此一工業部門的一些家庭正在趨於沒落。儘管是人們極度地辛勤，到底還不能夠使價格降到每九十根售五十文以下。商販們照例從遠方前來，太陽鎮的針供應這個大國的每一個家庭，並且運銷到中亞一帶。就連現在，產量還是很大。但是這些人是懷着憂鬱的心情來端詳我拿給他們看的英國針，因為他們應當心裡明白，這種針比他們的要高明得多。"

李希霍芬筆下的太陽鎮已經成為傳統製針業的落日餘輝。鄭觀應寫《盛世危言》更是大聲疾呼："洋鐵、洋針、洋釘入中國，而業冶

161

者多無事投閒。”求自彊齋者主人編的《皇朝經濟文編》也説：“近來民間日用，無一不用洋貨，只就極賤極繁者言之：洋火柴、縫衣針、洋皂、洋燭、洋線等，幾幾無人不用。”據光緒三十四年(1908)海關貿易總冊統計：“近年進口洋針，每歲月值白銀六十餘萬兩。”

直到宣統元年(1909)張之洞等人才在湖北建成了一座“完全新式的製造針釘的工廠”，它的機器是由德商瑞生洋行向國外定購的，並且僱用了三位英國工程師。可是兩年之後《捷報》評述這家可成噸生產釘針的工廠時卻説：雖然它的“機器質量很好，可能極有成效”，但“以前教過總督子女的那一位塾師被聘為總辦，他是一個和藹可親的人，或者説是一個很好的教師，但卻不宜於主持一個大製造工廠”。結果“由於一筆巨大財政虧空”，總辦被監禁起來，任命了另一個總辦後又重新開工，“但其結果似既不愜於總辦，亦為總督所不滿”，所以開工不久工廠又重新停閉。《捷報》文章在結尾處寫道：“該項企業何以失敗？誰司其咎？是否缺乏成功的機會？這都是經營當局應該尋求解答的問題。如果當局希望國家進步和人民生計的改善，則應該盡快地對這個問題，求得一個解決。”

小小一根縫衣針，製造工藝其實並不簡單。我國有像樣的針廠已是抗戰時期。80年代我國最大的三家針廠之一的人民針廠，年生產能力已達到十六億枚，產品除供應國內市場，還遠銷東南亞、香港和非洲。

縫紉機

曾國藩的治家教子很受當時人稱道，他所立的家規云：“吾家男子看讀寫作四字缺一不可，婦女於衣食粗細四字缺一不可。”曾家即使千金小姐也必須操持家務。曾國藩女兒曾紀芬在《廉儉救國説》中回憶：“昔時婦女鞋襪，無論貧富，率皆自制。予等兼須為吾父及諸兄製履，以為功課。紡紗之工，予至四十餘歲……猶常為之。後則改用機器縫衣，三十年來此機常置座旁，今八十一歲矣，猶以女紅為樂。"

曾紀芬的文章寫於1932年，所謂三十年來即1900年前後，也就是前一個世紀交替的時候，那時候報上經常登出售縫紉機的廣告。如光緒二十一年(1895)7月18日《申報》副張云"上海專理代售信生機器匯司洋行……現有新到各種手搖及腳踏縫衣機器出售"，"此種信生縫衣機器乃為頂高，市上無出其右者"。可見十九世紀末縫紉機始在上海等沿海城市逐漸流行，此時距世界第一台縫紉機的問世已有六十年之久。

縫紉機是一個名叫坦莫尼爾的法國窮裁縫發明的，1830年他用木頭做的世界第一台縫紉機樣子相當笨拙。1848年他的發明在美國和英國獲得了專利，可是直到他去世，他的發明都沒有能夠走向市場。法蘭西的智慧之花，後來在美國結出了豐碩的果實。紐約的沃爾特·亨特，馬薩諸塞州的伊萊亞斯·豪、艾倫·威爾遜設計出了更加實用的縫紉機。然而在豪去英國宣傳自己的發明時，艾薩克·勝家卻在波士頓的工場裡造出了更加完美的縫衣機，並於1851年創立了勝家公司。豪得知了這個消息趕回來和勝家對簿公堂，結果1856年法院判決勝家的機針和雙線連鎖縫紉法侵犯了豪的專利，並讓勝家付給那個馬薩諸塞州的發明者每台機器二十五美元的專利使用費。

儘管勝家敗訴，但他的公司後來發展成世界最大的縫紉機製造企業。1880年勝家縫紉機壟斷了全世界的主要市場，此後他們洋洋自得在報上登出了一則詩意盎然的廣告：

航行於全世界各大洋的輪船上，都載有勝家牌縫紉機。在文明社會的第一條道路上，縫紉機這個不知疲倦的夥伴，向全球的姐妹們伸出了援助之手。不管是德國那強健婀娜的主婦，還是日本那纖細文靜的少女，不管是黃頭髮的俄羅斯村姑，還是黑眼睛的墨西哥女孩，都懂得縫紉機那歡樂的歌唱；無論是冰封雪飄的加拿大，還是在寬闊無垠的巴拉圭大草原，它的歌聲不需要翻譯就能明白；印度大娘和芝加哥女郎縫出來的是一樣的針腳；白皮膚的愛爾蘭淑女和黃皮膚的中國嬌娘所踩的都是一樣的踏板。這樣，美國的機器，美國的智慧，美國的金錢，使得全世界的婦女都成為親密友愛的姐妹。

雖然沒有像勝家那樣名揚四海，但伊萊亞斯‧豪也因為有了那項專利在歐洲度過了安逸的晚年。張德彝同治八年(1869)隨志剛出使巴黎的日記有與豪見面的記載。他說經合眾國（美國）奇德立引見，去"以改造鐵裁縫著名者"興爾家作客。興爾是"合眾國包斯頓（波斯頓）人，曾以改造鐵裁縫著名，故合眾國用其法者，每一架與彼納款洋銀五圓，以此致富"。張德彝所記興爾即伊萊亞斯‧豪。豪的專利使用費"洋銀五圓"，比近年科學出版社《外國名牌產品的創業者》一書所說的二十五美元少，但似乎也更近情理。德博諾編《發明者故事》也有關於豪的敘述。張德彝記豪"膝下無子，只有一女，名雲仙"則可補德博諾書中的不足。

在與縫紉機的發明家豪見面前，張德彝已經在英國見過了發明不久的縫紉機。張德彝的《航海述奇》記他同治五年(1866)4月19日在曾鎮壓過太平天國的英軍將領戈登家中作客，"見有

抗戰時宋美齡踩縫紉機縫製軍衣。

鐵針斜架一座，俗名鐵裁縫"。張德彝曾把 bicycle 翻譯成自行車，一直沿用到今天，但 sewing-machine 這個詞他卻譯成了鐵裁縫，這是因為當時還沒有用機器這個詞的習慣。張德彝描寫鐵裁縫說："形似茶几，上下皆有關鍵，面上前垂一針，後一軸線。做女工時將布放於針下，腳踏關鍵，針線自能運轉，縫紉甚捷。"據德博諾《發明者故事》說：縫紉機的設計在 19 世紀 60 年代曾有過一些改進，以後基本特點並沒有多大的變化。最早傳入東方的縫紉機的樣子，我們從日本神奈川縣立博物館收藏的一張圖片上可以看到，那架縫紉機是萬延元年即 1860 年傳入日本的。

其實在張德彝出使英國之前，來華的外國人已經把縫紉機帶到了

中國。王韜的《瀛壖雜誌》記述他在美國傳教士的妻子秦娘家中見到
縫紉機的情景:"余寓之南鄰美國婦秦娘者,國色也。家有西國縫衣
奇器一具,運針之妙,巧捷罕倫。上有銅盤,一銜雙翅,針下置鐵
輪,以足蹴木板,輪自轉旋,手持絹盈丈,細針密縷頃刻而成。"隨
王韜一同前去觀看的孫次公還當場口佔二十八字歌詠縫紉機:

> 鵲口銜絲雙翅開,銅盤乍展鐵輪回。

> 摻摻容易縫裳好,親見針神手製來。

咸豐十年(1860)正月二十九日,王韜在《蘅華館日記》記述他和
友人祝安甫去秦娘家聽琴,可見他與秦娘為鄰不會晚於1860年,由
此推斷,縫紉機傳入上海約在咸豐末年。"近日此器盛行,縫人每購
一具,可抵女紅十人"。到《瀛壖雜誌》成書的同治年間,縫紉機在
上海已經不甚希罕。到光緒末年,縫紉機甚至已傳到江西新建縣這樣
偏遠的地區。《江西農工商記略》記光緒三十一年馬建龍縣令的話
說:"前有美商勝家機器,來江銷售,能以機器縫製衣服襪履等
件……。"

在成衣業還沒有實現工廠化的時候,縫紉機的推廣十分緩慢。然
而由於能大大節省縫紉的時間,所以必須成批生產服裝的軍需部門首
先注意到了這種新機器的作用。坦莫尼爾的木頭縫紉機發明後,法國
軍隊首先用它來加工軍服。斯諾《西行漫記》說,農民仍然留着辮
子,蠟燭被視為奢侈品,電燈聞所未聞的陝甘寧邊區吳起鎮,紅軍的
被服工廠配備了十台名牌的勝家縫紉機,這些機器竟然又都是南方紅
軍"經過六千英里世界上最難通過的路線帶到陝甘寧來的"。

國民黨的軍隊對於縫紉機的重視,並不亞於他的敵人紅軍。抗戰
時,宋美齡曾攝有為前方將士縫製寒衣的照片,蔣夫人縫衣用的就是
一台縫紉機。據沈醉《我這三十年》回憶與他同為戰俘的杜聿明將軍
"不但會使用縫紉機,而且還會修理"。原來杜聿明的夫人曹秀清曾
在國民黨軍隊做過縫紉廠的廠長,雙手靈巧的杜聿明就在那時學會了
這門手藝。後來他當了共產黨的俘虜,當時看守所有兩部舊的縫紉
機,他就主動承擔了縫紉衣服的工作。沈醉隨杜聿明在看守所學踩縫
紉機,"有一次,一個公安幹部家裡有一部縫紉機壞了,因為是從英

國進口的老機器，沒有人會修"，結果沈醉用了一個上午居然把那架老爺縫紉機修好了。不過早在1919年上海就出現了專門維修縫紉機的協昌鐵車舖，鐵車是縫紉機的俗稱。協昌自1925年專為美國勝家代銷縫紉機和零配件，1928年起生產工業縫紉機和草帽機，1947年以後生產無敵牌縫紉機，這是我國生產縫紉機的開始。

洋　布

　　明清之際來華的意大利傳教士畢方濟曾以西洋夏布一端贈冒辟疆，冒氏在《影梅庵憶語》中說它"薄如蟬紗，潔比鮮艷"。冒的姬妾董小宛曾以退紅為裡，製成輕衫，冒辟疆稱此"不減張麗華桂宮霓裳"。

　　自古中國都是絲綢織物的輸出大國，但外邦間隔也有特產布帛進貢朝廷。《後漢書》和《三國志》記載西域傳入的布匹名目繁多，什麼金塗布、緋持布、發陸布、阿羅得布、巴則布、度代布，它們的質地原料已無從考證。但西域傳來的火浣布，《列子》記載"浣之必投於火，布則火色，垢則布色，出火而振之，皓然凝乎雪"，無疑是用石棉織成。

　　畢方濟贈夏布是在順治元年(1644)之前，比1764年哈格里沃斯發明珍妮紡紗機早了整整一個多世紀。1785年英國第一座蒸汽紡織機工場在諾定昂郡建立，據記載瓦特自1775至1800年共生產了173台蒸汽機，其中有93台用在了紡織業。

　　英國紡織業由手工向機器過渡的年代，相當於中國乾隆和嘉慶兩朝交替之際，那時候中國不僅出口絲綢，也向海外大量輸出棉布，其數量每年平均為90萬匹。中國向西方出口棉布一直持續到鴉片戰爭的前夕，據說那時候穿手工織的中國衣料在英國紳士中還被認為是一種時髦。但隨着英國紡織工業的迅猛發展，許多商人和製造家都渴望到海外開拓英國棉布的新市場。當時有個叫柯克的人，在香港報紙上直言不諱地說："工業對於我們是必要的，而中國的特權是從事原料生產。"柯克用詩一般的語言說，要把中國的"山地分成無數的小長方形，長年不斷地收穫各種各樣青色、黃色、棕色的植物，使中國的山丘看起來像船帆一樣。……我們卑微的任務是把中國農產品做成織造品，並供給中國下層馴民的藍布衣着。"為了達到這一目的，柯克主張用"溫和"的強力。

所謂的溫和強力就是發動侵略中國的戰爭。英國迫使清政府簽訂了南京條約，曼徹斯特的商人欣喜若狂，有人甚至說"蘭開夏全部紡織廠的產品也不足其（中國）一省日常購備的布料"。《南京條約》簽訂的後一年，英國銷往中國的布匹急劇上升。但大量棉布和呢絨都囤積在沿海城市賣不出去，最後只好削價出售。曼徹斯特產的上等細布有的甚至被用作中國生絲的包皮重新運回了倫敦。咸豐年間中國市場對洋布的需求始終停滯不前，當過上海總商會主席的英國人米琪爾在咸豐二年(1852)寫的一份報告中估計，每175個中國人中間只有一個人穿洋布，這在當時還是很樂觀的估計。

米琪爾經過細心考察，發現中國勞動者沒有一個穿英國布做的衣服，穿英國上等棉布的只是沿海的富有階級，但他們不過是出於偶然的興致所至。相比之下商號的職員、司賬，店舖裡站櫃台的夥計穿英國布相當普遍，他們喜歡英國布染色鮮艷、布面整潔，更喜歡英國布的價錢比土布便宜。柯克的報告說，咸豐七年(1857)寧波市場上出售進口粗布，每碼為1437文，約合8個先令。

用機器製造的洋布既光潔又便宜，為什麼在中國卻沒有市場，若干年後外國商人才發現了問題的癥結。原來中國人穿的土布所用原料至少比洋布重三倍，這種厚實的粗布最少可以穿三年，在這三年裡還能經得起極粗重勞役的磨損。而且中國人的洗衣方法是用木棍在石板上搗搋，進口洋布如果也用這種洗滌方法只要經過六個星期就破損得不能再穿。但外國商人也發現，全中國3億人都穿藍布衣衫，寬大而沒有樣式。因為沒有經常變更的樣式，就沒有過時的滯銷產品，所以"只要你製造的藍布同他們自己做的一樣結實，而售價比他們做的便宜，中國人就會漸漸把棉布買賣委棄於你。"咸豐年間 G・W・柯克就是這樣忠告本國的製造商。

　　洋布在中國市場裏足不前的情況，到了同治年間開始發生變化，原因主要是因為進口布的價格持續的下跌。在煙台，一匹進口本色布的價錢從同治六年(1867)的3、4兩白銀，跌到了同治八年(1869)的2兩5錢不到，而同期土布售價雖與洋布相等，但它的門幅只有洋布的一半。因為洋布便宜抵補了它的不耐用，所以許多農民開始選擇洋布。當然這一時期仍有許多"守舊的和保守的上層中國人還是寧願用土布，認為那更合乎傳統，他們認為外國布只有對於中下階層那種急趨時新的需要而言，才算是適合的"。

　　然而再過30年，也就是19世紀快結束的時候，穿洋布的人已經佔了人口的絕大多數。光緒二十三年(1897)朱祖榮《勸種洋棉説》云："子獨不見天下乎，無論通都大邑，僻壤遐陬，衣大布（土布）者不過十之二三，衣洋布者已有十之八九。"這十之八九的人自然包括社會的各個階層，他們或者是穿粗平布的農夫，或者是穿細白布的職員；而羽紗，嗶吱等呢絨織品多是為富商和官宦所購。那時一匹高級荷蘭羽紗最少要賣22兩白銀，而一匹次等標布連1兩銀子也不值。向中國進口洋布的也不限於英商，美商的粗斜紋布和平布的進口都已超過了英國。

　　光緒年以前我國進口的紡織品都是成匹的布帛呢絨，所以做這項生意的就稱為"匹頭洋貨號"。自光緒初年匹頭洋貨號又開始試銷英商在印度生產的棉紗，到光緒十六年(1890)便有了專做棉紗的商號，而且這行生意逐漸發達。洋紗細而且勻，織成的布比土布為可愛，而且染色也更鮮艷，於是用洋紗織布的漸漸多了起來。據《吳縣志》説，在光緒二十年(1894)之前，滬上尚未有紗廠，自此以後紗廠才漸漸增多，於是凡用機器紡紗織成的布都稱為"洋紗布"。至於使用機器的織布局，最初僅設在上海一隅，後來湖北也設立機器織布局。但19世紀末兩地織機總計也只有千餘台，比英國的13萬台，美國的15萬台，"誠不能敵其萬一"。

　　從穿土布到穿洋布；從進口洋布到進口洋紗、洋棉；最後有識之士又在廣大農村，推廣適宜於機械化紡織的美國品種的棉花。——在湖北，首先引種美棉的是張之洞，在江南，穆藕初等於民國初年為推廣美棉成立了"植棉改良會"。於是才有了不依賴進口的本國棉紡織廠。大約經過了一個世紀，古老的手工紡織才被淘汰，至此也就沒有了洋布和土布這些名稱。

絨　線

辛亥革命前，上海法大馬路（即金陵路）新開了一家店舖，招牌上寫着"金源茂毛冷店"六個大字。"毛冷"究竟是什麼，初來乍到的人還真弄不明白。原來這個毛冷就是英語wollen──絨線的意思。毛是這個詞前半部分woll的意譯，冷則是這個詞後半部分的音譯。

在出產羊毛的地區，絨線的起源一定相當的古老。曾以生產蜜蜂牌絨線聞名中國的英資密豐絨線廠，其英國的總部早在1785年就已經成立，它的產品也早就運銷到了歐、美各地。這大致也就是工業化生產絨線的開始。

絨線何時傳入中國，我們從曾國藩的女兒曾紀芬《崇德老人自訂年譜》中可以得到一點線索。曾紀芬記光緒十三年(1887)她36歲時的事說："惠敏夫人自洋攜歸絨線衣褲線織衣邊，頗為當時所不易見。"惠敏公是譜主的兄弟曾紀澤，從這段記載可知曾紀芬的丈夫聶雲台雖然是上海的道台，但她初次見絨線已是上個世紀的80年代。曾紀芬當時曾向惠敏夫人"叩以製法，略得一二，然為時匆促不盡也"。後來她"每於暇時"琢磨絨線的編結，終於"觸類旁通"編出了新的花樣。曾紀芬曾為丈夫織"絨衣一襲"，但"此物細針密縷，多賴記性，余因記憶不佳，故衣成而長短不勻。"曾紀芬在《年譜》中還提到她與英國傳教士傅蘭雅的夫人切磋編結技藝，說傅蘭雅夫人"嫺雅篤厚，與余相得，因悉傳其法。彼時歐西婦女亦深重家庭手工。"傅蘭雅是光緒二十二年(1896)離開中國定居美國的，他夫人為曾紀芬"悉傳其法"，時間自然在這之前。

169

曾紀芬是最早學會編結絨線的中國婦女，後來她在上海和湖南家鄉都曾向他人傳授過結絨線的技術。但 19 世紀絨線在中國幾乎沒有市場，於是洋行派出許多"跑街"四處尋覓願意代銷的中國商人。于谷編的《上海百年名廠老店》說，洋行後來找到了設在法大馬路旁邊興聖街上的金源茂京廣雜貨舖。洋行的跑街看見這家雜貨舖陳列了五顏六色紮頭髮用的絲線，便把"毛冷"推銷給這家店的老闆金永慶。金永慶原本是賣絲線的貨郎，賺了幾個錢才開了這家舖子。他見"毛冷"做"紮頭繩"比絲線更牢也更好看，一口就應諾了這筆生意。金源茂做毛冷生意一舉成功，不久就改為專銷"毛冷"，並且連店名也一起改了。

"毛冷"不僅可以紮頭繩，而且婦女們漸漸學會了結毛衣，所以它的銷路日漸擴大。不久在金源茂的附近又陸續開出了一家一家的毛冷店，於是金陵路就成了毛冷店集中的一條商業街。按于谷編的《上海百年名廠老店》介紹，毛冷店直到 30 年代才改稱絨線店。但 1919年發表的《江蘇省實業視察報告書》已有："查機織襪除純絲線紗三種外，尚有絨線一種，此種絨線冬間服用，其價比線紗襪為昂。現因歐戰影響，來源稀少，將來歐戰媾和，勢必復來，自應及時振興，預課抵制。"可見絨線一詞 20 世紀初就已出現。另外從這份實業視察報告中，還可知道"五四運動"之前，西方不僅向中國輸入絨線，而且也向中國出口襪子之類加工好的絨線織品。

絨線都從英國進口，價錢自然十分貴，有錢人穿得起絨線衣褲，窮人只能扯上幾尺絨線的頭繩。"扯上了二尺紅頭繩"便是不能給女兒買花戴的楊白勞的不無遺憾的心願。然而英國密豐公司獨霸中國市場的日子並不長久，大約在 30 年代初日本絨線湧進了中國市場。為了與日本競爭，1934 年英國在上海設立了密豐的分廠，生產"蜜蜂"和"蜂房"兩個牌號的絨線。據說當時這家廠的年產量最高達到過 6百萬磅，佔去了上海市場銷量的一半。如果《中國近代工業史料》所收的那篇調查沒有弄錯的話，當時絨線的銷量確實已經不小。要知道如今上海最大的絨線商店恆源祥，一年銷售絨線也只不過 3 百噸。

襪 子

"袜"字繁體寫作襪，古書上又作韈。五代馬縞的《中華古今注》說："三代及周作角韈，以帶繫於踝。至魏文帝吳妃乃改樣以羅為之，後加以採繡畫，至今不易。"這裡所謂角韈，是用柔皮製成的，以後三國曹丕的妃子始用羅來縫製，這才改韈為襪。古代人見尊長必須脫襪，《左傳》寫"褚師聲子襪而登席"，衛侯說他無禮，要砍斷他的足。然而古代貴族，平時不穿襪子也很普遍。

英國直到伊麗莎白女王的時代，襪子也還是少數貴族的奢侈品。因為西方古代的襪子不是縫製而是靠人工一針針編結而成，所以價錢也就很昂貴。新教牧師威廉·李雖然能靠妻子辛勤勞動穿上自家編結的襪子，但這個敏感的牧師卻不能忍受妻子編襪子時織針發出的窸窣聲。於是李就發明了一種用一把鉤子就能把環狀物提起來的編織機。威廉·李帶着自己的機器去見女王，可是英明的女王並沒有重視這項了不起的發明。李並沒有灰心，又和弟弟一起去歐洲大陸尋覓知音。但威廉·李一去就再也沒有回來，1610年他默默無聞地死在了巴黎。所幸的是，他的編結機後來總算在英國找到了伯樂，一個從諾丁漢來的商人答應與威廉·李的弟弟合夥，開辦世界上第一家機械化的針織工廠。首家機器編織襪子的工廠進展十分的順利，致使那個地區依靠手工結襪子為生的人在一個世紀以後發動了一次規模很大的請願，要求當地官員不再增加編織機。

編織機使窮人也能穿上襪子，但廉價的襪子最初卻打不進穿布襪的中國人的市場。王韜：《瀛壖雜誌》說："滬上襪肆甚多，而製襪獨工。"姚文枬《上海縣續志》也說："寶善街宏茂昌號，係同治十三年(1874)所設，所製白竹布襪，堅固耐用，因是得名，貿易甚佳，冒牌者有數肆。"至於曾紀芬《廉儉救國說》則云："昔時婦女鞋襪，無論貧富，率皆自製。"貴為曾國藩之女，不僅鞋襪需自製，而且她還說："兼須為吾父及諸兄製履，以為功課。"曾國藩要子女這樣做不僅是出於節儉，也是為了遵循衣冠服飾不得僭越的舊禮儀。溥傑先

171

生《清宮會親見聞》云："溥儀 15 歲那年，因受他的英語教師莊士敦的影響，很想買些舶來品裝飾時髦，就命李延年、李長安兩個御前小太監給他買了些洋襪子之類的東西。不料瑾妃聞知，卻認為違犯了'祖宗家法'，立命我父載灃進宮，大加申斥。那時，我們恰好又在那裡會親，親眼看到父親被申斥後面色蒼白，頹然退出的情景；還聽到那兩個小太監挨打時的竹板聲和號叫聲……"

溥儀是 1906 年出生的，他 15 歲時也就是 1921 年，清朝已經被推翻了 10 個春秋。可是生活在故宮裡的小朝廷就好像一座不會走時的鐘，照舊還停留在過去的歲月裡。如果瑾妃了解洋襪子傳入中國的歷史，也許她就不會為皇上穿洋襪子大發雷霆。

民國年間出版的《江蘇省鑒》回顧襪子的傳入時說："吾國自昔民風樸素，衣着大都土布而成，自無所謂針織品。迄 30 年前始見機織衫襪來自德國，最為國人所歡迎，其後英、美、日本亦漸次有針織品行銷於吾國。"針織品不止洋襪子，還有汗衫、棉毛衫褲之類。19 世紀 80 年代，德國的針織襪子、內衣最先進入中國的市場。光緒十年(1884)英國駐滬領事寫的一份貿易報告分析德國商人的推銷手段說：他們"先以少量的發貨向中國市場試銷，由此發現適合於中國人需要的商品，然後再按低價供應這些商品"。其他國家研究了德商的促銷策略，也紛紛向中國市場推出適合中國人需要、價格又相對便宜的針織衫襪。例如，光緒後期廣州最為時尚的是一種美國產的胡禮號衛生衫。

到了 20 世紀的初葉，"國人感於利權外溢，亟思設廠仿製"。前面說的胡禮號衛生衫，日本和華人那時均能仿造，至於襪子生產更是普遍。方顯廷《天津針織工業》說："我國之針織業最先發達於廣州，次及上海漢口及其他商埠，天津之有針織乃自民國元年。"廣州的織襪廠當時每日已可出洋襪 1 百打，江蘇和松江也有了規模不小的織襪作坊。針織所用的雖是進口機器，但其實當時也只不過是簡陋的手搖針織機。清末上海茂盛洋行專售西洋針織機，恆泰洋行經銷日本針織機，天津捷足洋行則專銷英國產品。洋行出售的針織機價錢極貴，於是民國初年有個叫王致中的在天津設針織廠，並兼造手搖針織機。到第一次世界大戰爆發，外貨針織品來源斷絕，天津針織機械廠這才得到迅速發展。

　　清末民初不僅沿海大城市有了針織襪廠，甚至像溧水、六合那樣的小地方，昆明、貴陽那樣的邊遠地區也都有了針織作坊；產品也不再限於襪子、毛巾，而且能生產棉毛衫褲。當時比較成功的松江履和襪廠，所製之襪有絲、線、紗三種。後起的松江晉和襪廠專製各色絲光女襪，年產約3萬打。優良的襪子遠銷各大商埠，有的甚至行銷海外南洋等地。但在領土如此廣大的中國，穿布襪的仍然是極大多數。據《江西農工商礦記略》記載新建縣令光緒三十一年(1905)的上表說：“民間工藝，以製履襪者為最伙，前有美商勝家機器，來江銷售，能以機器縫製衣服襪履等件。”可見內地布襪的生產並未因洋襪而徹底垮台。除了窮鄉僻壤，仍舊堅持穿布襪的就是像瑾妃那樣的遺老遺少。溥傑的另一篇《回憶醇親王府的生活》說：“我還記得民國初年我家尚未普遍穿洋襪、皮鞋等以前，大家都在穿手工製品的布襪，造鞋、毛窩之類”，“我的兩位祖母和母親始終都着旗裝。……她們所用的旗裝高底鞋和布襪之類……有專門承辦的手工業者送貨上門。”

　　保守的清朝貴族雖然拒絕穿洋襪子，但對同樣由西方傳來的針織毛巾，卻採取了寬容得多的態度。光緒三十年(1904)北京報載：“探聞皇太后欲於內廷開辦女工藝局一所，購辦機器，教習宮女織造毛巾等事，俾知物力艱難之意云。”不久該報又有報道云：“茲聞皇太后致心振興工藝之際，擬將內廷女工大為推廣，添招織女，無論公主福晉命婦等，均准入內肄業，以期化民為俗云。”西洋毛巾傳入前，中國“所用者，均為土布”，“清末始有日貨毛巾入口”。由於慈禧的提倡，同為針織品，毛巾的普及遠比洋襪更快，究其原因主要是因為鞋襪屬於服飾，我國自古就有一套不可逾越的清規戒律；毛巾只是一般的生活用品，不在“祖宗家法”限止之內。

草 帽

　　盛錫福是全國最大的帽子商店，無論北京還是上海的盛錫福又都是當地最大的帽店，但盛錫福的老店原來設在天津，開在各地的只是它的分號。天津的盛錫福創辦於民國初年，最初只經營草帽，到了秋天才兼做些彈棉花的業務。以草帽起家的盛錫福，老闆叫劉錫三，原來是山東掖縣的一個莊稼人，清朝末年在青島的一家外國飯店做茶房。劉錫三聰明伶俐，利用跟外國人接觸的機會，很快學會了英語，後來憑着這點本領，他又進了美國人開的"美清洋行"，當了名練習生，專學草帽辮的出口生意。

　　設在天津的洋行所以選山東人劉錫三學做草帽辮的出口生意，主要是考慮到山東是當時草帽辮的重要產地。"草帽辮幾乎全部來自煙台，嘉託瑪領事説，山東省萊州城外 15 英里的沙河是它的主要市場。"英國駐上海副領事阿連壁光緒五年(1879)寫的一份上海貿易報告對此説得十分清楚。

　　用麥稈編製的帽辮是製草帽的原材料，民國元年(1911)發表的《山東草辮業》一文説："考草辮業之製作，歐洲最先。而山東之製造，始於 30 年以前（約 1882 年前），或云由煙台英國洋行之指導，或云由法國傳教士之口授。"但《農商公報》一篇《麥稈製造法》的文章則説："考海關貿易冊所載麥稈之出口，始於前清咸豐初年，……至宣統三年，尤為極盛時代。"從英國駐上海領事哲美森光緒十八年(1892)寫的一份貿易報告中可知，同治十一年(1872)出口草帽辮的價值在上海港 19 種主要出口商品中位居第 15 位，但 20 年以後的光緒十八年，草帽辮的出口已躍居 19 種商品中的第 6 位。民國四年(1915)美國領事的報告稱"帽辮出口總數，每年可達六千噸，皆運往他邦，以供草帽之製造。"

　　西方人幫助產麥區的農民學會了草帽辮的製作技術，然後利用中國廉價的原料和勞力大量從中國進口草帽辮。1915 年的《直隸實業雜誌》説："受僱於人而為編工者，則每日可獲金鷹洋 1 角至 4 角。"

同年美國領事的報告也說"婦孺之受僱者，每日可得美金1分至1分半之賃價⋯⋯中國人工之賤，無倫比。"

外商對出口草帽辮要求相當苛刻，一要編織巧妙，形式整齊；二要寬仄劃一，尺碼不少且無玷污者；三要無破裂，不變色者。後來德國人在青島開了家製帽廠，用的都是出口餘下的劣質材料，產品也全部供華人使用。1919年是我國草帽辮產量猛增的一年，其原因"緣是年草帽業勃興於濟南、上海、天津、清江、成都等處"。那時銷行中國的草帽，大半均為國貨，僅安東一地，已有製帽廠3所，每日約可出帽2千頂。濟南亦有製造廠30處，產數之巨，亦可想見。

劉錫三由經營草帽的出口起家，後來創辦了自己的帽莊，30年代"盛錫福"除生產草帽外，又從德國禮和洋行進口了全套製作呢帽胎的機器，開始生產各式禮帽。1931年出版的《天津志略》稱"盛錫福帽莊，總號設於法租界天增里南，附設工廠，專製男女草帽，及皮、緞、布、便、氈、絨各帽，物美樣新，極得各界人士之歡迎。⋯⋯總經理劉錫三，素以提倡國貨為職，又兼心思巧密，善於發明，故其營業大盛，堪稱北方草帽業之巨擘焉。"

草帽，1917年6月的《農學商報》介紹說，係於西曆16世紀羅陵州（今德國之領土）之農民首先發明，漸次普及於歐、美各國。因為是夏日必需之品，編製又輕而易舉，所以自同治年間漸成為我國出口貨物中的大宗。

毛澤東主席50、60年代愛去農村視察，夏日炎炎他老人家常攜一頂草帽，站在赤腳的農民中間。後來毛主席戴草帽曾不止一次被畫家畫進了圖畫，看着毛手中的草帽，又有幾個人記得，它的編織方法和式樣，原來是由西方傳入。

九、 夢想成為肥皂製造家的青年

毛澤東、穆藕初和方液仙年輕時都曾做過肥皂夢，而且又都在 *1912* 年。在他們之前，有許多青年夢想過生產火柴，在他們之後又有不少人在做香水夢。而這一連串的夢似乎說明，日用化學品工業對於中國走上近代化是何等重要。

肥　皂

　　道光年間成稿的《兒女英雄傳》第 37 回寫大丫頭的長姐兒洗手上的煙油氣味云："自己淴（同泡）了又淴，洗了又洗，搓了陣香肥皂、香豆面子，又使了些桂花胰子、玫瑰胰子。"長姐兒把當時有錢人用的洗滌劑幾乎全都使上了，可是她那些肥皂、胰子究竟來自外洋，還是本國自產，我們一時恐怕還說不清楚。因為肥皂、胰子是中國早就有的，它和後來西方傳入的化學肥皂雖同名但並不同質。

　　古人最早用草木灰洗滌。《禮記·內則篇》云："冠帶垢和灰清漱"，因為草木灰中含有能夠去油污的碳酸鉀。《考工記》說："湅帛。……淫之以蜃"，蜃是貝殼燒成的灰，它和草木灰水作用就能產生強鹼——氫氧化鉀。漢代人已知道用天然的"石鹼"洗滌衣物。金朝人又在石鹼中加入澱粉、香料，製成錠狀出售。李時珍《本草綱目》記當時人造石鹼的生產曰："石鹼出山東濟寧諸處，彼人採蒿蓼之屬，開窖浸水，漉起曬乾燒灰，以原水淋汁，每百引入粉麵二三斤，久則凝淀如石，連汁貨之四方，浣洗發麵，甚獲利也。"明末，北京開設了專門出售人造香鹼的舖子，其中"合香樓"、"華漢沖"一直到解放初期還在銷售盒裝的桃形、葫蘆形玫瑰香鹼。

　　除了香鹼，古人更多用皂莢洗滌衣物。宋朝時，杭州的市面上出了一種橘子大小、皂莢粉做的圓團團，據周密《武林舊事》說它叫"肥皂團"。"肥皂團"放入水裡，能發泡去污，所以具有相似功效的西方洗滌品傳入後，中國人就給它按了"肥皂"這個老名字。

　　但中國人最早提到西洋肥皂，卻稱它為"胰"，或者"洋胰"。譬如張德彝在《航海述奇》中描述英國船上的頭等艙的陳設，說："每屋有花瓷面盒二個，帽架一，面鏡二，玻璃水瓶、水杯、掛燈、胰盒、手巾、銅水壺等物以奉起居"，其中胰盒就是肥皂盒。然而胰和肥皂一樣，也曾是中國古代洗滌品的名字。南北朝的賈思勰已經提到用豬胰去垢，孫思邈《千金方》就有用洗淨的豬胰，研磨成糊狀，加豆粉香料做成顆粒的配方，這就是古代的胰子，也叫做澡豆。到了後來又把胰子和香鹼合在一起，做成湯圓大的團，這就是《兒女英雄傳》裡記的桂花胰子、玫瑰胰子。

西方人發明的現代肥皂主要用油脂和鹼做原料，據説全世界每年生產的油脂47%用作食油，53%作為工業原料，而在工業用油脂中，又有近60%是用來做肥皂的。古羅馬的科學家普林尼在《博物學》中介紹了一種用小毛櫸的灰和羊脂肪製的原始肥皂，到了蓋侖的時代已經專門用來作洗滌劑。大約在唐朝的時候，馬賽（法國）、熱那亞、威尼斯（意大利）都以出產橄欖油做的肥皂而聞名。但南歐肥皂出產最多的地方卻是在意大利的薩沃納，所以法語和意大利語的肥皂一詞是從"薩沃納"轉變過來的。

中世紀的歐洲雖然已廣泛使用肥皂，但所用的原料無非是天然的鹼和油脂。拿破侖戰爭時期，由於法國的天然鹼極其匱乏，於是巴黎科學院以1萬2千利弗（法朗的舊名）的懸賞，徵求造純鹼的方法，結果勒布朗(1742-1806)得到了這筆獎金，從而成為鹼工業的奠基人。可是勒布朗的造鹼工廠很快就被法國革命政府沒收，不久這位為現代化學工業立下了汗馬功勞的科學家也在窮困潦倒中死去。然而他發明的製鹼方法，卻給19世紀的歐洲商人帶來了滾滾的財源。

用化學合成的鹼製造的肥皂，其價廉物美自然是北京合香樓的桂花胰子、玫瑰胰子無法比擬的。而對於西方的肥皂商來説，中國則是一個潛力巨大的市場，所以到了19世紀的後半葉，西方人已不再滿足於向中國傾銷"洋胰"，而是直接到那裡開辦肥皂工廠。中國最早一家生產洋皂的工廠是英商美查洋行在上海開的美查造胰廠。據1891年1月16日的《捷報》登載的這家公司的股東年會報告説："以往我們生產的肥皂多少帶有試驗性質，但現在我們已可期望所製肥皂已能適應市場的需要。"兩年之後美查兄弟公司的營業報告又説，它們從倫敦聘來一位很有能力的造胰專家，所以肥皂生產前景十分光明。

及至20世紀，西方人在中國開辦肥皂廠更是熱情不減。1901年揚州有了外商創設的肥皂公司，1909年前後德美合資的徐家匯固本肥皂廠開業，經理為瑞嘉洋行的大班瑞嘉氏。當年的《時報》稱固本肥皂廠擁有4名極有經驗的德國著名工程師，而且設備完全，工人待遇優厚，在打開銷路時期，"雖有損失，亦所不計"，所以成為清末"滬上各製造廠之翹楚"。

英商不願讓"固本"獨霸中國，1914年由利物浦一家大公司的老闆威廉利華牽頭，組建了一家資金雄厚的聯合公司——利華肥皂公司。資本約為3千餘萬英鎊的利華以80萬兩白銀，購下上海楊樹浦的地皮修建廠房。《捷報》1914年1月3日的一篇文章說：這家聯營公司是"英國資本有史以來最大的合併"，"這個工廠將代表科學設備及現代方法的最新成就，產品製造將以極大規模進行。"利華公司後來出產的肥皂有"祥茂"、"北忌"、"紹昌"、"日光"等許多牌子，但名氣最大，一直留到今天的只有"傘牌"。

洋皂在中國的市場日見增大，自然引起本國商人及有識之士的重視。光緒年間，廣東楊君看了西書上介紹的肥皂製造方法後，依方炮製，結果造出來的肥皂只成流質，不能銷售。他給晚清最早一家科學雜誌《格致匯編》去信諮詢，並打聽何處購買西國製皂的原料。主編傅蘭雅在《互相問答》專欄的268號上公開作了回答。近代著名化學家徐壽的兒子徐建寅光緒六年(1880)正月十二日到法國巴黎，十五、十六兩天連續參觀了兩家油燭肥皂廠，並將製造肥皂的工藝細節詳細記在當天的日記中間。如正月十五的日記云："搾出之流質油，另在一屋入漏斗內，加入鉀養水，成軟肥皂。若加鈉養水，亦可成硬肥皂。或待成時而投入松香塊，則消化而成松香肥皂。作肥皂一大鍋，需蒸燒全日夜方成。該廠房屋、機器、器具共180萬佛郎。"（徐建寅《歐遊雜錄》徐建寅通過實地考察，解答的正是廣東楊君試製肥皂時遇到的問題。《藕初五十自述》記作者辛亥前後在美國留學，"決計研究社會間用途甚繁，而於農產品及副產品有密切關係之肥皂業及紡織業"的情形，說他曾到芝加哥挨茂專門學校研究肥皂製造。1914年回國後，"初以肥皂廠成本較輕，而全廠規畫亦早籌定，……故擬從輕而易舉之肥皂廠為入世之津梁，殊不知製造肥皂重要原料之鹼類，早被某某洋鹼公司所操縱，而舶來品之肥皂，亦不易與之競爭。遂轉換方針，調查紡織事宜。"

被延安《新華日報》譽為"中國民族工業的一部活的歷史"的穆

藕初原在美國攻讀農學士，1912年改學肥皂製造。真是無巧不成書，也在這一年湖南長沙有個退伍青年，已經報名投考警察學堂，後來"看到一所製造肥皂的學校的廣告，不收學費，供給膳宿，還答應給些津貼。這則廣告很吸引人，鼓舞人。它說製造肥皂對社會大有好處，可以富國利民"，於是那個青年"改變了投考警校的念頭，決定去做一個肥皂製造家"（斯諾《西行漫記》）。這個想當肥皂製造家的青年便是後來到了延安又進了北京的毛澤東。

毛澤東和穆藕初都曾想過，以製造肥皂作為他們的"入世之津梁"，穆藕初曾進過專門學堂，毛澤東也曾付過一元錢的報名費，但後來他們都改變了初衷。穆藕初成了紡織業的巨頭，毛澤東卻成了一代革命領袖。後來造中國自己的肥皂的事便落到了一個叫方液仙的無名小輩的身上。也是1912年，方液仙以1萬元資本起家，在上海的圓明園路安仁裡辦起了一爿小作坊，它就是中國化學工業社的前身。然而直到1920年，屢遭挫折的方氏才研製成了價廉物美的國產剪刀牌肥皂。不料好事多磨，英商利華肥皂公司立刻搶在方液仙之前，將剪刀牌商標註冊登記，於是，中國化學工業社的同仁只好將自己已經打響的肥皂商標改名為"箭牌"。

沒有人不知道毛澤東，但很少有人知道他年輕時曾經想做肥皂製造家；沒有一個家庭主婦不曾用過箭牌肥皂，但同樣很少有人知道它是一個叫方液仙的人試製成功。在他之前雖然也有中國人造過肥皂，但他們都沒有取得好成績。方液仙雖然知道的人不多，但他在上海淪陷時曾拒絕過汪偽政權授予的偽實業部長的官爵，因為他不願向黑暗勢力妥協，結果遭特務綁架，死於臭名昭著的極司非而路（今萬航渡路）76號匪徒之手。

香 水

唐弢讀《書海夜航》，十分吃驚於作者杜漸知識的淵博，說他的書是"信手拈來，信口開講，沒有規矩而自成方圓"。《書海夜航》二集有篇介紹西文新書《香水史》的短文，就是屬於這種隨手拈來之作，這裡不妨照錄幾段：

> 香水的歷史可追溯到5千年前，1922年埃及掘圖坦赫哈門法老王墓，發現有很多壇香水，這些香水是公元前1350年藏於法老王墓的，至今仍未失去香味。……古代埃及和希臘……把犧口焚燒祭神，但焚燒獸屍的氣味實在難聞，祭司就發明了香，所以至今神廟中燃香，起源也是為了避臭。埃及人認為香水可以使人完美，死後塗上香油，可以使靈魂升天。希臘人認為香水是神創造的……穆罕默德最欣賞三樣東西：女人、孩子和香水。

用於宗教的香水後來成為美容化粧品，起初以為它可以驅邪避魔，後來發現還能夠清潔身體，清醒頭腦。特別是在中世紀，西方連貴婦也沒有養成沐浴的習慣時，香水便成了除去體臭的法寶。19世紀在歐洲的上層使用香水已經相當普遍。"西俗最喜香水"，張德彝在《航海述奇》中說："無論男女，浴面後髮內必以香水傾之，沐身後遍體必以香水抹之，以至衣帶巾扇無不擇以香水，借馨香以去邪穢，因而其價騰貴。斌大人與包臘、德善等皆購買數瓶，每瓶價銀1兩5錢，次者8錢，因此地異種香水甲於他國。"這則日記是在比利時境內寫的，甲於他國的香水自然也是比利時的產品。同治七年(1868)張德彝隨欽差大臣志剛去美國，在紐約參觀了蘭滿及龕蒲辦的"香水局"，這是一家規模相當大的日用化學品工廠，他在《歐美環遊記》中描述"樓高9層，女工6百餘名，男工亦4、5百名，作各種香水，發運各國，每日可得數千箱。洗瓶、灌水，皆用機器，頗省人力"。張德彝在廠裡還看到一種專銷中國的香水，"味似丁香，瓶高半尺，塞以草節稻殼，上罩銀箔，下黏局票二：一係白紙，印有五彩水花洋字，一係紅紙，金書華字三行"。這三行字是：

孖梨煙林文付流梨地

上品花露水發客

奴約林文煙監製

據張德彝解釋，孖梨煙林文即廠主馬利與蘭滿的名字，付流梨地，即香水的品名，奴約便是紐約。這種蹩腳的洋涇浜譯文讀起來叫

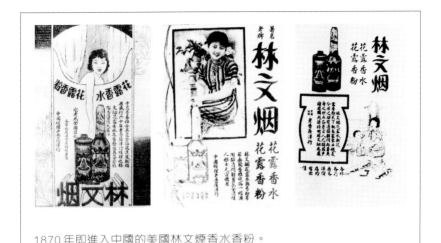

1870年即進入中國的美國林文煙香水香粉。

人啼笑皆非，但幾個中文字寫得卻是端端正正，看來是出於一個中國老秀才之手。張德彝在紐約見到的這種香水，中國人也叫它林文煙花露水，直到民國初年，它仍然和日本的金剛牌牙粉、英國夏士蓮雪花膏一起，充斥了中國的日用化學品市場。

徐建寅是繼張德彝之後考察西方香水工廠並留下記載的人，《歐遊雜錄》寫他光緒六年(1880)參觀巴黎香水廠的見聞云：＂四點鐘，至相近處之造肥皂香水廠。先觀造香水：排列許多銅筒，內盛以醇，將花瓣浸入，數十日即成香水。另放入銅漏斗內，以便灌入小瓶發售。＂

雖然在西方，香水和肥皂最初往往是在同一家工廠生產的，但西方人到中國開辦日用化工廠，首先生產的是洋燭和肥皂，至於成批生產香水大約已經是20世紀以後的事。創立於1909年德美合資的徐家匯固本肥皂廠早期便有香水出品。而以生產箭牌肥皂聞名的中國化學工業社，也是以生產牙粉、雪花膏、花露水起家。它的花露水是和日本的＂金剛＂、英國的＂夏士蓮＂、美國的＂林文煙＂競爭之後才站住腳的。

不論中外商人如何的努力，香水在舊中國的市場始終有限，這是因為中國原來就有自己的化粧品。像咸豐年間創立於上海的＂老妙香室粉局＂，就是以蘇州園林的桂花和明礬醃製出香料，然後和着綠豆

183

粉、冰片、麝香調出了細膩涼爽的香粉；再用陳年的清油和着桂花、玫瑰、蘭花做的香料，調製出香味芬芳的生髮油。老妙香的香粉、香油甚至翻山越嶺，上達天庭，受到皇家的恩寵。近代西洋物品優勢在於價廉物美，林文煙若不比老妙香更香，如果只是便宜那麼幾十兩的銀子，慈禧哪會在乎。西洋化粧品不敵傳統脂粉的局面，直到本世紀20、30年代才有較大改觀。張德彝同治六年在紐約見到的孖梨煙林文付流地，已經成了各埠藥房洋貨店均有出售，全國仕女無不知其功效的林文煙。

火　柴

　　羅伯特·坦普爾的《中國——發現和發明的國度》説："世界上第一根火柴是由中國人於公元577年發明的"，當時北周和陳夾攻北齊，兩面臨敵的北齊，宮裡連燒飯、取暖的火種也很缺乏，於是一群又飢又餓的北齊宮女，神奇地發明了火柴。不過中國古代的火柴，還只是一種引火的材料。陶谷《清異錄》説："夜有急，苦於作燈之緩。有智者，批杉條染硫黃，置之待用，一與火遇，得焰穗然。既神之，呼引光奴。"這種用硫黃為原料製成的引光奴，大約在馬可·波羅的時代傳至歐洲，後來歐洲人在這一基礎上發明了一度被人稱為"洋火"的現代火柴。

　　洋火和陶谷説的"引光奴"最大的不同，是能夠摩擦生火。最初發明摩擦火柴的是英國的沃克，1826年他用樹膠和水製成了膏狀的硫化銻和氯酸鉀，將其裹在火柴梗上。這種火柴夾在砂紙中拉動便會着火。但真正的火柴直到1834年才出現，它的配方不再用銻而改用了磷，當時人們用了一個火箭專家的名字來給它命名——稱作"康格里夫火柴"。康格里夫火柴最初是由法國人索利亞和德國人坎默發明的，由於它的造價便宜（起初是每盒一先令，後來降為半便士），所以很快就傳到歐洲的許多國家。

　　然而早期的摩擦火柴也有兩個致命的缺點：首先是黃磷遇熱容易自燃，所以非常危險；另外黃磷也是一種有毒的物質，造火柴的工人一不小心就會中毒身亡。大約在1852年瑞典開始生產一種安全的火柴，它用磷和硫的化合物作為發火的藥物，這種火柴必須在塗紅磷的匣子上摩擦才能生火。但黃磷仍在使用，直到1900年各國才開始加以禁止。

　　在火柴發明之前歐洲人和中國人一樣使用打火石，那時士兵點燃一發炮彈，最少也要花一、二分鐘。據薛福成《出使日記續刻》說："西洋之造自來火，始於道光十六年(1836)。從前俱用布紙等炭質。……以舊式取火，多費時刻，少成貨物，即少得銀。……近有人核計，英國全境因易用自來火，一歲節省英金2600萬鎊。而造辦舊式火具者，未免銜恨，然得利者多，失利者寡，只能聽之。"薛福成的這則日記光緒十七年(1891)寫於英國。從19世紀30年代火柴出現，到火柴完全取代舊式取火，中間一定用了不少的時間，經過了"失利者"與"得利者"不斷的較量。在英國如此，在其他各國也是這樣。

　　現代火柴雖然在鴉片戰爭以前就已發明，但西方列強最初向中國輸入的不是火柴，而是西方的打火石。德國地理學家李希霍芬《旅華日記》曰："我聽說這裡（鎮江高資）的人開採火石出售，在一個完全用火石來引火的國家，這種石頭確是一種重要的商品。後來從英國輸入了遠較為好的火石，結果使這些礦坑關閉。"

　　李希霍芬訪華是在1868-1872年之間，和他的日記大致同時的一份1872年西方人寫的貿易報告說，浙江寧波由於火柴進口增加，沿海"大部分城市已經侵奪了火石和鐵片的地位"。1882年的另一份貿易報告說遼寧牛莊，火柴"完全代替了打火石和鐵片的地位"。光緒年間的《雄縣鄉土志》介紹當地"城東二里曰亞谷城村，居民多以熬硝或以硫黃蘸促燈為業。自火柴行，而此業漸歇矣。"促燈就是前面提到北齊宮女發明的引光奴，這條記載告訴我們直到清末還有人在專門生產這種古老的引火材料。然而所有傳統的引火方法，都因火柴的輸入而被摧毀了。

19世紀60到80年代，西方的火柴逐漸取代了中國古老的取火方法。1880年發表的一份英文的貿易和貿易利潤報告為我們提供了火柴在中國逐年增長的數據：1867年：79236羅斯；1872年：297121羅斯；1877年：554812羅斯；1880年：1419540羅斯。羅斯也寫作各羅斯，皆英語gross的譯音，現在通常譯為羅，每羅即12打，也就是144包，而每包火柴和今天一樣為10盒。

從上面這份報告看，最晚在同治六年(1867)，中國已經進口火柴。報告說當時最受歡迎的是瑞典出產的無黃磷安全火柴，售價為每羅斯銀5錢，並以每包10文價批發給本地的零售商。後來歐美日本均向中國傾銷火柴，數量也不斷增加。

火柴的進口數額19世紀60、70年代增長迅猛，而從1880年至1890年，又翻了將近4倍。大量火柴的輸入造成了白銀的外流，因此引起了朝廷的關注。李鴻章光緒十七年(1891)致總理衙門的信函稱："遵查火柴即自來火，近來英德美各國載運來華，行銷內地日廣，日本仿造運入通商各口尤多。上年洋貨自來火一項，運銷4146800各羅斯之多，值銀134萬餘兩，幾乎日增月盛，亦華銀出洋一漏卮也。"

進口的洋火已經站穩了中國市場，下一步便是在中國開辦工廠。最先在中國辦火柴工廠的是英商美查洋行，它的英文名字是 Major Bros, Ltd.也就是美查兄弟有限公司。腓力德立克・美查和安納斯特・美查兄弟倆是同治初年到上海的，他們先經營茶葉，也有人說經營洋布。後來他們創辦了申報館、點石齋石印局、江蘇藥水廠、美查造胰廠。美查的火柴廠是1880年創立的，中國名字叫燧昌自來火局。《捷報》1886年轉載英國駐鎮江領事的報告說："上海製造的火柴，每盒70枚，售價5、6文"，"似乎已成了進口火柴的可怕競爭者，因為除了價錢便宜，又不怕氣候潮濕"。70枚裝的火柴盒這一規格直到今也不曾變。

在燧昌火柴廠之後，天津開辦了德國人參預的火柴企業——天津自來火公司。據《屠光祿奏議》說，公司創立時間為光緒十二年(1886)。當時火柴生產很不安全，經常有火災發生。天津自來火公司1891年遭到一場大火，廠房全部燒毀。後來向社會集資銀45000兩，每10兩為一股，並且得到直隸總督李鴻章的批准，在直隸省內享受生產火柴的專利15年，天津自來火公司從此成為全部本國資本的企業。

民族資本的火柴工業，除天津自來火公司之外，19世紀80、90年代在上海、廈門、浙江和四川等地陸續開辦了不少。但因進口火柴的傾銷，尤其受地理位置便利的日本火柴的排擠，華商火柴廠或者倒閉，或者依賴日本商人苟延殘喘。日本出版的《清國事情》不無得意地說：“上海以前有燮昌、榮昌、燧昌等三廠，因不能競爭，加以經營方法不良，榮昌、燧昌二廠終於被迫倒閉。即使根柢稍固，尚能繼續存在的燮昌，其化學原料也是從歐洲進口，而梗木、箱材及紙均使用日本貨。”但儘管如此，燮昌火柴仍因質量粗劣，不能與日本火柴匹敵，所以最初在上海沒有銷路，只能遠銷到江西、安徽。而廈門火柴廠不僅商標由日本刷印，甚至品牌也“悉仿照日本國之馳名記號”。其實日本的火柴生產也並不先進。傅雲龍光緒十三年(1887)在大阪參觀火柴生產時說：“遊製燧社……始明治七年，當同治十三年(1874)……其工女六百男五十……有六七歲者以木籤夾橫木，條條有齒，齒有準數；如數則安置方架，層層不紊。男工蘸燧汁，乾，由女工入盒如數，不另算也。”可見所有工序全用手工，甚至還有六、七歲的童工。（見《遊歷日本圖經餘記》）

火柴市場競爭激烈，假冒偽劣商品也不止一家，光緒十三年(1887)美查的燧昌自來火局就曾在《申報》刊登告白，說：“本廠所造燧昌各花牌自來火，皆用上等藥量，已歷多年，早已遠近馳名。近有射利者，捏造次貨，所用本廠匣子，模糊影射，魚目混珠。貴客賜顧者，須認明本廠招牌。”

清末火柴廠即使由華商開辦，原料也都是從外國進口。光緒十六年(1890)受日本政府排擠，旅日華僑盧幹臣將火柴工廠遷回家鄉重慶，取名“聚昌”。聚昌起先也用進口硫磺為原料，後因運費昂貴改用川黔產土磺。硫磺本是軍用物資，清朝禁止私人買賣，聚昌使用國產硫磺曾經四川總督劉秉璋的特許。《劉文莊公奏議》說：“黔磺有此暢銷之處，自不致藉口磺無銷路，釀成售私濟匪之禍。”我國火柴廠用國產原料，正是從重慶聚昌開始的。

　　許多人都讀過安徒生的《賣火柴的小女孩》，這篇膾炙人口的童話寫於1848年，當時摩擦火柴發明不過十幾年的功夫。安徒生1835年還寫過一篇童話《打火匣》，說一個窮苦的兵士，有一塊神奇的打火石。19世紀新舊兩種取火方法處在交替之中，安徒生的這兩篇童話正是那個過渡時代的縮影。曾經發明過世界上第一根火柴的中國，一百年前到處卻充斥了洋火，小小的火柴同樣也是中國近代歷史的縮影。

十、西國之寶

　　學會製陶標誌着人類走出了蒙昧。但瓷器卻被公認為中國人獨具智慧的產品。然而也正因為中國人有了瓷器，因而阻礙了玻璃工藝在中國的發展。中國的玻璃落後於西方，其影響不僅波及於建築，且關係到後來各種光學儀器的發展。中國從西方引進的不只是被古人稱為西國之寶的玻璃，近代水泥、橡膠和煤油等原材料和燃料的輸入都是中國工業化道路上至關重要的里程碑。

玻 璃

　　大約4000年前，埃及人最先找到了玻璃的配方，巴比倫人在這基礎上，用吹管製出了各種玻璃容器。古羅馬的玻璃繼承了前人的工藝技巧，羅馬彩色玻璃經印度船隻運到了東方，梵文中稱spahtika，意即水晶，中文的琉璃就是這個詞的譯音，漢武帝的侍臣東方朔《海內十洲記》譯作頗黎，更加接近原音。詩人陸游有"玻璃江水深千尺"，"玻璃春滿琉璃鐘"的詩句，據詩人的自注，前句形容江水的瑩淨，後句為湄州酒名，自然也取酒色清冽如玻璃之意。玻璃一詞最早就見於陸游等南宋文人的著作。

　　琉璃在秦漢文獻中屢見記載，秦始皇地宮有琉璃魚、龜；漢高祖曾用琉璃劍匣盛斬白蛇的寶劍；趙飛燕琉璃硯匣終日隨身，翡翠筆床無時離手。但秦漢時候的人誤以為琉璃是天然的寶藏，不知它是人造之物。魏晉士族崇尚奢靡，西域琉璃也是他們追逐攀比的寶物。直到東晉，煉丹家葛洪才揭開了這條隱藏400多年的秘密，富人家寶藏了幾代的琉璃碗，原來不過是五種灰爐燒造而成。葛洪死後50年，有個大月氏商人在中原用石頭燒成了琉璃，這才證實葛洪的話並非妄言。

　　北朝時中國已有琉璃作坊，但做琉璃的方法不久就失傳了，隋朝工藝家何稠只好用綠瓷作琉璃的代用品。宋元雖能生產玻璃，但質量仍不能與舶來品匹敵。趙汝適《諸蕃志》分析大食玻璃能耐寒暑，中國玻璃遇沸水易裂，原因是大食玻璃原料摻了我國產的南硼砂。明初對玻璃生產似乎格外重視，劉伯溫《多能鄙事》第一次記載了玻璃的配方；鄭和出使帶回了"西洋燒玻璃人"；然而宋應星《天工開物》雖享有工藝百科全書的美譽，但他寫玻璃只用了短短79個字，可見明朝玻璃的生產也無多大進展。然而就在這時候，德國人發明大型熔爐使玻璃生產跨出了家庭作坊的狹小範圍，法國工匠試製成功平板玻璃，從而又使它列入建築材料的行列。

　　耶穌會士來華不僅將中國造瓷工藝傳播到了歐洲，也將西方造玻璃的技術介紹到了中國。康熙三十五年(1696)北京設內宮玻璃作坊，所有匠役長全聘西人。從廣州十三行進口的玻璃鏡、玻璃燈罩更是不勝枚舉，但在民間影響最大仍是平板玻璃在民居上的運用。王韜《瀛壖雜誌》描寫租界"華堂大廈、茶樓酒室無不以玻璃為窗牖"，"人因號洋涇浜為'琉璃世界'"，這寫的是咸豐年間(1851-1861)上海的情況。同治四年(1865)沈寶禾《滬上日記》云："木工來，裝玻璃窗，放大光明，從此可作蠅頭小字矣。"這是晚清文人居室第一次裝上玻璃時的感受。住慣了貼窗紙的屋子，乍地換上玻璃窗，還真有點不習慣。據溥傑說，"夜間每扇玻璃窗，都要用方形雕木的紙窗安在外面，叫作上窗戶。"不知這個習俗是醇王府特有，還是當時北京城都如此。反正轉眼數載透明玻璃已經開始取代過去只有教堂採用的拼花彩色玻璃。這和19世紀後半期，歐洲平板玻璃

中國人學會了吹玻璃。

生產能力的提高是分不開的。同治五年(1866)，張德彝《航海述奇》對這一時期歐洲的玻璃生產也曾作過介紹，如"英國造玻璃之法：以海岸沙及鉛與鹼，滿土缶中，納於巨爐，武火燒一日之工，傾出如水，置於模內凝塊。次以鐵筒吹成水泡，再燒再掄，長逾三尺，割其兩端，開其中而成片。再入文火，以物橫砑時許，取出則平大如意矣。"不久到了出產玻璃著名的比利時，他又去玻璃廠參觀，看後他稱廠裡出產的玻璃器，"如杯、瓶、盅、盤、燈、壺、罐、盒之類，無待詳述其精巧。其尤者，有大玻璃長2丈5尺，寬1丈5、6尺，厚6寸者若干片，透澈晶瑩，望之心目豁然。倘能以此製為樓房數百間，重檐疊棟，一色光明，置於湖心，當顏其額曰：'玻璃世界'，

191

則居之者自虛室生白也。"

張德彝幻想用玻璃建造"垂檐疊棟"、"一色光明"的樓房，如今早已經成為現實。然而即使到近代，中國玻璃的生產依然走着崎嶇曲折的道路。1882年8月4日中國商人在上海楊樹浦開辦我國首家近代化的玻璃工廠，但僅兩年就宣告倒閉，洋人盤進廠房，改作釀酒廠。後來又有洋人在浦東設廠生產玻璃，價格比進口低廉。20世紀初洋商欲購宿縣河邊沙灘，引起當地士紳注意，他們把砂樣送到比利時化驗，知道是製造玻璃的絕好材料，於是張謇等集資83萬購進大片沙地，蓋房辦廠，取名"耀徐玻璃廠"。受聘辦理機器進口的英商福斯德為詐取錢財，一再延誤工期，使工廠蒙受了不少損失。儘管如此，"耀徐"在清末仍以日產平板玻璃7000塊的業績，居我國民族玻璃工業之首。

第一次世界大戰期間，德國佔領比利時，那裡的世界著名玻璃廠盡為戰火摧毀。我國進口玻璃原來主要靠比利時，這時全都改為本國自產，結果一戰期間中國的玻璃業有了飛速發展，企業增加到770餘家，傳統玻璃業中心——山東博山日產達500多箱。但本國玻璃業大都為作坊，沒有實行機械化，而西方玻璃業不僅在19世紀末已經擁有機械化生產設備，並因德國科學家蔡司和阿貝的精誠合作，已經試製成功優質的光學玻璃，因此年輕的中國玻璃業仍然面臨着西方對手潛在的挑戰。

本世紀60年代，考古工作者在商代墓葬出土的原始的玻璃料珠係用當地材料燒造，但秦漢以來，西方的玻璃製品接踵而至，工藝水準一直優於中國，這種局面至近代仍未改變。所以中國自古就稱玻璃為"西國之寶"，就像西方人稱陶瓷為 CHINA。

水　泥

水泥又稱水門汀，19世紀後半葉從西方輸入。但工業水泥出現之前，東西方都曾有過天然水泥。80 年代中期，中國考古工作者在甘肅秦安縣大地灣發現一處新石器遺址，其地面約百餘平方米全用混凝土鋪設。雖然距今已有5千餘年，但用鐵器叩擊地面仍能發出清脆的聲響。

大地灣的發現經專家鑒定，其成份主要為硅、鋁，和現代硅酸鹽水泥的配方十分相似，但5千年前的原始人如何得到這種水泥至今還是個謎。不過古代羅馬有一種水泥，我們知道它是用羅馬和那不勒斯城內外的白榴火山灰跟石灰配製成的。由於它既便宜強度又大，所以曾用作古羅馬萬神殿圓屋頂內部的材料。

用這種特殊的火山灰製作水泥當然是可遇而不可求，於是在 18 世紀末西方出現了廣泛用於建築行業的人造水泥，這種水泥是用石灰質和黏土煅燒，然後磨製而成的。光緒五年(1878)赴歐洲考察的徐建寅在《歐洲雜錄》中就曾記述水泥的成份和燒造工藝。徐建寅說巴黎的石灰廠以松石為原料，研碎後用水調和成塊，俟乾後放入窯中燒造。後來他又去了一家德國水泥廠，對那裡的生產工藝記述更加詳細。徐建寅的日記還記下了當時德法水泥的市場價，德國每桶7、8馬克，法國每噸為 58 佛郎 30 分。

在徐建寅的日記中，水泥稱為賽門敦，這個詞是英語 cement 的譯音。原來用工業水泥澆成的混凝土，樣子很像英國南部 protland 島上一種粗砂巖石，由於這種巖石稱 cement，所以大家就把水泥稱為 cement 了。但在中文裡 cement 卻有五花八門的譯名，如上海四馬路（今福州路）的義記洋行在《申報》登推銷水泥的廣告稱塞門德坭，謙和洋行的廣告則稱為四門町，此外還有譯作士敏土，西門土，但後來用得最多的還是水門汀。

水泥還有一個譯名叫"細棉土"，光緒十二年(1886)唐廷樞創辦我國最早的水泥企業就稱之為"唐山細棉土廠"。唐廷樞的工廠雖在河北，但原料卻採用他家鄉廣東的黏土，由於賠累不堪，經營了不幾年就宣告倒閉。後來到光緒三十二年(1906)周學熙在唐山細棉土廠的基礎上，開辦了"中國境內最大的，而且也是最好的水泥工廠"，名為啟新洋灰公司。顏惠慶《周止庵先生事略》云："及公接辦，招德人昆德悉心研究，於唐山附近覓得坩子土原料，又得灤礦用煤之便……遂執我國水泥界之牛耳。"

　　光緒十七年(1891)上海出現了一家外資經營的水泥製品廠，當年9月1日的《捷報》說：這家公司把洋灰鋪地的方法帶到上海，取得了很大成功。上海水泥公司向《捷報》贈送一塊鋪地磚板，一面光滑，一面粗糙，作為該公司的樣品。由於這種水泥磚板比洋灰或瀝青便宜，所以適宜於鋪住房、商行、倉庫的地板，以及碼頭、人行道之用。水泥公司成立的當年曾在福州路鋪了一段人行道。次年法租界公董局又用這種材料鋪了領事館路（今北京東路），這也是上海有水泥路的開始。

　　夏林根在《上海的發端》中稱今天的福建路是上海第一條水泥路。書中還說這條路原用石板鋪設，上海最早出現的有軌電車就行駛在這條石路上，後因電車

用鐵藜木鋪成的上海南京路。

往復行駛，造成路面下陷，把地下水管壓壞，從而引發了自來水公司和電車公司的一場官司。最後經倫敦法院判決，電車公司負責將行車路段修成水門汀路面。然而上海有電車已是光緒三十四年(1908)的事，當年叫作石路的福建路敷設水泥應該在這以後。所以稱它為上海第一條水泥路顯然與事實不符。然而直到辛亥前夕，著名的南京路還是用鐵藜木鋪設，這也確是事實。

　　除了河北的啓新洋灰公司之外，湖北大冶水泥廠可謂清末規模最大的水泥工廠之一，但該廠的資本主要向日本三菱公司借貸。等到辛亥革命後由於人事更迭頻繁，加上大冶水泥廠年年出現虧損，結果於1913年倒閉。繼之而起的水泥廠還有創辦於1921年的中國水泥股份

有限公司，創辦於 1935 年的江南水泥廠。

由於國產水泥不能滿足本國的需要，中國的建築業便成了"洋灰"的天下。從清末的報紙廣告可以看到，英國 J.B.WHITE & BROTHERS 公司在中國經銷"堡得蘭牌"水泥多年，上海四馬路的義記洋行專銷它的產品。說到堡得蘭，你自然會想到前面提到的英國那個出產 cement 石頭的小島。另外 19 世紀末還有一家謙和洋行出售"鐵貓"牌水門町，這家洋行的廣告稱："此物在中國造房屋及別項用場係最上之品，比市上所售更高。如有人購去試用，便知此物之佳處，並知價值之公道。"可見洋人在中國爭奪水泥市場十分激烈。

舊中國不僅水泥要靠進口，連包裝水泥的材料也要依靠國外。抗戰前裝水泥都用鐵木桶和麻袋，抗戰以後方盛行 50 公斤裝的牛皮紙袋。由於中國水泥股份有限公司的總經理姚錫舟也是華倫造紙廠的創辦人，所以這家公司率先實現了包裝紙袋的國產化。

水泥船比鋼筋房屋的歷史還長，1849 年法國已有人將鋼筋混凝土用於船舶的製造，而直到 1886 年鋼筋混凝土才用到了房屋的建造中。1908-1909 年美商上海德律風公司請瑞和洋行設計了上海第一幢鋼筋混凝土大樓，位於今江西中路漢口路口。承辦這一工程的是本國姚新記營造廠，後來大家都稱姚新記為混凝土大王。但據工部局年報記載，工部局為對混凝土進行測試，1899 年曾在山東路和延安路的拐角處，建造一座牆體厚 $2\frac{1}{2}$ 英寸的小便池，《上海建築誌》的一位編輯說：這座小便池當仁不讓是上海第一座鋼筋混凝土結構的建築。至於上海最先使用混凝土於建築，則應數 1883 年建造的英商上海自來水廠。

鋼筋水泥到本世紀 20 年代仍然是一種新穎的建築材料，許多達官貴人的

光緒廿一年八月十八日《申報》的水泥廣告，當時稱水泥為塞門德坭。

公館別墅，外牆都塗上厚厚的水泥，灰蒙蒙的一片，也不覺其粗俗簡陋。蔣介石在溪口武潴之濱築的小洋樓，就是一種鋼筋水泥的建築，很能體現當時的建築風尚。

住鋼筋水泥洋房的蔣介石未必懂得混凝土的生產，然而抗戰時期被派到浙江當省主席的黃紹竑，卻是個熱心推廣水泥的人。黃是桂系軍閥，蔣介石不讓他抓軍隊，於是他便把心事用在了研究水泥上。邱祖綬《黃紹竑在浙軼事》對此事有段生動回憶，不妨照錄在結尾。

1940春浙江臨時省會永康方巖汽車站的牆壁上，貼有一張海報，上面寫著，某月某日假座浙江省黨部大禮堂演講"水門汀之沿革"，主講人：黃紹竑。我看到後，感到很奇怪，黃是省主席，軍人從政，與科學風馬牛不相及，他懂得什麼水門汀？要不是囑秘書擬稿，沽名釣譽，由他來照本宣讀吧！我出於好奇心準時趕去聽講。

當時沒有電燈，更談不上擴音了。黃站在講台後面，講台上只放了一張浙江省政府的公用信箋，上面用毛筆寫了幾條提綱，根本沒有講稿。我聽他講了水門汀的發明史、發展經過和生產的全過程，講得頭頭是道，令我佩服得五體投地。這時才覺得黃真不簡單，他在研究水泥上確實下了一番功夫。

橡　膠

姚公鶴《上海閒話》說："公鶴居滬上不足二十年，而目睹金融界之擾動全市，卒至無可救藥"共有兩次，其中之一就是發生在光緒三十四年(1908)的"橡皮股票事"。

西人成立橡皮公司，發行橡皮股票之前，上海的幾家中英文大報都曾刊登過一篇富有煽動性的文章，題目叫作《今後之橡皮世界》。按這篇文章的意思，橡膠將使世界實業大放光明，今後30年不僅交通工具、家常什具要用橡膠，連造屋子也將易磚瓦而以橡皮代之。許多不明真相的記者，也跟在這篇文章的後面搖旗吶喊，宣傳橡膠的重要。所以等橡皮股票一上市，立即被一班無知的股民從每股3兩銀子炒到 17 兩銀子。橡皮股票日日看漲，一時間"父勉子，兄詔弟"，誰都認為早晨買了股票，晚上就能發財，"捨橡皮無可措意"，"捨橡皮股票無可致富"。然而經過一陣狂炒之後，橡皮股迅速下瀉，最後造成了三家錢莊倒閉，股民損失約 2000 萬兩白銀。

橡皮股票引起的金融騷動，雖然確有奸商在背後進行操縱，設下了騙局。但那麼多人的上當受騙，也和大眾對橡膠生產無知有關。

橡膠原產美洲和東南亞。大約在 13 世紀瑪雅人就知道使用橡膠的製品。但沒有經過化學處理的生橡膠，冷天沒有彈性，熱天又會變得很黏，所以它的用途並不廣泛。使橡膠成為現代理想材料的，是美國費城人固特異，他在生橡膠的加工中發現了一種配方，能使做好的橡膠富有彈性，而且不再受溫度的影響。固特異發明的硫化橡膠在美國沒有受到重視，可是 1844 年英國人卻買下了他的專利。兩年後，另一個科學家又找到了生產極薄橡膠的方法，橡膠生產的前景就此變得更加光明。

中國文獻中最早記載硫化橡膠的，也許要數同治五年(1866)赴歐洲考察的張德彝所寫的《航海述奇》。張德彝在書中稱英國伯明翰的一家橡膠工廠為"造軟物作"，他解釋造軟物的材料云："在印度有樹，以刀鑽梃，自有白漿流出，先曬後蒸，久而成塊，其色黑黃，土人呼曰'羔求'，又名'印度擦物寶'。以之造物，不畏雨水，質能伸縮，所作者有雨衣、氣枕、氣褥、氣盆、暨百般器皿玩物，以及各種絲帶，皆含此物。若用以擦紙，則字之點畫錯誤皆可立消。"

同治九年(1870)。志剛在俄國彼得堡也曾考察橡膠生產作坊，他的《初使泰西記》寫到："印度有樹膠，大者如斗，細者如拳，各國皆製為一切使用之物，堅韌耐濕。今於俄都見其創造之作。……淨膠黏軋於粗綢，為兵士之雨衣，……靴則浸水而不糟……為絲帶之經絲則飲食醉飽，可隨肚腹之鼓癟而不勒。為溺器如脬，可隨處攜帶。為酒杯可小大，可屈伸。"

不透水能伸縮的橡膠非但能製雨衣、氣枕，用來擦字，而且也是電氣工業中很好的絕緣材料。張德彝在法國考察電報局時寫道：電報，一名法通線，又名電氣線……當中通一銅線，周於筆管以印度樹

197

汁裹之，永不生銹，隔海則置於海底。"

同治年間漢語中還沒有橡膠這個詞，但張德彝說的印度汁，在他參觀伯明翰"造軟物作"的前幾年，就已經輸入了上海。據《上海民族橡膠工業》一書記載，同治二年(1863)英國船隻就曾運來30餘擔生橡膠，同治五年(1866)橡膠製品開始進口，其品種想必就有張德彝在伯明翰見到的雨衣、氣枕等。至於現代使用最廣泛的膠鞋輸入上海港，時間則是光緒十年(1884)，那時候已經有了"象皮"這個詞。然而19世紀末葉橡皮物品進口數量一直很有限，比如最初一年進口的膠鞋總計只有5千餘雙，當時每雙膠鞋的進口價約為銀子半兩。

20世紀初進口橡膠製品不斷增加，品種達1千種左右，主要有車輪胎、膠鞋、膠帶、醫用手套、熱水袋、雨衣、皮球等。其中輪胎則以鄧祿普的"老人頭"，美國的"固特異"、"古特立奇"，法國的"美趣"聞名。進口的膠鞋則有美國的"凱地"、"扣趾"，日本的"地鈴"、"Ⓐ字"、"蜜蜂"、"三K"、"太陽"等。

隨着日常使用橡膠的增多，關心橡膠生產的人也多了起來。光緒六年(1880)徐建寅以一個技術專家的身份考察了德國西門子電機廠的橡膠生產線，

釘鞋、釘靴是膠鞋傳入前的雨具。

在《歐遊雜錄》中他描述生產硫化橡膠的主要設備碾膠機曰："攪象皮之機，中有八角凹面之軸，在外殼內轉動。外殼上面有蓋，可開，將象皮一團放入蓋之，即在內攪勻。"接着他又描述包裹電線外面橡皮的機器："以象皮置加熱筒內，上有大螺絲，將其中轉軸漸壓下。銅絲由孔內抽出，外面已包象皮一薄層。抽出即過長五、六丈之水槽，……如此數次，包之象皮始厚。"

光緒十八年(1892)清朝駐德使館隨員姚文棟受薛福成指示考察中

緬邊鏡地區，對當地橡膠資源也曾作過調查。薛氏的《出使日記續刻》記姚文棟的報告說：邊境"山中產黃果樹百千萬株，多難勝計，故俗呼其地為樹漿廠。外洋購樹中之漿以為器皿，凡可收放寬緊者，皆此漿所成。一樹歲得小洋四百元，利源極大。"可見西方殖民者為了掠奪橡膠原料，已把手伸進了我國西南邊境的深山老林。同時從薛福成的日記中也可知道，早在19世紀末洋務派的有識之士已經開始調查我國境內的橡膠資源。然而本國的民族橡膠工業，一直到辛亥革命之後，才在廣州和上海陸續建立起來。

1915年從馬來西亞等地回國的廣東華僑，在廣州創辦了名為"中國第一家"的橡膠廠，原料全靠進口，產品主要是做假牙的膠牙托和膠鞋底。1919年旅日華僑容子光兄弟和他們在上海的同鄉合資創辦了中華製造橡皮有限公司，生產人力車胎、皮鞋底和玩具洋泡泡。由於設備落後，中華橡膠廠創立伊始，每天只能生產車胎20付，皮鞋底10打，洋泡泡約30打。中華廠的產品價格比進口貨低廉，如人力車胎鄧祿普"老人頭"每付售12元5角，法國"密西林"也要10元5角，中華產的"燕子"牌只有9元5角，可是因質量較差國產橡膠仍無法和舶來品競爭。本世紀20年代，由於國際市場橡膠原料價格下跌，開辦橡膠廠獲利很大，於是大大小小的橡膠廠紛紛成立。這些新開的工廠大量生產套在皮鞋、布鞋外面穿的雨膠鞋，由於穿着輕便，所以逐漸取代了落後的舊式釘鞋和木底油鞋。30年代初市場上又流行了雨天直接穿在腳上的雨膠鞋，但是由於人們已經習慣稱雨鞋為套鞋，所以這個名詞就一直用到了今天。平時我們稱的跑鞋或者運動鞋，是20年代中期開始在學生、工人中流行的，到了30年代青年人穿跑鞋已經非常普遍。

我國橡膠廠在舊社會始終面臨外國資本的挑戰。為了擠垮1928年成立的大中華橡膠廠，鄧祿普公司曾將"老人頭"輪胎由每付15元降到8元，然後又降到了4元。後來又藉口大中華生產的雙錢牌輪胎花紋與"老人頭"花紋相似，要求中國政府禁止大中華繼續生產。大中華以車胎花紋不只是一種商標，更有防滑和適合行駛的效用，請求當局重審。但國民黨當局的判決結果，仍然是偏袒外方。後來只因為抗日戰爭爆發，雙錢輪胎花紋案才不了了之。

煤　油

　　煤油燈已經成為歷史的陳跡，哪怕在窮鄉僻壤它也已被電燈取代。然而光緒二十年(1894)一份海關報告則云：“溯自同治十三年(1874)以前，火油尚屬僅見之物。”另一份報告還說：“此物昔日不過好奇者用之，今則比戶相需，幾不可少。”

　　光緒年以前點煤油燈是樁新鮮事，中國人照明用的是植物油。兩廣福建點燈用的是花生油，江蘇、浙江等地以菜油作燃料，北京人用棉籽油蓖麻油點燈。四川山區有上萬挑伕，挑運蠟蟲到產蠟的地區，然後把蟲蠟運出來供應給喜歡點蠟燭的人。

　　習慣用植物油照明的中國人，大約在漢朝就已經知道了石油。《漢書‧地理志》說：“高奴有洧水可燃”，是說陝西延長縣的水面上有可燃的石油。6千年前巴比倫人就已經知道利用石油的渣滓——瀝青。然而第一個從石油中分離煤油、汽油的美國化學家西尼曼，直到1855年才做成了他的試驗。1859年德拉克首先在賓夕法尼亞打井採油，並開始了煤油的工業提煉。

　　清朝的同治年間，西方的石油提煉還處在萌芽階段，少量輸入中國的煤油自然顯得十分新奇。但到光緒八年(1822)，“近江海數省，每年暢銷洋油數百萬擔，費用不知

因不懂安全知識，浙江一名洋油小販被焚身亡。

幾億兆"。1897年倫敦發表的一份報告說："自從煤油輸入中國，在帝國最僻遠的省區幾乎普遍採用……"

煤油的輸入危及了依靠生產植物油為生的貧苦農民、搾油工人和販賣油類的商人的生計，於是就有人出謀獻策，企圖挽救傳統生產方式的衰亡。光緒八年(1882)，有個叫徐紹基的人在《農學叢書》上寫文章提倡廣種柏樹，他說只要在山岡山隴、荒地荒場、圩埂路旁種滿這種可搾油的樹木，三年之後柏子廣出，每棵樹可產30～50斤籽，每百斤籽可搾16～17斤油。"柏子利興，而洋油之害不禁自絕"。

徐紹基是書生之見，遠水哪能救得近火。不久湖廣總督張之洞，也發現自火油盛行，種花生的山農無法維持生計，萬千搾油工無法餬口，所以他在光緒十三年(1887)給總理衙門的奏摺中說"吾民生計所關，實應禁止"洋油進口。然而以溫州為例，光緒十四年(1888)"菜油價貴，每斤需120文，火油不過65文1斤，用者貪賤而又光亮，以此銷場極旺"；同年海南島上以花生油照明的農民，也因油料歉收，從內地進口花生油價錢又太貴，終於選擇了點煤油燈。1891年一份西方商業報告分析海南島的煤油貿易說："煤油的發光比以前所用的花生油強，這就為煤油的普遍使用開闢了道路，加之現在能夠用低廉的價格買到漂亮的煤油燈，於是煤油的銷路就更盛了。"

用煤油取代植物油照明是不可抵擋的潮流。據統計光緒十三年我國進口煤油1000萬加侖，到光緒十八已增加到5000萬加侖。最初運到中國的火油裝在鉛鐵箱中，外面還要用木箱包裝。愛蘭與丹尼桑著的《遠東經濟發展中的外國企業》一書說："19世紀之末與20世紀之

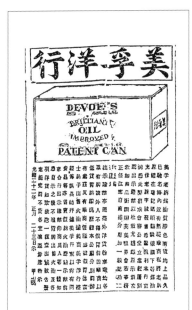

美孚洋行有關市場出現假冒美孚商標的廣告。

初，歐美各國對於火油的儲藏與運輸想出了新辦法，於是外國火油公司便趕忙拿來在中國運用。"這個新辦法就是用油船運油，然後將油儲存在通商口岸事先造好的火油池中。1893年（光緒十九年）8月4日，《捷報》轉載《字林西報》記者寫的一篇通訊說，"德商瑞記洋行在上海浦東陸家渡修了一座火油池，能儲2500噸火油，3個月後便可儲油"。《捷報》的文章介紹油池的操縱方法："運油的船可停泊在一個行將建造的棧橋旁邊……一條8英寸的幹管可以把油船與油池聯接，然後把油用抽水機抽到油池裡。"等零售商前來販運時，再用鐵桶分別裝油。油箱是用進口的鉛皮在當地造的，有5加侖和10加侖兩種，根據在香港的經驗90%的油箱可以回收。

繼瑞記之後，英商在廈門、汕頭等地紛紛修造火油池。利用散裝方式舶運火油，大大降低了運輸成本，從而使火油更具競爭能力。一篇討論廈門進出口貿易的文章說，光緒二十年(1894)，該地每箱火油僅售1元6角6分。

德商嘗到了造火油池的好處，很快就把眼睛盯住了長江中游的漢口。湖廣總督張之洞連忙給總理衙門去電，說對此事必須加以阻止，不能使外商援用上海的先例。然而數天之後他又電告朝廷"德副領事照覆，詞甚堅愎。"既然德商"意在必辦"，張之洞建議索性"仿造當年上海買回鐵路拆毀之法"，將上海火油池買下拆除。按他算"所費不過數萬金"，已儲存的火油照市價買下仍可出售，因為"上海家家點火油，數月即可銷售淨盡，不致虛糜"。

總理衙門把張之洞的電報轉發給了兩江總督劉坤一，劉坤一答覆說：買回之策上海道早已提出，無奈洋人堅執不從。而且李鴻章與各國使節已有過協議，只限定洋人的油船不得污染長江水源，卸油後必須將船駛出外海洗艙。劉坤一建議張之洞以長江沿岸無洗艙之處為由，拒絕德商的請求。

外商一旦壟斷了火油的進口，油價很快就漲了上去。如前所說，光緒二十年每箱進口油在廈門的售價為1元6角6分，但只過了5年油價便漲到了2元7角至3元零2分半。到了20世紀，洋人一直用洋油扼住了中國人的脖子，直到新中國成立之後，中國才甩掉了貧油國的帽子。

十一、天堂裡的樂聲

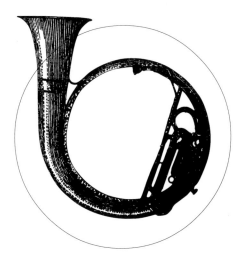

　　學過中學歷史我們就知道了洪秀全和他創立的太平天國。可歷史老師沒有告訴我們，根據天王洪秀全的命令，無論王府還是太平軍的駐地日日夜夜都要一刻不停地演奏音樂。而且天王制定這條令人費解的規定，竟然是出於"天堂快樂琴音好，太平天下永太平"的考慮。看來這位農民領袖對於洋教洋樂真可謂是走火入魔。然而在中國近三百年的歷史上，喜歡聽洋琴的政治領袖並非洪秀全一人，那末他們中間究竟誰才是西洋音樂的知音呢？

30年代小學生課本《中外樂器說明》。

50年代毛主席跳交誼舞。

沙漏・鐘錶

王錫麒《南遊日記》光緒八年(1882)三月二十九日記他遊上海"入洋場，得玻璃漏一，昔人航海以之記更"。王錫麒是清末地理學家，書室名為小方壺齋，所編的書即以書室為名。他在"洋場"購得的玻璃漏又稱沙漏，最早由公元8世紀的基督教僧侶沙特爾發明。意大利傳教士利瑪竇來華，就曾以沙漏一具贈送給萬曆皇帝，時在1601年，即萬曆二十九年。然而到王錫麒購沙漏時，這種古老的計時器早已成為一尊玩具。但凡事都講究精確的西洋人，直到今天仍在廚房裡用沙漏計算煮一隻雞蛋所需的時間。而在英國至今還保留一種古老的風俗，在死者的棺木中放置沙漏，以象徵人生的終結。可筆者在鄰近工藝品商店挑選到的、鑲嵌在一塊有機玻璃裡的小小沙漏，其銘文則曰："自得其樂。"

在流失的時間面前，要想自得其樂，最好是忘卻時間。所以古羅馬的詩人普勞圖斯幸災樂禍地說："眾神厭惡首先發明怎樣計算時刻的人。"儘管羅馬人已經知道按日晷指示的時間用餐，但不願受時間約束的詩人卻說，日晷把人類的時間無情地分割成了小段。詩人懷念無牽無掛的童年，睏了就睡餓了就吃，肚皮就是可靠無誤的日晷。

在使用日晷的時代，小的時間單位，對於許多人來說，並無需要。況且日晷只計算陽光照耀的時間，對需要掌握精確時間的天文學家來說，只有依靠流沙和流水製作的計時工具，才能計量不間斷的時間。當然這種流體的計時工具惟有製作得相當龐大才能計量較長的時間，這就限制了它的普及。所以只有等到機械鐘錶發明，精確的計時工具方才走進了尋常百姓家。

如今世界上所有的機械鐘錶都源於歐洲教堂的自鳴鐘，而歐洲第一台自鳴鐘在意大利米蘭教堂鳴響是1335年，即我國元代的元統三年。但早在1092年，我國北宋天文家蘇頌就已製造了一座大型機械天文鐘。科學史家李約瑟在蘇頌留存的設計圖紙中，發現了鐘的擒縱裝置，這正是機械鐘錶最關鍵的部分，中國最早發明機械鐘已為世界所公認。然而蘇頌的天文鐘仍然用水流來驅動，這一局限就決定了它不能走進千家萬戶。

歐洲早期的自鳴鐘是依靠重錘來驅動的，當然重錘決不能任意下落，而必須有規則地間歇下落。而要做到這一點靠的便是在蘇頌圖紙中已經有了的那種擒縱裝置。偉大的物理學家愛因斯坦說過："不必為中國聖哲未曾邁出這些步子而感到驚訝，使人驚訝的是這些發現居然都已經完成。"可是作為中國人，對於未曾邁出的那一步，恐怕不能不感到遺憾。

西方的自鳴鐘傳到中國已經是明朝的萬曆八年(1580)，它是意大利傳教士羅明堅帶到廣州，送給兩廣總督陳瑞的。不過自鳴鐘作為教堂基本設施也許在這之前已經在澳門出現，因為那裡最早的教堂始建於嘉靖四十四年(1565)。繼羅明堅之後，利瑪竇從澳門聘請了一位歐洲的鐘錶匠，同往天主教在內地的傳教基地肇慶，靠了兩位當地鐵匠的幫助，打造了一架自鳴鐵鐘。萬曆二十九年(1601)，利瑪竇又將一大一小兩隻自鳴鐘進貢給了萬曆皇帝。在這兩名傳教士的筆下，當時中國無論皇帝還是臣民，對於西洋自鳴鐘全都表現出按捺不住的好奇。羅明堅在一封寄往歐洲的信中說他曾送給一位明朝武官自鳴鐘，於是這武官便答應設法領他去見皇帝。利瑪竇的書中也說，萬曆帝得知禮品中有自鳴鐘時，也是迫不及待要人獻上來給他欣賞。皇上觀賞後，將其中的一隻置於几案，又特意造了座亭子置放另一隻大鐘。萬曆帝還專門指定 4 名太監隨傳教士學習養護自鳴鐘的知識。

不過千萬不要過高估計 16 世紀末帶到中國來的這幾隻自鳴鐘，尤其是由歐洲鐘錶匠在中國鍛造的那些鐵鐘，它們往往都很簡陋粗糙，沒有後來鐘錶那樣的精密螺絲和齒輪，鐵框和楔子全靠鉚釘連接，鐵匠需在灼熱的金屬上打洞。現在尚且存世的、建於 1380 年的索爾茲里大鐘，就是屬於這種類型。布爾斯廷的《發現者》說，"在機動運輸和大規模生產興起之前，來來往往旅行的常常是手工工匠本人，而不是他們的產品。"尤其是製造大型自鳴鐘這樣的行業，"因為一個社區只需要一架大鐘，當然也就意味着職業鐘錶匠是個旅行者"。知道這一點，我們就不難理解，利瑪竇為什麼能在澳門方便地找到歐洲鐘錶匠，康熙年間清宮的各類作坊又為什麼能聘請眾多的歐洲匠人。

16世紀雲遊四方的歐洲匠人主要製造重錘驅動的自鳴鐘，但德國工匠已經發明了一種發條驅動的鐘。然而直到17世紀初，時鐘的機件都沒有防塵、防潮的蓋子。而且據德博若編的《發明的故事》說當時即便最好的鐘每天誤差也不會小於一刻鐘，誤差高達一小時的情況也是屢見不鮮。甚至直到17世紀中葉，鐘面仍只有一根指針，而且只有小時和刻兩種刻度。有人開玩笑說，除了停止不走，世界上簡直找不到兩隻走時相同的鐘。這就難怪，羅明堅送給中國人的鐘，先得"親自動手作了調整，並按中國人的習慣把歐洲的24小時，改為中國獨有的12時辰，……並且加了鐘罩，配置了花飾。"明朝末年經傳教士改裝的那些時辰鐘早已失傳，但乾隆朝製造的標有子、丑、寅、卯、辰、巳、午、未、申、酉、戌、亥十二時辰的鐘錶，仍然珍藏在故宮博物館裡，只是這時的鐘比明末不知已精確了多少倍。

萬曆十五年(1587)在利瑪竇向肇慶的官吏演示那架老爺鐵鐘的時候，在他的家鄉意大利的比薩教堂，伽利略發現了著名的鐘擺定理。後來根據他臨終前的構想，荷蘭科學家惠更斯於1657年發明了一種走時準確的擺鐘；20年後，他又試製成了遊絲調控的發條鐘錶。正因為有了惠更斯的這兩項發明，17世紀的中葉便成了鐘錶製造業的分水嶺，幾項新的工藝使時鐘的準確性提高了10倍，當時最好的鐘，誤差只有5秒，而且由於發明了遊絲調控的發條裝置，才有可能製造小巧玲瓏的鐘錶。

伽利略和惠更斯發動的鐘錶革新直到17世紀中葉才完成，我國歷史這時已經進入清朝前期。雖然政治和文化的背景已不同於明朝，但以西洋鐘錶博取中國朝廷的歡心，仍然是天主教傳教士的不變策略，只是這一時期進貢的鐘錶質量更勝一籌。湯若望獻給順治帝的"天球自鳴鐘"能夠顯示日月星辰的運行；安文思贈康熙的音樂自鳴鐘，據《入華耶穌會士列傳》描寫："每小時報時後，即奏一曲，各時不同，最後則如萬炮齊鳴，聲亦漸降，若向遠處退卻，終於不聞。"至乾隆六十年(1795)沈初《西清筆記》記"內府一自鳴鐘，下一格有銅人長四、五寸許，屈一足跪，前存一沙盤，鳴鐘時銅人手執管於盤中，畫沙作'天下太平'字，鐘響寂則書竟矣。"寫字人鐘的機關比音樂自鳴鐘又勝一籌。

清宮裡的自鳴鐘最初大都為耶穌會士或其他外國人士所贈送。18世紀隨着車床等加工機器的誕生，歐洲出現了生產鐘錶的作坊。英國的倫敦，法國的巴黎，瑞士的日內瓦成為全世界鐘錶製造業的中心。據倫敦鐘錶業公會1786年的公報說，他們向全世界出口的鐘錶約為8萬隻，其中包括對中國的出口。從廣東巡撫楊琳的奏摺

《點石齋畫報》所繪美國紐約萬年鐘。

中可知道，外國商人首次向中國輸入鐘錶是在康熙五十五年(1716)五月，然而直到乾隆二十四年(1759)，《粵海關徵收各項歸公銀兩更定則例》仍然沒有將鐘錶的進關列入，可見它在整個貿易中所佔的份額有限。然而等到乾隆四十六至四十九年(1780-1783)之間，廣東官吏進貢給皇上的洋鐘洋錶每年就多達130件以上。據乾隆五十六年(1791)一份海關文件記載，這一年粵海關進口大小自鳴鐘、時辰錶、嵌錶鼻煙壺共1025件，另據今人統計乾隆朝進貢皇上的鐘錶總計約為2700隻，其中大多是英國出產。而據《鐘錶鑒賞與收藏》一書說：倫敦著名製鐘師詹姆斯、考克斯父子1783-1792年間曾在廣州開設過鐘錶分店。

乾隆後期西洋鐘錶進口日趨增多，昭槤《嘯亭續錄》云："近日泰西氏所造自鳴鐘，製造奇邪，來自粵東，士大夫爭購，家置一座，

以為玩具。"這裡還只是指普通士大夫人家，豪門望族如《紅樓夢》裡的賈府，錦衣衛抄寧國府，一下子就抄出了鐘錶18件。平日裡"外間屋裡橱上自鳴鐘"噹噹響（第五十回），寶二爺"回手向懷內"一掏，便能"掏出一個核桃大的金錶來"（第四十五回）。就連伺候璉二奶奶王熙鳳左右的奴僕差役"隨身俱有鐘錶，不論大小事都有一定的時刻"（第十四回）。可見在賈府，鐘錶已經不是一般的玩物，而是安排家人勞作的工具。但《紅樓夢》裡最有名的鐘，恐怕要數劉姥姥一進榮國府（第六回）時"聽見咯噹咯噹的響聲，很似打鑼篩面一般"，"忽見堂屋中柱子上掛着一個匣子，底下又墜着一個秤鉈似的，卻不住地亂搖，……正發呆時，陡聽得噹的一聲，又若金鐘銅磬一般……接着又是八、九下。"劉姥姥見到的自然是一百年前由惠更斯發明的那種擺鐘。曹雪芹是在乾隆二十九年(1764)去世的，在他生前鐘錶還沒有開始大量進口，所以第七十二回說，王熙鳳那個金自鳴鐘賣了560兩銀子，如果按今天的銀價折合，怕也要值五、六萬人民幣。第九十二回寫馮紫英帶來4種洋貨，"一個童兒拿着時辰牌"的自鳴鐘，外加24扇隔子開價5000兩銀子，連賈府也嫌太貴。當然做工精巧材料上乘的鐘錶不管什麼時候都很昂貴。同治七年(1867)張德彝在法國巴黎見到一隻金錶，錶面有4個小盤，能表示月、日、時、刻、分、秒和星期，錶上有蓋，啟蓋即可自動上弦，標價是1500兩白銀。但那時候也有了國產的時鐘，價錢只有進口時鐘的三分之一。

最早仿製西洋鐘錶的是明朝天啟年間的進士王徵，他稱自己所造為"輪壺"，徐光啟則稱其為"輪鐘"，因鐘內有3個鐵質齒輪得名，三輪齒數各為16、48、36齒，其驅動自然依靠重錘。清康熙年間皇宮內設造辦處，後移至宮外，有屋共150餘間，內有專作鐘錶的工匠若干人。雍正朝單獨設置做鐘處，製更鐘、自鳴鐘和座鐘。乾隆年間，做鐘處有中外鐘錶匠百餘人，此為宮廷造鐘最鼎盛時期，那時所造各式時鐘大半仍保存故宮博物院中。嘉慶以後，做鐘處逐漸衰落。道光年間已不再做鐘，光緒時宮中的鐘錶壞了，也要送到宮外鐘錶行去修。

除宮廷造鐘處以外，清朝初年廣州、南京和蘇州先後出現了專製鐘錶的行業。其中廣州造的通稱廣鐘，約在乾隆後期，廣鐘已經十分精湛，北京故宮至今仍保存廣鐘的精品。南京的造鐘史可上溯至明末。劉獻廷《廣陽雜記》曰當時有個名叫吉坦然的，製造過報時的自鳴鐘。到晚清南京製鐘作坊已多達21家。蘇州的鐘匠是從南京搬遷來的，所以兩地的鐘有很多相似之處。距蘇州百餘里的松江，鴉片戰爭前也有了鐘錶製造業，嘉慶十四年(1809)松江徐朝復著《自鳴鐘圖法》，這是現存唯一的清代鐘錶專著，作者自幼喜愛鐘錶製作。

19世紀末上海海關巨鐘。

乾隆年間鐘錶在搢紳士大夫家中還只是一種玩物，但入值內宮的大臣均佩戴洋錶以驗時刻。大臣隨身帶錶是因為乾隆皇帝很有點時間觀念，他坐的轎子、騎的馬上都置有鐘錶，以便隨時掌握時間。沈初《西清筆記》記相國于敏中，在乾隆晚膳前需交奏片，因此他每日"必置錶硯側，視以起草，慮遲漫也"。曹雪芹寫跟王熙鳳的人"隨身俱有鐘錶，不論大小事，都有一定時刻"，可能正是受了皇上的近臣按鐘點辦事的啟發。如果真有讓奴僕都使用鐘錶的事，恐怕也只有出在"白玉為堂金作馬"的賈府，而且得有王熙鳳那般精明的頭腦才行。然而到了19世紀的後半期，坐輪船乘火車都得按照時刻，《申報》上登的戲院廣告，也刊有開演的鐘點，可見鐘錶在普通人的生活中已經成了須臾不可少的物品。

19世紀末，生活在都市裡的人，已經漸漸有了統一的時間，但需要按照時間工作的人未必能購置鐘錶，即使有鐘錶的人家，也還需要可對時的標準鐘。據《西清筆記》載，乾隆時清宮交泰殿有一大鐘，"啟鈅上弦"需"躡梯而上"，每月"啟鈅"一次，積數十年無少差。鐘聲直達乾清門外，宮裡人都以此為標準，每聞正午鐘，值日的大臣都一起給自己的鐘錶上弦。近代上海則在許多高大建築上安置自鳴大鐘。據《點石齋畫報》説，光緒中期上海的法租界工部局、徐家匯、虹口天主堂、學堂、跑馬廳等處都有按時錘擊的大鐘，其中"高出樓頂，勢若孤峰"的法工部局大鐘離地"八、九丈"，為當時上海標準鐘。《申江雜詠》有一首《大自鳴鐘》云"到來爭對腰間鐘，不覺人歌'緩緩行'。"説的就是光緒初年上海人利用工部局大鐘對時的情景。等到光緒十九年(1893)外灘江海關鐘樓建成，其聲甚洪，與工部局之警鐘，不相上下。這座已在七十年前拆毁的外灘標誌性建築上的大鐘，據《上海研究資料》稱，係英國倫敦製造，耗銀約5000餘兩。當年的《點石齋畫報》描寫它"鐘聲如洋琴，悠揚動聽，亦可遠聞數里，且四面皆可望，夜間則燃點電氣燈，照耀如畫。不獨租界居人既便於流覽，即浦江十里，賈舶千帆，水面聞聲，亦有入耳會心之妙"。

　　居住在都市附近的人，家裡即使沒有鐘，也還能聽到悠揚動聽的鐘聲。然而若身居偏僻的鄉野，又非知時間不可，但家中卻不能置一鐘錶，這種窘迫在朝鮮的金日成主席晚年寫的自傳《與世紀同行》中有過生動的刻畫。金日成父親金亨稷1911年讀教會辦的崇實學校，距家鄉萬景台有30里地，為了給兒子做好早飯，金日成的祖母每天晚上只好眯一陣醒一陣，估摸着時間急忙做好早飯。有時候半夜起來，做好早飯，卻不知道是幾點，只好蹲在鍋台邊，睜着眼睛等好幾個鐘點，坐等東方發白。碰到這時候，祖母就對金日成的母親説："到鄰居家去問問現在幾點了。"母親不好意思叫醒人家，只好蜷縮在鄰家的籬笆外面，等着鄰家的掛鐘發出嗆嗆響的報時聲。金日成寫道："直到解放，我們家始終沒能掛上一個我祖母那麼羨慕過的掛鐘。"這種情況，在中國鄉村其實也是一樣。

風　琴

　　洪秀全的天王府有架風琴，琴聲日夜不輟。早在 16 世紀，風琴已經傳入澳門，但像這樣終日彈奏的琴，別說中國，恐怕自風琴發明以來，全世界也還少見。

　　風琴源於古代的排簫。大約在公元 10 世紀，聖鄧斯坦發明了藉栓塞調節音管空氣進出的管風琴。14 世紀以後，歐洲著名的大教堂都安置了管風琴，用於宗教儀式的音樂伴奏。及至 18 世紀，風琴在教堂中使用更為普遍，即使今天有了電子琴、電子風琴和合成風琴，大型管風琴營造的宗教氛圍，也並非這些現代高科技產品輕易所能達到。所以據《簡明基督教百科全書》說，管風琴在目前教堂的宗教儀式中仍然佔據重要地位。

　　明朝隆慶年間(1567-1572)天主教傳教士在葡萄牙人佔據的澳門建立了我國最早的一批天主教堂，它們中間較著名的為望德堂、聖老楞佐堂、聖安多尼堂。傳入我國最早的風琴也一定是安裝在這些地方，而且時間不會晚於明萬曆二十八年(1600)。明朝王臨亨萬曆二十九年(1601)去廣東審案時所著《粵劍篇》記在廣東見聞，其中有"製一木櫃，中笙簧數百管，……人扇其竅則數百簧皆鳴"的記載，王臨亨稱此物為"自然樂"，這是中國人對風琴的最早稱呼。

　　萬曆三十一年(1603)天主教會在澳門建成了一座更為輝煌的教堂，它就是存在了233年方為火災所毀的聖保祿教堂，俗稱三巴寺。康熙三十九年(1700)刊刻的《廣東新語》對三巴寺記述甚詳，其中寫管風琴云："寺有風樂，藏革櫃中不可見，內排牙管百餘，外按以囊，噓吸微風入之，有嗚嗚自櫃出，音繁節促，若八音並宣，以合經唄，甚可聽。"康熙四十八年(1709)成書的《西堂集》有梁迪寫外國竹枝詞兩卷，其中寫西洋風琴那首不僅細緻描寫了三巴寺的管風琴，而且對風琴聲也竭盡形容，詞之結尾記曰："傳聞島夷多工巧，風琴之作亦其徵。我友今世之儒將，巡邊昨向澳門行。酋長歡迎奏此樂，師旋仿作神傳精。器作更出澳蠻上，能令焦殺歸和平。"原來梁迪的

西洋發明在中國

竹枝詞是在看了一位因巡邊去過澳門的將軍仿造的風琴後寫的。這位儒將或許正是我國第一位製造風琴的人。

利瑪竇是第一個到中國內地傳教的耶穌會士，他曾託人在澳門訂製幾架可移動的管風琴，這種琴因供唱詩班伴奏用，故有"唱詩班風琴"之稱。但他1601年進京時，這幾架風琴沒有造成，或許當時的澳門工匠正在忙於製造聖保祿教堂的風琴。總之利瑪竇獻給萬曆皇帝以及他自己傳教時用的"大西洋琴"，其實只是一種銅楔擊弦的鍵盤樂器，它的洋名是"克拉維科德"，和另一種羽管或皮製管片撥弦的鍵盤樂器"哈普西科德"同為現代鋼琴的祖先，也就是古鋼琴。

古鋼琴營造不出管風琴那般莊嚴肅穆的宗教氛圍，直到順治年間，湯若望在北京宣武門內建造的教堂才安置了大型的管風琴。然而這件事只見於魏特《湯若望傳》。順治七年訪問過宣武門教堂的談遷，只記了教堂中鐵絲製的天琴，也就是前面說的"克拉維科德"，對於管風琴則隻字未提，研究音樂史的人對此疑惑不解。其實宣武門教堂原為中式建築，順治十四年改建成西式，所以談遷未曾提及的管風琴很可能是在那次改建中增添的。宣武門教堂是順治皇帝常去的地方，不論風琴哪一年安置，他都應當見過，而且極有可能是它的第一個聽眾。

康熙十一年(1673)，葡萄牙籍傳教士徐日升應召入京。此後他和傳教士閔明我再次翻造了宣武門教堂。康熙三十二年(1693)來京的一個俄國使團在他們的使華筆記中記到，宣武門教堂"是一座非常漂亮的意大利式建築，有一架徐日升神父製作的很大的風琴"。

徐日升是以音樂才華出眾被召進宮的，他在宣武門教堂安裝的大風琴現有多種文字記載，其中以乾隆朝史學名家趙翼所記最為詳盡。

趙翼稱管風琴"一人鼓琴而眾管齊鳴，百樂無不備，真奇巧也"。他還有一首五言長詩《同北墅漱田觀西洋樂器》，讚美風琴能奏出如鐘如鐵如缶如磬如琴如簫如笙如竽如箎如築如琵琶如箜篌般的聲音。聽罷一曲，詩人"方疑宮懸備，定有樂工百。豈知登樓觀，一老坐撝擘"。原以為由龐大樂隊奏出的樂曲，結果發現只有一老翁在獨自彈奏。

213

鴉片戰爭之後，隨着各項不平等條約的簽訂，教會勢力滲透到了各地。有信教的人就有教堂，規模較大的教堂大多配備了管風琴或者唱詩班風琴。1888年在北京西什庫建造的教堂，據法國傳教士樊國梁《燕京開教略》稱，其樓上的巨琴系法京某字號所製，工精藝巧，中國可謂第一，……在開聖堂之日，歌祝聖大堂經文，皇上亦差總理衙門大臣孫毓文來賀。

北京西什庫的管風琴號稱世界第一，陶亞兵《中西音樂交流史》則稱上海董家渡天主堂管風琴為世界一絕。這座建於咸豐六年(1856)的教堂，因經費短缺的緣故，法國傳教士藍廷玉便指揮幾個中國木匠，用竹管代替鉛管製成一架管風琴。據藍氏自己評價，"竹管真動聽……低音及中音部的音色甚覺圓潤優美"。

西洋發明在中國

管風琴彈奏時專有一人在旁鼓風。1712年英國人喬登發明了踏板控制開關的風管。徐珂編《清稗類鈔》載咸豐年間，有美國女子擅風琴者至滬，她所用的樂器據汪習之《聽花旗國海芽犀女子彈風琴歌》描寫，"似瑟非瑟箏非箏，上排象板下結繩，手按足踏音分明，十指遞跪節奏精，雙髵互蹴輪牙靈"。

中國人在海外餐館用餐。館中有手風琴、鋼琴。

海芽犀彈的正是喬登發明的腳踏風琴(Harmonium)，詩人用"十指遞跪"寫彈琴時手指的動作，"雙髵互蹴"寫腳踩踏板時的樣子，都可謂形象生動。況且這條逸聞還是西洋音樂家在中國公開演出的最早記載。

現在，還是讓我們回到文章開頭說的，那架天王府裡終日彈奏不輟的風琴。洪秀全《天父詩》第170首，"日夜琴聲總莫停，停聲逆旨處分明，天堂快樂琴音好，太平天下永太平"，第189首"風琴鎖匙放琴面，一個逆旨照法攢"，指的都是那架風琴。必需日夜奏琴的不只是天王府，其他王府或太平軍的駐地也都要日夜不停地奏樂或者敲鑼打鼓，《天王詩》就有"響鼓一處不准停，自令再犯不饒情"的句子。1861年訪問過南京的英國領事福富禮賜便是這種"晝夜樂"的見證人，他在《天京遊記》中說："干王府前街上有二亭，內常奏音樂不斷——有時細微至不足擾耳，但有時嘈響不堪。有一次我在干王府住了四天，但音樂之聲中斷者至多不過半小時。"干王洪仁玕是太平天國首領中最了解西洋文化的人。據《莫仕睽致英番譯官照會》，就在福富禮賜住干王府的那一年，洪仁玕正通過手下與"番譯官福兄"接洽購買一架大風琴，洪仁玕想預先知道琴的"好醜以及價錢若干"。身為王爺買一架風琴尚且如此認真，若不是太平天國制度甚嚴，便就是那時風琴價錢不菲。既然干王尚在買琴，難怪英領事在他家聽到的音樂聲不是太輕便是過於嘈響。連干王也只能聽嘈雜鼓吹之聲，恐怕能日夜聆聽風琴奏出天堂快樂的也只有天王洪秀全一人而已。

　　"天堂快樂琴音好，太平天下永太平"，既然天國臣民全都聽不到好聽的琴音，自然太平天國的天下也就得不到太平。洪秀全於1861年6月1日病逝，7月19日天京陷落。攻進城去的是曾國藩的弟弟曾國荃。同年10月干王洪仁玕在江西石城被捕，11月23日在南昌英勇就義。10年之後，剛任兩江總督不久的曾國藩前往上海董家渡天主堂，聆聽天主堂神父用那架世界一絕的竹管風琴演奏"天堂快樂"，此時此刻，曾國藩心裡一定在想，他那位老對手洪秀全，何以要讓讚美上帝的快樂終日不絕於耳；或許他還想從這風琴聲裡發現，曾經令他膽戰心驚的天王，心靈裡究竟隱藏怎樣的秘密。然而我們不知道曾國藩那天從竹管風琴中究竟聽到了什麼，只知道一年之後聽過天堂之樂的曾國藩，也踏上了那條通向天堂的不歸路。此外，我們還知道，製造世界一絕的藍神父，曾經複製了一架小型的竹管風琴，運回法國獻給了法蘭西的君王。

鋼 琴

1947年5月毛澤東到河北平山西柏坡之後沒幾天，手下人特意舉行了一次舞會，請他出席。毛澤東喜歡跳舞，在延安時曾和美國女記者斯特朗一起共舞，但西柏坡的這次舞會，據衛士李銀橋回憶，伴奏用的"只有胡琴、鑼鼓、口琴什麼的，還有一個舊手風琴"。然而這次舞會之後10個月，毛澤東在一次重要會議上，卻向出席的64位高級幹部提出，要學會彈鋼琴。雖然在這篇講話裡，"彈鋼琴"只是一種比喻，但後來成千上萬從未見過鋼琴的中國人，正是從毛澤東的語錄裡，第一次聽到了意大利人克里斯托弗的這項發明。

克氏是位撥弦古鋼琴的製造家，1709年即康熙四十八年，這位佛羅倫薩的手藝人公開了他設計的現代鋼琴的草圖。和古鋼琴不同的是，這架新的琴安置了一個可調控琴弦的擒縱裝置，當琴弦受音錘敲擊震動發聲時，通過這個新增添的裝置，就能讓琴弦停止震動。因此，鋼琴的音樂表現能力要比古鋼琴更加豐富。

克氏的鋼琴雖然在康熙四十八年就已經發明，但傳至中國則是在鴉片戰爭之後。或許在咸豐年間(1851-1861)，上海人已可在旅居滬上的西人家中見到。王韜《蘅花館日記》咸豐九年(1859)五月二十九日，記他與友人祝安甫去鄰居秦娘家聽鼓琴。秦娘為一美國婦女，除洋琴外王韜等人曾在她家首次見到發明不久的縫紉機，惟王韜記秦娘之琴用了個"鼓"字，這種能鼓的琴或許只是風琴而並非鋼琴。

也是在咸豐九年，天主教徒郭連城乘船去歐洲，他的《西遊筆略》記述在船上見到"英國商婦彈洋琴者，其琴名曰必亞諾，……連彈三曲，客必鼓掌稱善"。這是中國文獻中最早提到鋼琴的英文名稱 piano。郭連城後來到馬耳它，寄居在一個顯赫人家，又曾學過撫琴。郭所撫的或許也是鋼琴，所撫曲目有《高山流水》和《不圖樂之至於斯也》。

同治五年(1866)二月初四張德彝途經上海，去永伯里英華書屋拜訪印刷家姜辟理，曾聽姜氏的妹妹"播弄"洋琴。張德彝描寫"琴大如箱，音忽洪亮，忽細小，差參錯落，頗舉可聽"。無疑姜氏彈的是一架鋼琴。

太平天國戰爭結束之後，上海租界漸漸恢復了平靜。外國僑民打算長期居住在上海，他們在圓明園路建造了一處劇場，中國人稱它為西人戲院或西商戲院，海外的藝術家經常來此演出。同治十三年(1874)二月廿一日《申報》云："英國當今彈琴上最著名婦女為亞拉伯拉可大者"來滬演出，即日在西人戲院開張演技數日。這也許是上海開埠以來，海外著名鋼琴家第一次在滬獻藝。《申報》稱這位"彈琴上最著名的婦女"是作環球旅行到達上海的。為了吸引觀眾，《申報》稱英國女鋼琴家在海外只是"偶施其技"，所得不及英國"百中之一"，其演出目的只是"聊以資補遊費而已"。環球旅行在上個世紀曾是熱門話題，法國著名科幻小說家凡爾納《八十天環遊地球》寫的就是發生在1872年的故事。然而《申報》稱女鋼琴家在海外的演出，收入不及國內百分之一，不免有些誇張。19世紀70年代英國倫敦《泰晤士報》每份售價為3便士，而上海《申報》售價約合半便士，不算版面多寡，英國人用於報紙的錢約為中國的6倍。當時上海西人戲院的票價，據《申報》記載"樓下者2元，第2層樓上者1元"，如果英國人觀戲百倍於上海，豈不要花1、2百銀元，而當時一架鋼琴也只有幾百兩銀子。

說到鋼琴的進口，大約也是始於同治光緒年間。當時西洋樂器的最主要的經銷商是"在倫敦百老塢洋行有長時期經驗的"課得利先生。以他名字命名的洋行上個世紀70年代初開業於上海。另一家意達利洋行也在上海經銷西洋樂器，《申報》1872年6月11日的告白說該行最近新到洋琴鐘錶和雜貨。

19世紀末原本銷路不暢的鋼琴業由於英鎊對白銀的匯率上升更似雪上添霜。1895年課德利出售英國造鋼琴，最低價為40英鎊，即以9折計算36鎊也需折成白銀260兩。於是老板課德利從日本購進製鋼琴的木材，從歐洲進口鋼琴的零部件，然後在上海進行組裝，這樣售價可降至200至180兩。

課德利洋行的鋼琴成本低但質量並不差，於是在同行競爭中處於優勢。不到10年時間，課得利就在上海的南京路和北京路開了兩爿組裝鋼琴的工廠，前後生產了令顧客滿意的鋼琴515部。1904年公司將股本從12萬擴至25萬，用此資本在北河南路右手造了座佔地5畝的廠房。不出兩年，課得利就大獲其利，除每年給股東10％的紅息外，還按期給股民"企業榮譽收益"。1906年公司財務報告又提出將股本擴至50萬的計劃。公司董事會主席呼籲股東支持這一計劃時說：如果不批准預案，公司將不得不拒絕一些買賣，結果這些買賣將落入競爭者的手中。"我們握有音樂企業的黃金時代，我說的一切是，我們千萬抓住這個機會吧。"這是課得利在股東大會所作發言的結語。

20世紀初，我國西洋樂器的銷售進入了課得利所謂的"黃金時代"，是因為這一時期鋼琴之類的樂器已在上層社會逐漸流行。比如像做過駐英公使的曾紀澤妻子兒女都會彈鋼琴。據德齡《御香縹緲錄》說，清宮僅外國人贈送的鋼琴就有好幾台，光緒帝還曾向德齡學習過彈鋼琴。美國女畫家柯姑娘《慈禧寫照記》云："朝堂之後軒，有外國披雅拿三具，有一具最大，新由外洋運到者。太后極願予輩揮弦一試，……太后又請裕庚女公子按琴聲而舞，二公子遂作德國之二人旋舞，以娛太后。"原來慈禧對彈鋼琴跳旋舞也感興趣。

鋼琴在20世紀所以供不應求，還因為清政府下令廢科舉興學校，有的學堂設置音樂課後急需配備伴奏用的鋼琴。據錢秉雄的回憶，蔡元培、李石曾民國初年創辦孔德學校，甚至開設了鋼琴的選修課。課得利洋行上海總部及各地分號為滿足人們對鋼琴的需求，採用過鋼琴出租的辦法，其中僅在1906年出租的鋼琴就有200台。不過清末民初鋼琴能在我國較快普及，也與我國當時已經湧現了一批有較高素養的演奏家有關，其中史鳳珠女士1907年留學美國主修的便是鋼琴演奏，蕭友梅、馮亞雄等前輩前往日本學習音樂，也都專門學過鋼琴。馮亞雄回國後於1913至1926年之間在北京師範大學教授音樂，京劇大師梅蘭芳此時也曾向他學過鋼琴。

鴉片戰爭之後不久，有個英國鋼琴商認為中國是個潛力巨大的市場。他想只要每200個中國婦女有一人會購買鋼琴，他的生意就將前途無量。這個商人自然是打錯了算盤，即便150年後的今天，鋼琴的普及也遠沒有達到這個比率。"彈鋼琴要十個指頭都動作，不能有的動，有的不動。但是，十個指頭同時都按下去，那也不成調子。要產生好音樂，十個指頭的動作要有節奏，要互相配合。"毛主席的這段語錄，十年"文革"時幾乎人人會背，只可惜那段日子並沒有"產生好音樂"，相反許多人家的鋼琴被斥之為西方生活方式遭到了查封，直到最近十幾年鋼琴才在上海這樣的大城市重新熱了起來，然而鋼琴的普及仍不及彩電之類的家用電器。每 200 個中國婦女擁有一架鋼琴，看來還要好幾代才能圓這個夢，但只要坐在鋼琴前面彈，而不只是從語錄中學，好的音樂終究還是會產生的。

管樂器

民國十七年(1928)出版的《中國音樂史》(鄭覲文著) 有段文字論及西洋銅管器在中國的盛行曰：

> 按軍樂西方名管樂隊，由古之喇叭改進，故又名喇叭隊。時中東役（指1894年中日甲午戰爭)後，清政府變更軍制創設學堂提倡尚武，洋洋之聲觸耳皆是。甚至社會婚喪亦莫不用軍樂為榮，卒之尊嚴之樂隊不數歲而等之賤役，今更愈流愈下矣。

西洋管樂有木管和銅管之分，其中雙簧管和單簧管，還有管樂隊常用的定音鼓是在歐洲藝術史上的巴羅克時代產生的，時間大致為17世紀初至18世紀中葉。至於長號、短號和雙"S"形的法國圓號，早在文藝復興時代已經出現。

然而管樂器、尤其是銅管樂器，和管風琴、古鋼琴不同，它最初不是由傳教士帶來用於教堂音樂的演奏，而首先是作為西方殖民軍的軍樂器在中國奏響的。明崇禎五年(1632)，西班牙人在台灣淡江建立教堂，就曾以軍樂隊護送聖母像入教堂。康熙元年(1662)鄭成功從荷蘭人手中收復台灣，雙方簽訂停戰協議也有荷軍得以退出時自行奏樂的條款。打了敗仗也得吹吹打打撤退，恐怕這也是西方人所謂的"紳士"風度。然而等到19世紀，西洋軍樂隊在中國戰場送出的凱歌已比哀樂多出了許多。道光二十二年(1842)英軍入侵上海，咸豐十年(1860)英法聯軍攻佔北京，都曾以西洋鼓吹開道。據光緒二十六年(1900)八國聯軍侵佔北京的統帥瓦德西事後回憶，在他離開北京時德國和日本的軍樂隊都曾奏樂為他送行。法國的圓號吹出的樂聲雖然清脆，但當它傳到中國人耳朵時恐怕只是一片聒噪。

魏特《湯若望傳》記載順治十三年(1656)荷蘭佔據台灣時，曾派人向清廷進貢修好，禮品中有羽管鍵琴一架，這是鋼琴發明前歐洲教堂頗流行的樂器，它之輸入在我國尚屬首次。而這兩位演奏家或許也是最早來華的歐洲音樂家，他們中的一位擅長羽管鍵琴，另一位則是小號演奏家。歐洲銅管樂傳入清宮或許就是由此開始。

清朝的康熙和乾隆兩朝皇帝對西洋樂器都很好奇，他們在宮裡都曾組織過西洋樂隊。據1856年法國《當代》雜誌介紹，康熙宮裡的法國傳教士巴多明能吹奏豎笛和海軍軍號，另有一名普通教友會彈吉他、吹海軍軍號，他們常在宮裡為康熙帝演奏管弦樂。乾隆時，清宮裡有一支太監組成的樂隊，他們能演奏木管樂器、吉他提琴和風笛，但卻沒有銅管樂器的記載。

直到乾隆五十八年(1793)清朝皇帝才算真正欣賞到了西洋管樂，5名身着綠色金邊禮服的管樂演奏家是隨英國公使馬戈爾尼伯爵來華的。音樂史博士陶亞兵從馬戈爾尼日記英文原著中發現，這5位樂師用的樂器為單簧管、長笛、巴松管和法國圓號，而且在英文中這幾個詞用的都是複數，可見每種樂器不止一件，這應該是管樂重奏的組合。

在馬戈爾尼來華後半個世紀，上面提到的那種法國圓號，出現在另一個英國人呤利的一幅素描畫中。呤利參加過太平天國革命，在他著的《太平天國革命親歷記》中附有一幅太平天國禮拜儀式的速寫，畫中的祭台前有4個手持樂器的樂手，其中兩人所持的顯然為圓號，另兩人所持為單簧管之類的木管樂器。

19世紀下半葉，上海等地的外國移民人數漸增，與西人生活方式相適應的娛樂場所也日益增多。報上常可看到馬戲、魔術、舞會和體育競技比賽的消息。在這類活動中演奏銅管樂往往是不可缺少的項目。如同治十一年(1872)《申報》說："西人賭賽足力，賽跑之人甚多，並有兵船樂手吹笙擊鼓以助，夫悅耳快心與眾同樂之意。"《點石齋畫報》畫美國人在上海表演魔術的《賣野人頭》，畫車尼利馬戲團在滬演出的《西戲重來》，畫面上都有樂手鼓吹彈唱。

光緒七年(1881)上海公共租界工部局成立一支銅管樂隊，《點石齋畫報》評價其活動云："西人無事不用樂，以予所見團兵會操也，死喪出殯也，春秋兩季之跑馬也，與夫官調任到岸之時咿咿唔唔亦自可聽也。"後來"有力而好奇"的華人也僱用西人樂隊助興。如有一年重陽，寓居滬上的廣東商人赴天后宮迎神賽會，除了用旗鑼扇傘為儀仗，還請了西樂一班隨之遊行。《點石齋畫報》以《西樂迎神》為題譏諷用西洋樂曲迎中國神祇的做法為不倫不類，但對西洋銅管樂之咿咿唔唔，點石齋的畫家並不反感，甚至稱讚其"節奏疾徐繫以足，萬足齊舉如拍板然"。這正是軍樂鏗鏘有力的特點。

銅管樂在中國近代流傳，最初和西洋娛樂文化滋長有關。但其在晚清盛行則因為軍隊改行西洋操典。光緒三年(1877)專業生產軍火的江南製造局特意編譯《喇叭吹奏法》一書，介紹西洋小號的吹奏，目的正是為建立軍樂隊作準備。從天津海關道周馥 1885 年日記中可知，當時淮軍行營製造局已能仿造"軍中所用鼓吹"。但清軍有正式軍樂隊始於 1897 年張之洞在南京組建的自強軍。這一年五月初一，

太平天國禮拜堂所用管樂器。

寓滬粵商僱西樂迎神。

自強軍的軍樂隊在上海的吳淞首次向外界亮相，很受中外人士的好評。此後，袁世凱也接受德國顧問高斯達建議，將軍樂隊正式列入了新軍的編制中。新軍各營設"樂兵二十四人，洋號十四，洋鼓四面"，全軍樂兵總數為162人。據德齡《御香縹緲錄》記載，1904年慈禧太后和光緒皇帝去瀋陽祭祖陵，乘火車經過天津時，袁世凱的這支軍樂隊曾到火車站接駕，只是德齡女士說那天樂隊奏的是法國的《馬賽曲》，真是有點不可思議。

20世紀初，我國境內共有銅管樂隊15支，3支屬清朝軍隊，其餘或屬香港殖民當局，或屬上海租界公董局及洋行，或屬教會辦的學校。其中若以樂器齊全論當數香港督府軍樂隊；若以曲調清雅論當數課德利洋行軍樂隊、上海工部局軍樂隊；若以樂曲完備節目豐富論，又當推天主教會辦的上海土山灣軍樂隊和南洋公學軍樂隊；此外也有幾支純商業性的樂隊，專奏靡靡之音。

近代軍樂隊的優劣固然與練習是否得法、學習是否勤奮有關，但是樂器的質量好壞，種類是否齊備，對演出效果也有相當大的影響。第一次世界大戰爆發，進口樂器斷檔，樂器價格上漲，我國樂隊的發展也因此出現停頓。及至本世紀20年代，西洋管樂又再次風行中國，如文章開頭引鄭覲文《中國音樂史》所言："洋洋之音觸耳皆是"，"社會婚喪亦莫不以用軍樂為榮"，"尊嚴之樂隊不數歲而等於賤役"。只是這尊卑貴賤看法今昔自然有很大不同。

弦樂器

儒勒·凡爾納是個科幻小說家，但他的作品很注重細節的真實性。在《征服者羅比爾》中凡爾納對上海徐家匯天文台的描述曾被研究歷史的人引證。凡爾納在《機器島》中講述了四位法國四重奏音樂家去美國表演的故事，作者對19世紀美國由於領土的擴張和經濟的發展，出現的狂熱藝術追求也有客觀的評價。凡爾納說，美國佬起先只欣賞19世紀後期的作曲家，如阿蘭維、瓦格納和馬塞，然後他們才逐漸欣賞莫扎特、海頓和貝多芬的較高深的作品。在音樂的形式上，美國人首先是欣賞歌舞劇，接着是歌劇，然後是交響曲、奏鳴曲、交響樂組曲。在《機器島》故事發生的時候，莫扎特、貝多芬、門德爾松、海頓和蕭邦寫的弦樂四重奏甚至在北美還剛剛流行。在凡爾納的筆下，美國佬雖然有錢但在藝術上卻不合正統，他們的藝術感受力還在培養之中，只是他們為了彌補自己藝術修養的不足，確實很願意花大錢邀請歐洲藝術家前去表演。

在接受歐洲傳統音樂方面中國自然不能和由歐洲移民組成的美國相比。但至少在美國還沒有擺脫殖民統治之前，歐洲的不少樂器已經傳到了中國。甚至早在同治十年(1871)，上海徐家匯教堂樂隊就已經在演奏海頓的弦樂四重奏，關於那次演奏，法國于布內男爵《周遊世界》記載說：是"在一位中國神父的指揮下"，由"四個中國學生演奏"的。"這位可敬的指揮者，鼻子上架着一副大眼鏡，手持一支小小的指揮棒，他指揮着，激勵着，他的指揮控制着一切；這些青年演奏者則雙目盯着樂譜，滿頭大汗，終於較好地奏出了這位音樂大師最美妙的一首音樂作品。海頓的名曲竟在中國，而且由中國人演奏了！為什麼要秘而不宣呢？我們都很受感動呀！"

當于布內男爵聽中國人演奏海頓的弦樂四重奏時，凡爾納筆下的法國四重奏還沒有啟程去美國，也許很多美國人還沒有領略過"室內樂的柔美和那種無法形容的樂趣"。尤其是海頓的弦樂四重奏，它的每件樂器都有自己的個性，"第一小提琴像一位中年的健談者，總在尋找話題來維持談話；第二小提琴是第一小提琴的朋友，竭力設法強調第一小提琴談話中的機智，很少表白自己，參加談話時，只支持別人的意見，不提出自己的意見；大提琴是一位莊重而有學問的人，喜歡講道理，用雖然簡單卻

《點石齋畫報》所繪西方舞會中有西洋樂器。

很中肯的論斷支持第一小提琴的意見；中提琴則是一位善良而有些饒舌的婦人，絲毫講不出重要的意見，卻經常插嘴"。

　　四個中國青年雖然滿頭大汗，但他們終於成功地演奏了海頓的作品，這可不是簡單的事。只是海頓一生創作了84首弦樂四重奏，不知于布內在徐家匯教堂聽到的究竟是哪一首。

　　雖然我們不清楚徐家匯天主堂樂隊演奏的是哪首海頓的四重奏，但康熙年間被皇上奉為宮廷音樂教師的德里格創作的《小提琴奏鳴曲集》卻一直完好地保存在北京圖書館中。德里格是意大利籍羅馬天主教遣使會士，康熙四十九年(1710)進北京覲見清帝，後來被留在宮中教授音樂，隨他學習的有兩位皇子。康熙帝並不重視向西洋人學習彈琴吹簫，他感興趣的是西樂的"律呂根原"，也就是西洋的樂理。康熙帝對德里格重視演奏的教法很是惱火："如今這幾個孩子，連烏勒明法朔拉六七個字的音都不清楚，教的是什麼？"

　　康熙帝說的"烏勒明法朔拉"就是我們今天說的哆唻咪發嗦拉，德里格並非沒有學識，只是對教育孩子，他的看法和康熙不同，而他本人又確實是個擅長演奏的音樂家，對於 spinette（斯賓耐琴）、clavevin（羽管鍵琴）、鈴鼓和管琴，他彈得都很好。但德里格不擅

長提琴，所以他雖創作了 12 首小提琴奏鳴曲，但演奏時擔任小提琴手的，更可能是法國傳教士Ludovicus Pernon，漢名南光國，因為在康熙三十八年(1699)來華的9名法國傳教士中，南光國最善於提琴。

德里格直到乾隆年間仍然在皇宮效力，只是他年逾70，宮裡又聘用了兩位年輕的"明於樂律者"，其中乾隆四年(1739)來京的德國傳教士魏繼晉，被稱為是傑出的小提琴家。他和波西米亞來的耶穌會士魯仲賢一起，在宮裡組織了一支由 18 名太監組成的西洋樂隊兼合唱隊。根據清宮造辦處的檔案，這支樂隊領取的樂器中有 10 件小拉琴，2 件長拉琴，1 件大拉琴。小拉琴即小提琴，長拉琴即大提琴，大拉琴則是低音提琴。

乾隆時代，中國人稱提琴為拉琴，19 世紀又有洋笳、胡琴等不同名稱。張德彝《航海述奇》記旅歐途中所遇8位日耳曼演奏家，"所彈之洋琴若勺形"，指的是吉他；"葫蘆形，三弦有柄，置於項上而拽之"的洋笳，指小提琴；"三弦長約七尺，其聲如鑼如鼓，別成音調"，指的是大提琴。《申報》光緒元年(1875)十月八日報道："今晚有英國新來女士名惹里嘉士，擅拉胡琴，在西商戲院試奏數齣"。同一天《申報》廣告欄登載圓明園路西人戲院演出廣告，說"有寄居上海善於彈唱之西人亦相助為理"，並說戲院晚 8 點半開門，9 點鐘開唱，票價有1、2元兩檔。英國小提琴家惹尼嘉士來滬演出，是繼一年前來滬的女鋼琴家亞拉日拉可大之後，

早期的大提琴。

滬上又一次音樂盛會。

19、20世紀之交上海、天津、北京等地的外國人先後成立了西洋樂隊，後來袁世凱辦的新軍也組建了西洋軍樂隊。這些西式樂隊以銅管樂器為主，但也有少數的弦樂器。如海關總稅務司赫德在光緒十一年由他自己出資訂購樂器建立了一支樂隊。光緒十六年(1890)為演奏四重奏，他又購進了5、6件弦樂器。

我國最早出國學習小提琴的是近代音樂教育家高硯耘，他去東京音樂學校專攻小提琴是在光緒二十九年(1903)冬季。1916年蕭友梅先生在德國學習期間，創作了中國音樂史上第一部弦樂四重奏作品。20世紀中國人對於西洋弦樂器早已不是門外漢了，今天在華人中間甚至擁有了像馬友友這樣飲譽世界的大提琴演奏家。

十二、延安窰洞玩"勒美"

　　喜歡娛樂是人類的天性，一旦嘗到了玩棋牌的無窮樂趣，單靠說教是無法將其滅絕的，取代娛樂的只能是另一種更有趣味的娛樂。

跑馬廳。

新世界遊樂場。

東北大學學生劉長春作為中國唯一的運動員參加了在美國舉行的第10屆奧運會。

中國代表團步入開幕會場。

體育場館和設施

我國現在流行的各類體育運動，絕大多數是近一百多年裡，由西方陸續傳入。胡道靜先生《歷史的上海運動》說，上海"西僑最早運動及遊戲：如蕩船始於1859年，第一次板球比賽在1856年4月22日舉行，划船比賽出現於1863年，足球總會組織於1867年，拋球場成立於1857年"。這些也都是最早傳入中國的體育項目。

關於19世紀西僑開展體育運動的第一手材料，尚可從晚清筆記中尋找。例如西人划船比賽，光緒二年刊刻的《滬遊雜記》稱其賽船"長2、3丈，闊2、3尺不等，頭尖身小，蹻絕無倫"。說西人每年在上海新閘大王廟前的蘇州河舉行的比賽，分"8人打槳，1人把舵"和"4人打槳"兩組。光緒九年(1883)刻《淞南夢影錄》介紹西人划船比賽緣由說，"西人喜航海遠遊，巨浪洪濤幾若司空見慣"，只因"滬上無波濤窟"，所以便"借賽船取樂"。書中描寫賽船的場面，"旌旗飛揚，戈矛閃爍，波譎雲詭，得意奪標"。也描寫了"衣履盡潮"的敗北者，但中國文人並不懂得西方的體育競賽精神，以為岸上人給予失敗者的掌聲乃是"拍手姍（訕）笑"之意。

黃式權的《淞南夢影錄》出版時，上海西僑不僅在春季舉行划船比賽，冬季還在室內舉辦過溜冰比賽。"擇冬日嚴寒之時，空一室沃水於地，水結復沃，如是數次，冰厚盈尺"，然後蹬上"鐵齒高屐""飛行冰上"，以迅疾為勝，"此亦西人行樂之一端"。至於"跌僕於地，旁人皆拍手笑之"，編書人也不忘記上一筆，文人士大夫正是由於害怕"隕越貽羞"所以不用說划船、溜冰，就是後來遊樂場有了娛樂用的自行車，多半也只是在一旁觀望。

害怕"隕越貽羞"的中國人雖然輕易不肯參預西僑的體育運動，但作為場外的圍觀者，熱情卻是十分地高漲。尤其每年賽馬的季節，上海跑馬廳外整天擠得水洩不通，"士女雲集"，"轂擊肩摩"，"觀者如堵"，"舉國若狂"。甚至勾欄中人也紛紛乘興前來。從咸豐至光緒年間，居滬文人的筆記，幾乎都曾提到觀看西人賽馬的事。其中

西洋發明在中國

以咸豐九年(1859)王韜《蘅華館日記》記載最早,而光緒初年葛元煦《滬遊雜記》則述之最詳。

據當時人記載,光緒初年的賽馬場,四週設有短欄,賽馬場西端設觀眾席。賽事分春秋兩季,每賽季為三天。前兩天賽馬,大約有初賽和決賽,所以比賽分3、4騎,或6、7騎依次角逐。賽季的最後一天為馬術表演,有跳牆、跳溝和跳欄等項目。觀眾也以這一天的人數最多。"上自士大夫,下及負販,肩摩踵接,後至者幾無置足處。"觀眾中還有乘油壁香車來的"南朝金粉,北里胭脂",她們嬌倚在侍兒身上,鬢影衣香令一班看美人的興趣並不亞於看賽馬的遊客神魂顛倒。葛元煦筆下圍觀賽馬的男女老少,真好像張岱《西湖七月半》裡"逐隊爭出"的看月人,他們的目的多半是為了湊熱鬧。儘管時間已經過去了好幾個世紀,但如今無論上海還是杭州,這班愛湊熱鬧的人恐怕都還沒有絕跡,不過已經不再是搶着看西湖明月,觀西人賽馬,而是有了更好的去處。

說了半天上海的馬場,其實西人賽馬最早始於1842-1844年的澳門。澳門

外國人在上海舉行的賽跑。

的賽馬每年一次,後來英國人在香港扶林村修了個小賽馬場,開始舉行週末賽馬,這是1845年的事,到1850年賽馬已經成了香港一項經常性的娛樂活動。

據《上海研究資料》說:上海最早的馬場也建於1850年,位置

在今南京路河南路轉角，1854年因地價上漲，這座老跑馬廳被置換到今浙江路和西藏路之間，西人稱它為 The S'hai Riding Course，即上海騎馬場。王韜《蘅華館日記》中的賽馬，就在這裡舉行。及至1862年，上海跑馬廳又一次被置換，地點就是今天的人民公園，同治光緒年間清人日記裡屢屢提到的賽馬，都是在這裡舉行的。

凡提到賽馬，人們都知道它不是一般的體育運動，而是通過賣彩票進行的場外賭博。胡道靜先生引《滬遊雜記》裡的一首《申江雜詠》："似因講武開場畫，卻把輸贏鼓舞來"，認為光緒初年在上海已有中國人參加賽馬賭注。《滬遊雜記》刊刻於1876年，先於此書十餘年的《蘅華館日記》說："西人賽馬先至旗下者為勝，例得重賞"。晚於此書三年的王錫麒《北行日記》1879年云："西人衣五色衣，穩坐馬上，紅旗一揮，奮轡爭驅，……以後先定輸贏。西人尚利好爭，於此可見。"由此看來光緒初年那首竹枝詞說的只是參賽選手之間角逐，未必是指場外的賭注。況且上海的賽馬場最初並不向中國人開放，潮水般湧來看賽馬的人，只是隔河遙望而已。

寓滬英商為慶祝英皇登極六十年而舉行的童子賽馬。

跑馬場向中國人正式開放，有人說在宣統元年(1909)，票價從5角到6元，場中還供應茶點和西餐。依此推測，上海跑馬場發行彩票時間大約是在此前後。香港賽馬成為賭博工具也是1890年以後的事了。

舊上海的賽馬場並不只是用來賽馬，西人還曾在這裡舉行閱兵、賽跑和自行車比賽。1892年上海的西僑又集資在賽馬場內建立了一座游泳池，這是上海有記錄的第一家室內游泳池，但比1887年建於廣州的室內游泳池仍然晚了五年。設在跑馬場內的游泳池當時僅對出過錢的股東開放。1907年上海公共租界在虹口建立了上海第一座公共游泳池，前去游泳的仍是僑居在滬的洋人，中國人很少對游泳感興趣。宣統元年(1909)上海青年會健身房正式開放，內有供會員練習用的游泳池。胡道靜先生說：“我國人受現代游泳技術的訓練就是從此開始。”不過由張煥倫開設的正蒙書院1878年就已將游泳列入正式課程，只是那時候尚沒有室內游泳池，學游泳還只能在江河湖泊中而已。至於女子游泳直到本世紀30年代才漸漸為都市人所接受，1931年上海建立了女子游泳會。

賽馬、游泳之類競爭激烈的運動項目，最初只在西方僑民中流行。然而19世紀80年代，華人的遊樂場已經開始出現台球、保齡球之類的運動。台球當時稱為彈子球，何蔭柟《鉏月館日記》光緒十四年(1888)便有“繞西園一遊，看彈子戲，此亦供紈袴一時之興者耳”的記載。黃式權編《淞南夢影錄》稱：“打彈子初惟寓滬西人消遣，猶中國之圍棋、馬吊也”，中國人設彈子房始於一品香番菜館，後來的洪園、華眾會、閬苑、第一樓諸家也先後開設。打彈子的除了“紈袴子弟”還有“青樓妙妓”，《淞南夢影錄》寫當時的彈子房，“擇巨室，設長木台，長丈許，闊半之，覆以哆呢，而高其邊。碾象牙為圓子如鴨卵，大者四枚，撥以木棒，兩相撞擊以角輸贏”。

《淞南夢影錄》對保齡球也有記載，或許因其打法和台球類似，所以華人稱它為大彈子，“鋪長木為槽，縱約6、7丈，槽盡處立小樁10枚。一人遙立以彈投之，能盡將木樁擊倒，即可奪彩”。

19世紀傳入的球類多種多樣，或許中文裡一時找不到合適的名詞，所以不僅台球和保齡球都稱為彈子，就連室內的大小彈子和室外的網球、棒球也都統稱謂“拋球”，西藏路浙江路上的舊賽馬場過去也叫拋球場，有的書上說是因外國人常去那裡玩一種被稱為拋球的遊戲得名。其實拋球並非單指某一種遊戲，《點石齋畫報·西人拋球》曾作解釋曰：“拋球一事為西國通行之技，其式甚多”，除前面提到

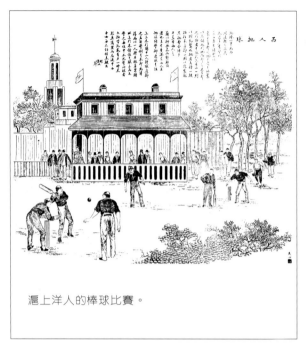

滬上洋人的棒球比賽。

的大小彈子，"更有擊之於野者"。文章説其式亦有二，"一則以樹乳製成，拋者各持一軟拍，往來交擲；一則以皮製就，其拋擊全恃手力"，前者顯然是網球，後者不知是棒球還是橄欖球。《西人拋球》畫的又是一種，雖類似棒球但玩法略有不同，此球最早出現於香港。

　　華人雖統稱西洋球類為拋球，但華人社會只流行擊之於室內的大小彈子，因為在中國人眼裡玩彈子與下圍棋、搓馬吊並無多大區別，所以《淞南夢影錄》的作者黃式權稱其為"遊冶之外篇，消閒之別調"。中國的士大夫對發展體育運動與提高國民素質的關係真正有所認識，是在甲午戰爭失敗以後，所以適應學生、士兵和普通大眾的運動項目，也在此時相繼傳入我國：1896-1898年籃球始興於天津和北京的基督教青年會中，當時稱為筐球；1905年香港、廣州的學校始出現"隊球"，或稱"對球"，音譯為"挖力球"，即現在所説的排球。至於日後成為我國國球的乒乓，最早由上海一文具商於1904年從日本購入。而美國的棒球在中國人中流行則始於第一批官費的留美學生，這群少年中間有後來成為鐵路工程師的詹天佑。

骰子・撲克

斯諾是最先報道陝甘寧邊區內幕的西方記者，同時他也把西方的生活方式帶到了延安。斯諾曾在《西行漫記》裡戲言，他以一副撲克給了紅軍 “腐化的影響”。當然這只是一種美國式的幽默，然而博古、凱豐、洛甫，還有鄧穎超和江青，據說都曾被吸引到他的牌桌旁，斯諾教他們玩一種叫 “勒美” 的遊戲。後來這群玩 “勒美” 的人領導了整個的國家，作為賭博工具的麻將和紙牌被取締了，但法國人最先採用的 52 張一副的現代撲克，卻從繁華的都市一直散佈到了偏僻的鄉野。

現在幾乎找不到一個不會玩撲克的中國人，但知道西洋撲克源於中國的人，恐怕就少得多了。正因為此，回顧下面的這段歷史也就顯得並不多餘。

中國人發明了紙，紙牌源於中國自然並不足怪。但紙牌源於何時，中國的文獻中則有多種說法。按照宋朝人的記載，紙牌是天文家僧一行為唐太宗所製，名葉子格。不過葉子格原只是 “紙化” 的骰子，並不具備後世紙牌的遊戲功能。十分有趣的是古代埃及人很早就發明了投骰子的遊戲，大約在紀元前骰子經羅馬傳到了中國。據北朝文獻記載 “老子入胡作樗蒲”，指的就是這種以擲骰子決勝負的棋戲。骰子戲是否老子傳入並不重要，“入胡” 二字卻透露了它和西域文化的某種聯繫。

擲骰子通常取 5 至 6 隻，即使每枚唯正反兩面，也能夠組合成許多 “格式”。紙和印刷術發明以後，骰子的各種不同的格式可以方便地搬到紙上，所以紙牌就有了葉子格的名稱。到了宋朝，葉子格上繪的圖日漸繁雜，玩法也不斷豐富，這也就是後來中西紙牌的祖先。

紙牌傳入歐洲約在公元 14 世紀。1392 年法王查理六世的家庭賬目上記有 “付畫家格里岡諾巴黎幣 75 蘇，繪畫金色及其他顏色的紙牌三副，外飾各種花紋，以供皇上消遣”。這是歐洲紙牌的最早記載。但 15 世紀的一份文獻則說，信仰伊斯蘭教的阿拉伯人早在 1379

年就將紙牌傳到了意大利。不過另一個法國傳教士則認為，紙牌是威尼斯人直接從中國取得的。這個叫特勒遜的傳教士還斷言，威尼斯是歐洲第一個知有紙牌的地方。儘管對紙牌的傳入時間和方式有着幾種不同的説法，但西方最初流傳的紙牌和東方紙牌花式卻很相似，這一點並無疑問。

紙牌帶去的不只是一種有趣的遊戲，而且也把東方的印刷技術傳到了歐洲，從此威尼斯紐倫堡等地就成了西方印刷業的中心。德國商人把紙牌裝在桶裡運至西西里和意大利。為了保護本地紙牌工匠的利益，1441年威尼斯的市政會議還特意下達禁止紙牌進口的命令。

紙牌在歐洲風靡一時，工人們竟連工作日也不肯離開牌桌；本應清心寡慾的教士也捲進了鬥牌的遊戲，鬧得教廷只好出面干預。1423年聖伯爾拿在羅馬的聖彼得教堂的石階上，發表了著名的反對鬥牌的宣教。於是聽眾們紛紛奔回自己的家裡，把他們所有的紙牌都攜之廣場，付之一炬。

喜歡娛樂是人類的天性。一旦嘗到了玩牌的無窮趣味，單靠説教是無法將其滅絕的。西方人最初製作22張一副的紙牌，後來又出現了56和78張的牌，直到法國人製出52張一副的紙牌，現代撲克才算定型。這種法國紙牌已有了黑桃、紅桃等四種記號，英國人只是變更了它們的名稱，例如"方塊"英國人稱之為"鑽石"。至於現今最為流行的約定橋牌則是源於18世紀一種名叫"惠斯特"的英國牌戲。大約一百年前撲克牌在美國廣為流行，斯諾教延安人玩的"勒美"就是類似"爭上游"的一種牌戲。

經過了大約6百年，紙牌又重新由西方傳回到了中國。不過荷蘭人把撲克帶到了日本，大約在15世紀初。撲克很快被日本化，印有日本風俗圖案的撲克流行於江戶時代的町人和武士之間，甚至引起了將軍和大名們的不安。據鄭彭年《日本西方文化攝取史》説，早在慶長年間(1596-1614)日本就有了玩撲克牌的禁令。又是禁令。

國際象棋

　　最早的象棋是印度人發明的，絕大多數研究國際象棋史的人，對此深信不疑。直至1889年美國的《中國雜誌》發表了派克(E.H. Parker)在中文文獻裡發現新材料的文章後，這一無可置疑的結論才開始發生了動搖。著名科學史家李約瑟嗣後又在派克的研究基礎上，進一步闡述了中國古老棋戲傳到西方的歷史。

　　無論現代的中國象棋還是國際象棋，都起源於我國北朝時候發明的一種更加古老的棋戲。李約瑟認為，由於這個發明是從中國人對天象的認識中得到啟迪的，所以棋枰上的子皆為日月星辰之象徵。上述二位西方史學家是在研究了《北周書》、《隋書》和明朝楊慎《丹鉛總錄》後得出如此結論的。

　　據《北周書》的記載，象棋為周武帝發明；查《隋書經籍志》，周武帝還曾撰《象經》一卷。《丹鉛總錄》云："周武帝《象經》有日、月、星辰之象……，決非今之象戲車馬之類也。若如今之象戲，耘夫牧豎俄頃可解，豈煩文人注，百僚之講義。"周武帝的象棋連同他的《象經》早就失傳，李約瑟正是根據楊慎的這段記載，推測當時的象戲有象徵日、月的棋子，且分列於棋陣的兩側，有類於中國象棋中的"將"、"帥"和國際象棋中的"帝"。中國古代將天空的星辰分為28宿，象棋裡便有28個棋子與此對應。至於象棋裡的炮，李約瑟認為它最初表示倏忽不定的彗星。

　　北朝的象棋不久傳到了印度，大約7世紀在那裡演變成了一種戰爭遊戲，有"象"、"馬"、"車"、"兵"四種棋子，恰同當時印度軍隊的構成。經印度人改造的象棋一面重新傳回中國，然後傳至朝鮮和日本；一面則經波斯傳到了阿拉伯。隨着阿拉伯人勢力的擴張，象棋在1061年傳至第比牛斯山脈的西班牙，然後再從西班牙傳遍了整個歐洲。

　　印度、阿拉伯和歐洲人似乎都理解象棋的天文學含義，並知道用它於占星術。13世紀的一首拉丁詩，就曾把星相符號賦予了國際象

237

棋的每一個棋子。然而屢經變革的中國象棋，好像完全斷絕了和天文的聯繫。但儘管如此，人們仍然能從着法上，看到中國象棋和國際象棋的血緣相通。例如它們各方都有5隻能過河但不准後退的兵；炮要"吃"對方的子都必需躍過前面的一個棋子；中國象棋的"將""帥"和國際象棋的"帝"都是每次只走一格。

從11世紀開始，國際象棋在歐洲流傳，至今已有近千年的歷史。歐洲人視它為足球之外的"第二體育"；稱它為"沒有結論的思想，沒有答案的數學，沒有作品的藝術，沒有石頭的建築"。僅歐美出版的棋書就可以裝滿整一座圖書館。然而誰又會想到，這一充滿智慧的遊戲，它的根是繫在了遙遠的東方。

不要說西方人不知道國際象棋源於中國，即便遊歷海外的中國人，初次見到國際象棋，相見也是不相識。張德彝《歐美環遊記》同治八年(1882)八月二十四日記：泰西象棋名"柴艾斯，相傳由阿拉必亞國所造。係木盤，方尺5，縱橫8行，每界黑白相間。子用木質或象牙，圓面徑寸，高寸5，有黑白各半者，亦有黃紅各半者。共有32子，各1王、1妃、2教師（士）、2勇士（馬）、2衛所（車）。其王妃，教師各以其服冠之架上；衛所形如塔；勇士刻一馬頭，亦置架上；兵則形如瓶。以上俱係連子刻成。"敘述完棋子後，又解釋各種棋子的走法，如王只能逐步而行；妃其行亦直斜上下左右皆可；衛所只許直行；教師只許斜行；卒行至敵界末位，可任封為王、為妃、暨教師、勇士、衛所皆可；走法和今日大致相同。

張德彝或許是我國最早記載國際象棋的人，但這種遊戲在旅居中國的西方僑民中流行時間也許更早，然而直至1903年上海才出現了第一個國際象棋組織，取名為萬國象棋會，參加者主要是在滬的西人和西僑，我國著名的棋王謝俠遜便是萬國象棋會的最早會員。

玩 具

　　自光緒二十九年(1903)頒定《蒙養院章程》，我國正式有了幼稚園的教育。最初幼稚園的辦學方法都是從日本照搬來的，連幼稚園的玩具也不倫不類譯作了"恩物"。據光緒三十一年(1905)的《湖南蒙養院教課說略》云："幼稚園恩物之類為德人苦汝皮氏所造。"可見那時日本的幼稚園玩具也是仿效於德國。苦汝皮氏就是著名幼兒教育家福祿貝爾，現在上海有座兒童遊樂場就是以他的名字命名的。

　　"日本用恩物仿自泰西，初止 10 餘種，更變化為 20 種，不能盡教，擇其最開發心思者 11 種教之。"湖南蒙養院當時選擇的 11 種恩物有"按圖堆積各種屋宇坊表舟車橋樑之形"的木積，也就是我們現在的積木；還有用木板排配各種器物的"板排"、用竹籤排出字形的"筯排"，以及各種紙工遊戲。

　　最早傳入的玩具恩物木塊，即積木，其形狀計有"方、長、鈍、銳角形"，和中國的七巧板相似。清末在幼兒園中教孩子玩積木，被認為是"智育之始基"，能夠"發其思致，暗寓幾何學之理"。將玩也看作是一種教育，把知識融化在娛樂之中，這是中國傳統教育過去所缺乏的思想。雖然十九世紀後期，去西方考察的人不在少數，但關心西方兒童玩具的人簡直絕無僅有，因此同文館出生的譯員張德彝所記就是顯得十分珍貴。

　　張德彝同治七年(1868)寫《歐美玩遊記》云："店右玩物舖中所售各物，率皆奇巧。有木馬長 3 尺，蹄按鐵輪，耳藏轉軸，幼童跨之，手轉其耳，機關自動，即馳行不已，緩急如意，亦巧偶之流亞也。"這是兒童玩具自行車的最早記載。

　　"本巷賣有火輪車式。車長7寸，寬3寸，高5寸，質係黃銅，煙筒、輪機、水管、煤槽各器皆備，與大車無異。另一木圈，週約丈許，上安鐵轍如環形。欲演其車，即燃酒以代煤，令水沸激，輪自能馳繞木圈之上。"這是對 120 多年前，倫敦出售的玩具火車的描述。

　　在法京巴黎，張德彝還記下了街頭所設供兒童玩的各種靠人力旋轉搖擺的小船和木馬。張德彝當時稱它們為“秋千”，説這種器材“係一高柱，上横十字，每端掛小船一隻，懸於半空。另有小樓，登之可以上船。每船容小兒5、6名，柱動上下簸揚，如踏波瀾然”。“又有馬秋千者，係亦一高柱，上横鐵

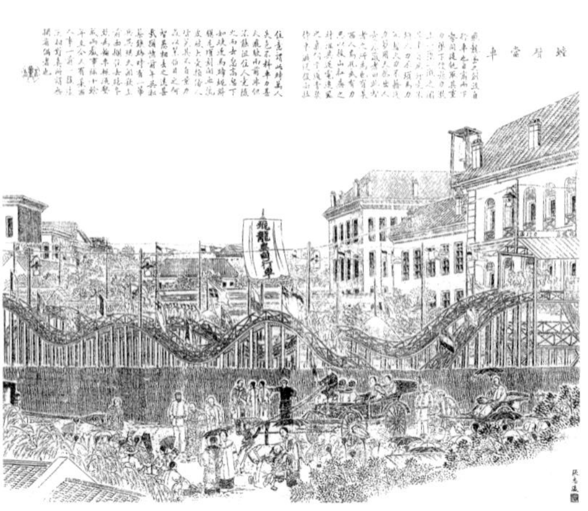

西式遊樂場。

樑如傘，每端掛一木馬，圈共14匹，每匹騎小兒1名。柱心設有機關（其實就是齒輪），外出鐵柄，一人扶之，如挽轆轤，以令柱轉。”在旋轉木馬旁還設有一木牌，上面有小鉤，鉤上掛着銅環，“騎馬小兒手持鐵筯，以挑環多者為能”。看來比今天遊樂場中的電動木馬更加有趣，更具有競爭性。

《歐美環遊記》還有兩處寫到充氫氣的玩具，一曰：“有售紅皮球者，大者如瓜，小者如桃，下繫長線，自行上升，有時風吹線斷，則飄宕入雲，不知所之矣。”這裡寫的就是氫氣球。另外在美國張德彝還曾看到一種玩氫氣的辦法，“以水氣與生氣和，盛於皮袋，上放銅嘴，醮以胰水，吹出水泡，以火燃之，則轟聲如爆竹”。這種用氫氣和氧氣吹肥皂泡泡，然後點燃使之爆炸的遊戲，確實非常的有趣。

張德彝記的都是同治年間英法的玩具。此外同治五年他在美國還記下了後來在我國流傳甚廣的玻璃彈子，曰：“外國幼童玩藝頗多，有玩石球者，係以海面白石作球，亦有玻璃者，繪以五彩，起自荷蘭。”20世紀初，隨着西方在中國開設的遊樂場所的增多，許多遊樂玩具也逐漸傳入中國。光緒二十九年(1903)孫寶瑄《忘山廬日記》記西人在味蒓園“築高台臨池，上下以車，車作⁝▷形輪行鐵路，用機

關運動。人出小銀圓二枚，則許乘車，登台，即坐小舟，自台上推下，投入池中。舟顛蕩若甚危險，其實無妨也”。這種遊戲車有驚無險，喜歡冒險的西方人乘者頗眾；但華人膽小，大多不敢嘗試。光緒三十四年(1908)味蒓園又有新製遊戲用的飛艇，《忘山廬日記》說："予銀餅一枚，方得入觀。外冪以布，其形似船，極巨，用油布為之，下繫竹輿，可坐一二人。前有旋翼，後有形如方旗者，搖轉以為舵。飛時以電藥灌氣入油布中，即可輕舉也。"這種飛艇所用原理和輕氣球相似。

　　雖然洋人設的遊樂場引進了一些西方的遊戲機器，但專供兒童玩的除了前面所說的“恩物”之外，其餘的進口玩具數目恐怕極少。曾紀芬自訂年譜提到，光緒十三年(1887)曾國藩八歲的孫子廣錫已有一輛三輪腳踏車。廣錫是曾紀澤之子，其父任過清政府駐英、法的大使。曾樸的《孽海花》說曾紀澤的夫人、廣錫的母親“喜歡彈彈洋琴”，曾紀澤本人又懂“洋文”，上個世紀能玩洋玩具的恐怕只有這種家庭的兒童。

十三、魔鬼手帖

東方人和西方人在思維方式上的差別，以醫學史上的反映最為顯著。但對於缺醫少藥的中國人，手術刀有時比聖經、鴉片和洋槍、洋炮更有用。但不缺醫不少藥的中國上層，即便生命垂危也對西醫藥抱着懷疑的態度，至於和中國倫常相抵牾的避孕術更被視作傷風敗俗，年輕的張德彝就是在這種背景下，成為西洋避孕術第一個評介者。

醫 院

明清皇宮設有太醫院，但它只是御醫的官署，況且御醫也只給皇家看病。民間自有許多救死扶傷的醫生，他們或者坐堂開店，或者上門就診，至於穿街走巷的江湖郎中數量更不在少數。雖然醫生的水平參差不齊，但他們全都是師徒相傳，私人開業。西醫院這種現代化的醫療機構，是由西方人帶到中國來的，而且是接着一個個不平等條約之後建起來的，因此考察醫院在中國的出現，也就有了超乎科學之外的意義。

明朝中葉，葡萄牙人佔領澳門。在卡內羅主教的主持下，澳門於隆慶三年(1569)建立了聖加禮醫院，中國文獻中稱為醫人廟。隨後又建立了中國人稱為發瘋寺的辣匝祿麻風院。以上兩座醫院都接受中國病員，但澳門華人生病主要依靠中醫藥。

聖加禮醫院是在中國出現的最早的西醫院，其詳情已無文字可考，但從沃爾夫《16、17世紀科學、技術和哲學史》中，我們尚可以對那一時期歐洲的醫學略知一二。當時歐洲的醫學比生物、化學和物理學的發展緩慢得多，病人和醫生都很保守。人們在醫療時相信巫術，認為人體和天體相關。在意大利語中流行感冒influenza意思就是"影響"，即受到星座影響所致。在 16 世紀，放血是每病必用的方

滬上西醫妙手割瘤。

西洋發明在中國

法;通過尿液檢查疾病當時也很普遍,甚至有的醫生用尿瓶作為診所的標記。那時候歐洲醫生最常用的解痛藥是顛茄,他們也已經知道用汞來治療梅毒。金雞納作為鎮痛退熱的特效藥,可能正是通過澳門傳進中國。我國用艾絨灸灼的方法於1580年傳到歐洲,1684年荷蘭醫生把茶葉當作萬應靈藥,聖加禮醫院對這些物品在歐洲的傳播,或許都起過作用。總之,在中國的第一座西醫院出現前後,西方的醫術還很落後,決不能和200年以後科學的西醫藥相提並論。

葡萄牙人在澳門建立麻風病院,據《澳門記略》說:"內居風蕃,外衛以兵,月有廩。"可見它是一所隔離醫院。但歐洲醫生對麻風病人實行隔離,其實只是遵照《聖經》的指示,《聖經·利末記》有對麻風病人的規定。然而等到17世紀,辣匝祿麻風院也許已經使用一種防止感染的罩衣。在這種罩衣上有個式樣怪異的長長的嘴套,裡面填滿了芳香物質。那時候的歐洲醫生相信香料能阻擋瘟疫的傳播。

伽利略的友人桑克托留斯(1561-1636)發明的體溫計和脈搏計也有可能在明末清初被來往於海上的商人或耶穌會士帶至澳門的西醫院,因為這些傳教

福州西醫為市民治眼疾。

士和伽利略有着直接或間接的往來,他們後來在中國內地很活躍。

澳門最早的醫院主要為西方人開設。道光七年(1827)東印度公司醫生郭雷樞自費在澳門開了家為華人治眼疾的診所,但這家眼醫院所

以遠近馳名，則是由於它接種牛痘取得的成功。

　道光十五年(1835)十一月，廣州十三行的新豆欄又有一家西醫院正式開張，主持這家醫院的是美國公理差會牧師伯駕，這次開的仍然是眼科醫院。相對中國的傳統醫學而言，西醫一直以眼科見長。唐朝劉禹錫《贈眼醫波羅門僧》就以"師有金箆術，如何為發蒙"的詩句稱讚過印度婆羅門用金針治癒白內障。但伯駕是個半路出家的醫生，他學醫目的是到中國來傳播基督教。聽說當時廣東患眼疾的人多，而且治眼病不需複雜的手術，所以伯駕臨陣磨槍辦起了眼科醫院，並且獲得了意想不到的成功，第一年前來就診的就有2千多人，還接待了6、7千參觀者。伯駕除看眼科也治其他疾病，他曾給一個13歲的女孩，成功地切除了一斤重的肉瘤，當時沒有用麻醉藥，動手術前只給病人口服了一點鴉片酊。在伯駕的醫療記錄中還有件事值得一提。鴉片戰爭期間他曾為林則徐立過一份病歷，並給林則徐配過治療氣喘的藥，以及托綁肚子的帶子。

　伯駕醫藥傳教的成功，引起了倫敦傳教會的重視，不久他們也派遣了一名傳教醫生來華，此人就是牧師雒魏林。雒魏林很快

滬上西醫為女病人割除巨型肉瘤。

成了伯駕的得力助手，鴉片戰爭期間他把正在主持的一家澳門醫院交給同事，親自跟隨英國軍隊北上，一路上既給英國傷員、也給沿途的華人治病。香港被英國割佔，雒魏林被派往香港籌辦醫院。中英南京條約簽訂後，沿海開放五口通商，雒氏於 1843 年 11 月 5 日到達上

海，比英國駐滬領事巴富爾還早了數日。道光二十四年(1844)正月，也就是到達上海五個月後，他就在大東門外創建了一家診所，這也是上海開埠以來第一所西醫院，即仁濟醫院的前身。

台灣學者王爾敏依據倫敦會英國總部所存的仁濟醫院年報等英文檔案撰寫《上海仁濟醫院史略》，稱該院至1905年之前賬務報表中幾乎沒有醫藥費收入一欄，因為這是家施醫捨藥的慈善醫院，所以上海人稱之為施醫院。19世紀60年代，上海先後出現了天主教會辦的公濟醫院(1864)、美國聖公會辦的同仁醫院(1866)，這時仁濟這個名字才隨後兩家醫院一起被叫了起來。故曾與仁濟為鄰的王韜在《瀛壖雜誌》中說："施醫院即今之仁濟醫院"。

西醫原不為我國士大夫所認同，更何況最初西醫院只是為了給窮人施捨醫藥，災荒年頭甚至還給窮人施粥，這種地方文人墨客當然不肯紆尊降貴前去光臨。所以晚清文人的筆記裡雖有不少十里洋場新奇事物的描寫，但卻很少有醫院的記載。編著《滬遊雜記》的葛元煦，雖然本人尚通醫道，所編"滬遊指南"式的雜記又被稱為"美矣備矣蔑以加矣"，但他的書中對海外聞名的仁濟醫院也只錄了一首竹枝詞而已：

斷肢能續小神通，三指回春恐未工，倘使華佗生此日，不嫌劈腦治頭風。

《滬遊雜記》寫仁濟醫院的這首竹枝詞只講了該院的外科。光緒五年(1879)離任回國的清朝首任駐英公使郭嵩燾，途經上海時曾去仁濟醫院參觀考察，並將他在醫院的見聞詳細記錄在了當天的日記中。

郭嵩燾是受仁濟醫院主持人章森(James Johnston)之邀於光緒五年三月三十日去醫院參觀的。他先在住院處看到40餘"留住館中者"，所患皆筋骨傷折之症。此外還有來院戒鴉片的人和治目疾的人。"其治目者，翳障重蔽不能銷，則別開一隙以納光"。仁濟的眼科始於它的創建者雒魏林，王韜見過他收藏的眼球標本，"空青數枚，光滑如鵝卵，搖之有水聲"，但雒魏林究竟是學有專長的眼科專家，還是像他的同行伯駕那樣半路出家，我們就不得而知。

郭嵩燾日記還記載了仁濟醫院用導管洗胃搶救服毒自殺者的病例，"用吸筒插入喉以達胃，管長可2尺餘，用機器吸出其毒，從旁管瀉之地"。據台灣王爾敏的考察，仁濟每年都有若干自殺急救的病人，自19世紀90年代被搶救的自殺者已升至三位數，以後最多的1935年仁濟搶救自殺者為1021人。統計王爾敏收集的數據可發現，仁濟急救的自殺者，自1891年至1938年，每年以9%的數字遞增。這個增長率或許也反映上海近代社會人口與自殺事件的遞增速度。

郭嵩燾當時還注意到了仁濟醫院施行氣管切割手術，"治喉閉，從頸下開一孔納氣，用銅具為喉管，插入所開孔中，使自為呼吸"。但令郭嵩燾最感興趣的是一具給手術後的病人噴施消毒消炎藥物的液體霧化裝置。章森醫生告訴他所噴的藥水名"布斯壘"，是"外科第一聖藥"。這種霧化裝置也是"數年且尚無有也"的"新出之法"。

對於這一問世不久的霧化裝置，郭嵩燾描述它："有壺一具儲水，下安酒燈，爇水令沸，前有管，狀若壺嘴，安銅葉其端，可以啟閉，用玻璃瓶貯藥水，納漿皮管其中，上與壺嘴相接合。開銅葉放氣，則壺水之熱力足以吸玻璃瓶之藥水，使升水漿皮管，甫出口又為熱力所沖，並出壺口如噴水，有形無質。蓋其熱力吸藥水上升，一化而為氣也。以指試之，涼甚。"漿皮管即橡皮管，因與壺嘴相連，所以銅葉打開後，壺口排放蒸氣，裝有藥水的玻璃瓶因此也降低了氣壓，使藥水順橡皮管上升，至壺嘴時因受熱而氣化成霧狀。布斯壘與英語硫黃Brimston發音相近，章森說從煤中提煉，不知可是某種硫黃製劑否？

仁濟醫院當時病房分十餘人住的大間，四、五人住的中間和上等人住的單間三種，都是供華人病員使用，另外還有一館專供洋人使用。醫院的作息制度仿照英國，全週門診4天，時間是在每天下午。據郭嵩燾說門診病人每天平均200人，這與《上海仁濟醫院史略》統計每年醫治4、5萬人恰好吻合。

光緒初年像郭嵩燾那樣注意西醫院情況的知識份子還不很多，但到了19世紀末，報章雜誌上有關西醫院的介紹逐漸多了起來。《點石齋畫報》就曾以《妙手割瘤》為題報道過上海西門婦孺醫院女醫生邀請滬上西醫會診，為女病人切除一百五、六十磅肉瘤的病例，畫報記手術云："將該氏置機器鐵椅上施以悶藥，用利刃將瘤割下，然後噴水令其清醒……據西醫云，此等大瘤從來未有，故已浸以藥水寄往泰西大醫院中藉資考究。"《點石齋畫報》還有篇《剖腹怪胎》，記上海賣豆腐的張雲彪妻懷了對連體嬰兒引起難產，送西門婦孺醫院不能治，轉送同仁女醫院進行剖腹產的事。《寶鏡新奇》則報導蘇州博習醫院引進 X 光透視機的新聞。總之19世紀末，關於西醫院的報道雖然也有道聽途說的成份，但已經很少聽到洋人治病是為摳中國人眼珠以煉神丹之類荒謬的話了。及至20世紀初，更有一批醫生和士大夫提倡西醫，桐城吳汝綸甚至認為"中醫不如西醫，若賁育（傳說中的巨人）之與童子。……故河間、丹溪、東垣、景嶽諸書，蓋可付之一炬"。

中醫的典籍當然不曾付之一炬，但如今西醫也確實被普及到了窮鄉僻壤，只是中國人認識西醫以前確實走了不少的彎路，這固然是由文化隔閡造成，另一方面也是因為早期的西洋醫院往往是緊隨着西方殖民者的入侵之後建立的。英國人割佔香港，慈善的傳教士雒魏林就在那裡籌建最早的西醫院，上海開埠他又第一個在上海開設西醫診所。1861年北京條約簽訂，英國在中國設置使館，倫敦會又派他把醫院開到了北京，這也就是後來著名的協和醫院的前身。教會辦的醫院最初都是免費的，窮人大多也能得到細心的治療，只是醫院的經費大多出之洋商的捐助，他們中間有不少人就是靠了販賣鴉片發財。西醫這根胡蘿蔔正是和槍炮一起傳到中國來的，難怪最初中國人避之不及。

牛　痘

清朝的順治皇帝死於天花，死時只有24歲。臨終前皇上決定把皇位傳給第三子玄燁，據說是因聽從了德國傳教士湯若望的意見。這位銀髯垂胸的洋"瑪法"——滿語爺爺的意思，年輕的順治就是這樣稱呼湯若望——對垂危的皇帝說："皇三子已出過了天花，可永保皇

249

位無虞。"屈指算來，這件事已經過去了 336 年。

天花是由病毒引起的烈性傳染病，我國南方發現此病大約在公元2世紀。晉代葛洪的《肘後方》稱之為虜瘡，唐巢元方《諸病源候論》稱其為"豌豆瘡"，明朝以後則稱為痘症。得了天花輕則臉上留下斑痕，俗稱麻子，重的可就性命難保。據史料說歐洲僅 17 世紀死於天花的就有 4000 萬人。直至本世紀的 50 年代，天花仍在 31 個國家泛濫，每年感染 1000 萬人，其中有 200 萬人被奪去生命。

天花被視為不治之症，給人類帶來了極大的恐慌。而我國的中醫在長期臨床實踐中，終於找到了對付它的辦法，這就是人痘接種。人痘接種的方法據《張氏醫通》（1695 年）和《醫宗金鑒》（1742 年）記述有痘衣法和鼻苗法兩種：前者是將患者的衣服給健康人穿，但這樣做或者會染上危險的重症，或者又完全起不到預防天花的作用。鼻苗法是將病人的疱漿用棉花團蘸了塞入未出天花兒童的鼻腔；也可以把患者的痘痂研成細末，用銀管吹入受者的鼻腔。因為鼻苗法直接用人體的疫苗，所以效果不錯，但控制不當也會給種人痘的兒童帶來生命危險。

我國人痘起源何時，史家各有不同說法。有人說唐朝開元年間，"江南趙氏始傳鼻苗種痘之法"。也有人說宋真宗時，丞相王旦之子曾得峨眉山神醫接種人痘，故又稱為神痘。但比較可信的說法是，這項免疫醫療的成果，出現在明朝隆慶年間(1567-1572)的寧國府太平縣，即今安徽黃山腳下，因此後世的種痘師仍以"寧國人居多"。

康熙帝因得天花不死而登帝位，所以獲悉寧國人的種痘術之後，即刻下命召南方種痘師赴京種痘。康熙晚年回憶這件事時說："嘗記初種痘時，年老人尚以為怪，朕堅意為之，遂全此千萬人之生者，豈偶然耶？"由於熱心科學的康熙竭力提倡，東北的滿人和草原上的蒙古人都種了人痘。俞正燮的《癸巳存稿》載："康熙時，俄羅斯遣人至中國學痘醫。"1717 年英國駐土耳其公使蒙塔古的夫人也在丈夫的駐在國學會了接種術，隨後她就把這種方法帶回了英國，不久人痘又從英倫三島相繼傳到了歐洲各國。法國哲學家伏爾泰在談到人痘接種術以後，曾稱讚說："我聽說一百年來，中國人就有了這種習慣，這是被認為全世界最聰明、最講禮貌的一個民族的偉大先例和榜樣。"在美國，一個普通的鄉村醫生波爾斯東也注意到了這項重大發明，他於 1721 年成功地給自己子女做了人痘接種。以後發動獨立戰爭的華盛頓將軍，也下令給自己的部下將士，全都接種了人痘。

1796 年，英國又開始流行天花。人痘醫生琴納 (1746-1823) 在繁忙的工作之餘，偶然發現幾個擠牛奶的姑娘安然無恙。進一步的研究之後，琴納發現牛也會感染天花病毒，擠牛奶的姑娘正因為接觸了牛痘，才獲得了免疫功能。琴納開始試驗把牛痘接種到人的身上，結果發現種過牛痘的人同樣也獲得了免疫力，而且種牛痘比種人痘安全方便得多。

琴納的發明是 18 世紀醫學史上的重大成就。1805 年有個名叫皮爾遜的英國船醫，把牛痘接種技術帶到了中國。邱熺《引痘略》記述此事說："嘉慶十年 (1805) 四月內，啤嚧略哴船由小呂宋以嬰兒載傳痘種至奧門，其本國醫生偕奧門醫生照法傳種。"邱熺 就是向皮爾遜學習種牛痘的人之一，他自稱"操業在奧，聞其事不勞而效甚大也，適予未出天花，身試果驗，及行之家人戚友亦無不驗者。於是洋行好善諸公以予悉此，屬於會館專司其事"。邱熺原不通醫術，半路出家成了中國最早的牛痘醫生，據他兒子邱昶同治年間回憶，邱熺 一生為不知多少萬人接種牛痘，跟隨他學習的人也很多，他還常常被請到各地施種，道光丁未年 (1847) 又應邀進京傳授種法。這時邱熺年事已高，不勝南北奔波，於是他交代兒子邱昶代勞。邱昶在京傳道授業前後有 10 個月，教了 5 個徒弟。

邱家父子種牛痘是師徒傳承的，而江南京口包祥麟卻是靠着書本自學成才的。包氏照着醫書依樣畫葫蘆，結果因為沒有合格的疫苗，所以未獲成功。後來他聽說牛痘疫苗已經傳至武漢，故於 1836 年春僱帶嬰兒赴楚購漿，沿途以小兒不斷接種傳遞疫苗，至四月方才到達揚州。包氏後來也成為十分有影響的牛痘醫師。

牛痘傳入之初，直接從已種痘小兒身上取疫苗種至別的小兒身上，所以前引《引痘略》稱"由小呂宋（菲律賓）以嬰兒載傳痘種至奧門"，京口包祥麟也是"僱帶嬰兒赴楚購漿"。從小兒身上直接引種，一般在該小兒種痘後的 8 到 10 天，所以要想將痘種帶到路途遠的地方，必須僱帶幾個小兒同行，這種方法很是不便。於是又照過去人痘師的經驗，用象牙簪沾取痘漿，藏於鵝毛管內，用蠟封妥。到用時再將牙簪放在滾水中消毒，取出痘漿，用刀刺破兒童的皮膚，隨將簪插入。以後又出現了保藏牛痘疫苗的水晶瓶和水晶盒。據《牛痘新法全書》光緒二十一年(1895)說，有個叫張崇樹的人，攜帶痘苗回四川時"西洋方來養漿苗管，甚便用，能藏漿 2、3 個月之久"。這是海外傳入保存疫苗器皿的開始，但不知管用何物，造成何形。

牛痘的接種技術並不複雜，但在當時條件下引漿疫苗，接種傳延，程序卻很繁瑣。歐美各國為了杜絕天花，先後制定了全民種痘的法令。據光緒三十四年(1908)胡愛山《牛痘真傳》記述，瑞典1779年死於天花的人數為 15000，1880 年降至 6000，20 年後只有 11 人。然而牛痘傳入我國的最初一百年中，推廣新法的只是各地的官吏鄉

滬上接種牛痘之普及。

紳，由他們設立的種痘機構稱為牛痘局或保赤局。保赤局是一種慈善機構，種痘不取費用。但種過牛痘的小兒，必需在8、9日後去痘局驗視，若沒有接種成功，則給予補種，種得好的，有義務向保赤局提供痘漿，供下一輪兒童作為疫苗。如果拒絕送漿，按規定要送官責罰。

各地官紳設立的保赤局無疑是為一方鄉里做了件善事，但是"牛痘之法行，而習神痘（人痘法）之醫皆無所施其巧，於是百端簧鼓，謂種牛痘者後必重出"，使得一批不明真相的人疑信參半，結果牛痘的接種地區和人數仍然不廣。光緒十一年(1885)是牛痘傳入中國80週年，許楣身在為新刻《牛痘新編》作的序中總結了這段歷史，說："是法之進中國，垂五六十年（當為八十年），其為時非不久也；各省設局仿行，試驗幾千萬人，其為效非不廣也。……而其法之易知易曉，智愚皆能，又非若算術奇藝之艱深奧衍也。然率是者少而非者多，信之一而疑之百。"

種牛痘有百利而無一弊，"痘"到病除，決無風險。但百年前推廣牛痘卻又是百難叢生。儘管如此，推廣新法的前輩如許楣身等仍然對前途充滿信心，以誨人不倦的精神宣傳說：牛痘"當種之時不相沾染，既種之後不受沾染，由一人而至於百人，積百人而推之天下，久之則天壤間永無痘患，豈非大快事哉。"如今可以告慰前輩，公元1979年，即許楣身為《牛痘新法》作序後的93年，世界衛生組織在肯尼亞的內羅畢宣告全球已經最終消滅了天花。1996年5月16日，世界衛生組織又決定，於1999年6月30日銷毀其保存的最後一批天花病毒。消滅天花病毒這一行動已經在科學上、政治上經過了10年的激烈討論，天花將是人類精心消滅的第一個物種。

天壤間永無痘患，此乃近百年間一大快事！

金雞納

　　1638年，秘魯的西班牙總督的妻子欽琼(chinchon)女伯爵患了瘧疾，那是一種不治之症。幸虧手下的官員給他送來了幾片樹皮，當地人稱這種樹皮叫Quina-Quina，即樹皮之王。女伯爵將樹皮研成粉末摻酒喝下，竟然奇跡般地活了下來。雖然秘魯的印第安人很早就知道用樹皮之王治病，有個叫尼古拉·莫納德的歐洲人也早在1560年就已經描述過秘魯土著用它製作油膏的事，而且女伯爵的醫生在1630年也已經用它治好過其他的人，但直到治好欽琼女伯爵之後，秘魯樹皮才聲名大振。1640年這種能治療瘧疾的樹皮被女伯爵從秘魯帶到西班牙，不久又傳遍了整個歐洲，大家都以伯爵夫人的名字來命名這種植物——Chinchona，譯成中文就是金雞納。

　　金雞納不僅用來治療瘧疾，最初它也被用來治療許多發燒的病人。由於耶穌會教士經常給病人服用金雞納的粉末，來對付各種高燒不退的病症，所以它又被人戲稱為"耶穌會教士樹皮"或者"耶穌會教士粉"。

　　羅伯特·塔爾博爾是劍橋一家藥店的助手，1672年他寫了一本治療發燒的書，書中他宣揚一種奇特藥水，但對它的配方，塔爾博爾卻守口如瓶。塔爾博爾因治好了查理二世和其他王公貴族而被封為爵士，並擔任皇家醫生。塔爾博爾爵士又帶着他神秘的藥水去過法國和西班牙，治好過法國王子和西班牙的女王。最後他於1681年死在倫敦，不久神秘藥水的配方被披露於世，原來它就是金雞納皮、玫瑰葉、水、檸檬汁和芹菜汁的混合物。

　　耶穌會教士樹皮和塔爾博爾的神秘藥水最早在什麼時候傳到中國我們不知道。但康熙三十二年(1693)當清朝皇帝得了瘧疾時，剛到中國不久的3個法國傳教士：洪若翰、白進和李明不失時機地給康熙帝獻上了一磅金雞納，皇帝服用後病很快就好了。這件事清人查慎行的《入海記》有詳細的記載。康熙帝曾把所餘金雞納賜給近臣，高士奇《田間恭記詩》的注中說："蒙賜金吉那，乃大西洋西野國所產，能

西洋發明在中國

已瘧。"曹雪芹的父親曹寅也曾得到皇上所賜聖藥，康熙五十一年(1712)七月十八日李煦的奏摺中，謂江寧織造曹寅於七月初一感受風寒，臥病數日，轉而成瘧，曾對煦言，"必得主子聖藥救我。"康熙硃批云："今欲賜治瘧的藥，恐遲延，所以賜驛馬星夜趕去。但瘧疾若未轉泄痢，還無妨，若轉了，此藥用不得。金雞納專治瘧疾，用二錢末，酒調服。若輕了些，再吃一服，必要住的。住後或一錢、或八分，連吃二服，可以除根。若不是瘧疾，此藥用不得，須要認真，萬囑！萬囑！萬囑！"

任何好藥都不能濫加施用，金雞納在歐洲興盛一時，不論什麼病，凡發燒都用它治，有的醫生甚至全不顧劑量，結果因誤用藥物造成許多人的死亡。康熙顯然對金雞納的臨床應用頗有經驗，所以他千叮萬囑要曹寅小心服用。可是皇上的"聖藥"未到，曹寅就先已病故。

服用金雞納既然有那麼大的危險，醫生和病人便漸漸對它失去了信心，但很快又找到了兩種神奇的退燒藥：1650年西爾維烏斯採用氯化鉀作為解熱藥，1697年約翰·克里斯蒂安·雅各比用砷和鉀鹼的水溶液來治療瘧疾，這兩種藥又像當年發現金雞納一樣風靡歐洲。"疾病和實際上任何不適都會使人變得輕信。在絕望的時候，甚至平常很苛求的人也輕率地嘗試任何醫道；甚至在今天，大多數人都不挑剔。"沃爾夫的這番話提醒我們，在估量歷史上的醫學成就時，不該過分地相信那些成功的醫療記錄，實際上明末清初當耶穌會士活躍於中國朝野的時候，歐洲的醫學還很幼稚，醫學家們只是在冒險，在嘗試。

科學家們重新認識秘魯的樹皮之王已經是19世紀初的事了。那時候由於分析化學和合成化學的發展，人們已經能夠製造各種高效的新藥。從植物中提取生物鹼，就是那個時代開拓的充滿生機的新領域，1806年從鴉片中提出嗎啡，1817年從吐根中提出依米丁，1818年從馬前子提出士的寧，1821年從咖啡中提出咖啡因。而從金雞納樹皮中提出生物鹼則是在1819年，若論藥效這可是真正的樹皮之王，所以仍然用"奎寧"這個秘魯人的古老名字命名。又由於奎寧潔白如霜，所以清朝末年傳入我國時，沿襲舊譯取名金雞納霜。

西班人早期為了壟斷原產秘魯的這一寶貴藥物資源，曾嚴禁金雞納樹的種子出境。後來有個荷蘭人竊得一磅樹種，把它種在了荷蘭在東方的殖民地印尼，那裡後來便發展為世界最主要的金雞納的產地。如今我國西南地區也有了種植金雞納的植物園，只是奎寧早已不是治療瘧疾的唯一特效藥，況且瘧疾在許多國家也早已經絕跡。

避孕套

1827年西方某些地區出現一種公開傳授節制生育技巧的印刷品，保守的人稱它為"魔鬼手帖"。"魔鬼手帖"的問世是計劃生育史上的一件大事，對於婦女解放、人口控制都有重要意義，所以房龍等人本世紀30年代擬世界歷史66個重要年代時，也把出現魔鬼手帖這件事列了進去。

在"魔鬼手帖"出現43年以後，張德彝訪問了法國，並在《航海述奇》中首次向中國人介紹了西方的避孕工具——陰莖套："聞英、法國有售腎衣者，不知何物所造。"關於腎衣的作用，張德彝說是："宿妓時將之冠於龍陽之首，以免染疾"，可見他並不知道這項發明的真正用處，是在節制生育。但張德彝卻看出"牝牡相合，不容一間，雖云卻病，總不如赤身之為快也"。據張德彝的記載，陰莖套在法國稱為"英國衣"，在英國又稱為"法國信"。兩國彼此推諉是因為這項發明，當時並不覺得光彩。

《航海述奇》是在同治五年(1866)寫的，後來同治七年(1868)張德彝又隨志剛訪問歐美。他在日記中再提陰莖套時，已經不再把它當作宿妓的工具。他的《歐美環遊記》云："聞外國人有恐生子女為累者，乃買一種皮套或綢套，貫於陽具之上，雖極倒鳳顛鸞而一雛不卵。"不過對避孕張德彝仍然持封建士大夫的迂腐之見，說什麼"其法固妙，而孟子云'不孝有三，無後為大'，惜此等人未之聞也。要之倡興此法，使人斬嗣，其人也罪不容誅矣。所聞‘始作俑者，其無後乎’。"

　　張德彝的日記是中國士大夫對近代節制生育技術的最初反映。本世紀20年代，民國臨時政府第一批赴法留學生張競生由於主張實行避孕、節育優生，出版個人性經驗彙編的《性史》等書，他的驚世駭俗的舉措被輿論斥為"賣春博士"，奉系軍閥張作霖甚至以有傷道德人倫、傷風敗俗的罪名，對他進行通緝。正因為對"魔鬼手帖"認識遲緩，我們這個民族才會背上沉重的人口包袱。

X 射線診斷機

　　謝振聲先生在《中國科技史料》雜誌發表的文章，說我國第一台X光機是1918年由寧波慈溪的保黎醫院購置的。這個說法很值得商榷。

　　1895年德國物理學家倫琴發現了X射線，有人說這是人類揭開微觀世界秘密的第一道閃光，同時也是即將爆發的現代科學革命的第一道閃光。

　　慕尼黑大學的倫琴教授，是在做真空管放電現象的實驗時，偶然發現X光射線的。那天他隨手把一疊沒有曝過光的膠卷放在了做實驗的真空管旁邊，後來他意外地發現這些底片都變成了灰黑色。這就是說真空管放射出了一種能穿透底片的封皮紙的射線，當時倫琴並不知道這是何種射線，所以稱它為X光。

　　倫琴饒有興趣地研究這種奇異的射線，發現它的穿透能力是和被穿透的物質密度有關。根據這個原理，據說他為自己的妻子拍了世界上第一張X線照片，清晰地顯示出了手的骨骼結構。倫琴的發現得到了英國著名外科醫生托馬斯·享特的稱讚，托馬斯認為"這也許是診斷史上最偉大的里程碑"，倫琴也因為這項發現成為第一個諾貝爾物理獎的得主。

X射線能穿透紙張、皮膚、肌肉和金屬，並能使膠片感光，氣體電離，熒光物發光。但直到1912年，科學家們才搞清它的本質，知道它是波長很短的電磁輻射。而今X線在化學分析、晶體結構、冶金探礦、金屬無損探傷等方面已得到廣泛應用。但X射線最初只是用於醫生的臨床診斷。

X光診斷機發明不久，就被美國教會辦的蘇州博習醫院購置。《點石齋畫報》以《寶鏡新奇》為題報道了這條消息。《點石齋畫報》是在1896年停刊的，雖然現在傳世的合訂本並不標明日期，但最晚在1896年，即光緒二十二年，即倫琴發現X光的次年，博習醫院已經開始使用這種世界最先進的醫療器械，其引進速度之快着實令人驚訝。由於《點石齋畫報》這段史料尚未引起醫學史家的充分注意，好在文字不多，不妨全文抄錄於此，以供有興趣的讀者研究。

自泰西格致之術精，而鏡之為用大，千里鏡可以洞遠，顯微鏡可以析芒也，豈惟是古鏡照人，妍媸莫遁者，不謂愈出愈奇，更有燭及幽隱者。蘇垣天賜莊博

《點石齋畫報》上的X射線診斷機。

習醫院西醫生柏樂文，聞美國新出一種寶鏡，可以照人臟腑，因不惜千金，購運至蘇。其鏡長尺許，形式長圓。一經鑒照，無論何人心肺腎腸，昭然若揭。蘇人少見多怪，趨而往觀者甚眾。該醫生自得此鏡，視人疾病即之患之所在，以藥投之無不沉痾立起。以名醫而又得名鏡，從此肺肝可見，藥石有靈，借彼光明同登仁壽，其造福於三吳士庶者非淺。語云欲善其事，必先利其器，西醫精益求精，絕不師心自用，如此宜其技之進而益上也。

蘇州的博習醫院創建於光緒九年(1883)，創辦人是郎勃和柏氏。柏氏擅長內科、小兒科與調劑術。郎勃精於解剖學、生理學、藥物學。《點石齋畫報》說的柏樂文既然主治心肺腎腸，恐怕就是這家醫院的創立者、精通內科的柏氏(William H Park)。

蘇州的博習醫院在倫琴發現X光不久已經引進X光診斷機，此事眼下還只有《點石齋畫報》提供的孤證。不過1898年山東登州文會館發行的《光學揭要》末尾五節已簡單介紹了X光機的發現、特徵及用途。次年上海江南製造局又翻譯出版《通物電光》，書中將X射線稱為通物電光，還刊印了35張X光照片，並專門介紹了X光在醫學上的應用。

儘管寧波保黎醫院1918年購置的X光機不能確認為中國最早，但文章的作者所提供的X光機進口的情形，對我們了解19世紀晚期三大發現之一的X射線及其應用的傳入仍然不失為有用的資料。從謝振聲先生提供的材料可知，當時的X光機由美國進口，一台機器包括稅收和運費價為4368元9角6分8厘。而《點石齋畫報》只說"不惜千金"。此外，保黎醫院是向上海美商慎昌洋行訂購的，型號為GE牌X光透視機。由於當時慈溪尚無電廠，所以醫院自置了發電機，修造了爐子間、引擎間和X光鏡間等專用房屋。蘇州博習醫院置"寶鏡"或許也要配置這些設施。在當年的保黎醫院，至今還保存有一塊《愛克司光題名記》，其銘文曰："自愛克司光鏡發明，而人體骨骼纖末可察，泰官照肝，無比玲瓏，越入洞垣，遜其明瞭，生人之所託命，醫家以為導師。"只稱愛克司光而不再稱寶鏡或通物電光，或許是從20世紀開始的。

鴉　片

姚公鶴《上海閒話》云：“鴉片亦‘唉柄’之訛音，然社會上竟不知其為外國語矣。”

鴉片這個外來詞最早出現於明朝，距姚公鶴寫《上海閒話》已經有將近500年。姚氏唸作“唉柄”其實就是英語裡的opium。這個源於希臘語的詞，原意為“汁液”。希臘醫學家希波克拉底的醫書上有罌粟汁液一詞，後來西方人便簡稱罌粟汁液及其加工物為opium，中國人據此音譯為鴉片、阿片，也有人根據阿拉伯語譯作阿芙蓉。

罌粟原生在地中海東部山區以及小亞細亞、埃及等地。唐朝時候這種草本植物已經傳入了中國，由於它的子實“囊形如箭頭，中有細米”，唐朝人稱它為米囊花。“萬里愁容今日展，馬前初見米囊花”，想必詩人雍陶的家鄉到處都盛開着艷麗的罌粟花，所以見到了米囊花也就等於到了家。可是唐朝人只曉得欣賞罌粟的花果，並不知道它能食用也能療病。

宋朝人開始稱米囊花為罌粟，蘇東坡的弟弟蘇轍解釋說它“罌小如罌，粟小如粟”，意思是說罌粟的果子像一隻很小的瓶，而它的籽實大小又像一粒粒粟米。那時候人們已經知道這些像粟米一樣的籽實和竹瀝放在一起，能熬出一道味道極美的粥，如果把它研成牛乳狀又可烹製成能夠調肺養胃的“佛粥”。

北宋的皇帝都對醫藥有興趣，官私藥書刊刻也特別的多，不少藥書都曾談到罌粟能敗毒止痢，或能利二便動膀胱之氣。但宋人只以罌粟的籽與殼入藥，並不知道取其汁液或製成鴉片。

罌粟可治病是因為它含有30多種生物鹼，臨床上具有鎮痛、止咳、定喘、止瀉等許多功能。而其生物鹼含量最多的是它乳白色的果汁。3000多年前埃及人已經知道用它治病；公元1世紀的羅馬醫生拉爾古斯寫的醫藥著作，第一次記載了提取罌粟汁的方法；大約1000年前，阿拉伯人已經知道從罌粟中提取鴉片煙膏。曾被阿拉伯人侵佔過的印度，也在這時候大量種植罌粟。元朝時候南征印度的蒙古人凱旋時，從那裡帶回的戰利品中就包括許多的鴉片，一部分中國人也在這時候養成了食鴉片的不良嗜好。

鴉片傳入中國還有另一種說法，在《舊唐書·拂霖傳》有條記載說唐肅宗乾封二年(967)，"拂霖遣使獻底也迦"，本世紀初出版德國人夏德的書認為，這是一種含600種成份的萬能解毒藥，而其中最重要的就是鴉片。但據唐朝《新修本草》記載"底也迦味辛苦平無毒"，故作為《新修本草》現代版本的整理者，已故的吳德鐸先生認為底也迦決不是鴉片，而是解毒滋補的藥物，而夏德則完全顛倒了是非。60年代出版的美國學者謝弗的《撒馬爾罕的金桃》也說底也迦是否含鴉片還不清楚。這兩位的文章雖然都是在夏德以後四、五十年發表，然而最近出版的一部毒品史還是重複着夏德許多年前的說法，看來這場學術官司還得打下去才行。

從罌粟中提取鴉片，最早記載於明成化年間(1465-1488)王璽的《醫林集要》，曰："七八月（罌粟）花謝後，刺青皮取之"，又說"花謝結殼後三五日，午後於殼上，用大針刺開外面青皮十餘處，次日早津出，以竹刀刮在瓷器內，陰乾，每用小豆大一粒，空心溫水化下，忌蔥蒜薑水，如熱喝以蜜水解之"。王璽作過甘肅總督，他的記載可能得之當地穆斯林。萬曆十四年(1584)，李時珍著《本草綱目》也曾重複過王璽的這段話，但他還說"阿芙蓉前代罕聞，近方有之"。照李時珍的說法，中國人知道鴉片的時間並不太久。

明朝醫家雖懂得鴉片的製法，但當時中國人藥用鴉片，靠的還是東南亞國家進口，當時稱為烏香。據《史書》記載暹羅國一次貢給中國皇帝烏香200斤。這麼多的烏香並非都是用來治病，當時已有人說數十年不問政事的萬曆已是個食烏香的癮君子。但烏香價如黃金，能得此快感的只是極少數的人，而且明朝人食鴉片或者放在口中嚼，或者和以白糖、藏花慢慢地吞服。後來泛濫中國的燒鴉片泡，17世紀始出現於蘇門答臘土著中，是荷蘭人把這種方法引進到了台灣和廈門。明末清初人曾王孫日記中說："余幼時聞有鴉片之名，然未見吸之者，只福建人吸之。"即是證明。

18世紀向中國輸入鴉片的主要商販是葡萄牙人，他們從果阿和達曼運來鴉片，先是公開在廣州銷售。清雍正七年(1729)由於清政府下令禁煙，葡國人便以澳門為據點，將鴉片藏在商船的底層夾帶走私到中國的沿海。不久英國人也加入了走私鴉片的船隊，對此笛福的小説《魯濱遜漂流記》的續集也曾有過描述，作者借魯濱遜之口説："我們買了一點鴉片……這第一批貨，我們拿去賣給中國人，因為當時那裡非常缺乏鴉片，正很需要。"

好心的魯濱遜們在鴉片戰爭之前的 30 年裡，總計向中國輸入了 64 萬箱鴉片，這些用皮革包裝好的鴉片箱，每只重約100餘斤，每箱價值平均七、八百銀元，掏走了"正很需要"鴉片的中國人荷包裡的 6 億 1 百萬銀元。用這筆錢他們可以從中國購去上百萬擔優質的輯里絲，而留給中國的卻是2百萬煙民，這些人從宮廷到市井，分散在不同的階層。上海南匯一個小小的縣城，"每日進煙土，費用已倍於米糧"。浙江"黃巖一縣，無不吸煙，晝眠夜起，呆呆白日，闃其無人，月白燈紅，乃開鬼市"。食鴉片居然叫整座城市晝夜顛倒，造成這種可怕的情形其實只用了極短的時間。梁廷枏《夷氛聞記》説"嘉慶初食者甚少，不 20 年蔓延天下。"外國鴉片蜂擁而入，結果釀成了鴉片戰爭。

鴉片戰爭之後，鴉片的傾銷有增無減，所不同的是過去的非法走私變成了現在合法的進口。還有一件不同，就是將鴉片更名為洋藥，寫在了各種官方的文書裡。但即使在中英雙方簽訂准許洋藥進口的條約的英文副本中，洋藥還是 opium。

有了洋藥就有土藥，不管土洋全都是opium咳柄，或者鴉片。只是既然允許鴉片"國產化"，進口的鴉片必然要跌價，鴉片跌了價吃的人就更多，危害也就更大。據蘇智良《中國毒品史》統計，近代外國鴉片進口最多的年份 1880 年，從印度和波斯等國共計進口 10 萬箱，而這一年土藥的產量大約也有 40 萬擔，是進口鴉片的 4 倍。吃鴉片的人則比道光初增加了 10 倍，達到 2000 萬人，佔人口的 5%。下面的數字更加觸目驚心：本世紀 30 年代抗戰爆發前夕，土藥產量激增至 127 萬擔，居世界之首，吸食鴉片和其他毒品約 8000 萬人，佔人口總數的 16.8%。

儘管有了土藥，有錢人還是喜歡洋藥，最貴的洋藥是印度的麻洼鴉片，即使到1880年它也要賣到五、六百銀元一箱，而派脱那比麻洼稍次，尤其是因為印度人習慣在煙丸做好後再去擠壓以竊取鴉片汁，所以它的外表破裂，容易受蟲蛀。鴉片商人稱其為"被砍銀元"，因為它很像當時廣東所用的破損錢幣。但"被砍銀元"當時每箱大約也要賣400兩白銀。還有一種印度煙土皮耐亞斯又比派脱那每箱便宜15到20兩。因為人們相信印度煙土，所以商人們常把波斯煙土和麻洼煙土混在一起，拿到鎮江賣給不很內行的顧客，以至於本國煙土常被冒充為印度的皮耐亞斯。

買好了煙土還得把它熬成煙膏，有錢人都是在自己家裡炮製。梁實秋《雅舍散文》有一篇專給今天青年人講鴉片的抽法，據他老先生說：熬煙膏必須用炭火紅銅鍋，先放水投入煙土猛煮，成濃汁後再用整張金高紙放在笨籮上過濾，濾了再煮再濾。這煮好的汁再放進紅銅鍋熬，不停的攪和，直到成膏狀，比川貝枇杷膏還濃，便可倒在罐中儲藏。除了梁實秋先生說的自家炮製煙膏，市面上也能買到現成熬好的膏子。《中國毒品史》說最好的是潮州幫調製的冷籠佳膏，裡面還須摻入珍珠粉和野山參。

熬好煙膏抽前還得先燒煙泡。取煙籤子在手，用籤子挑取煙膏，就燈上燒之，嘶嘶冒泡泡，再蘸煙膏置火上燒。如是三數次則煙泡形成，有如小小蜂巢，用小銅片來回滾壓成光平狀，就可安在煙斗上吸了。

吸鴉片又是一套功夫，會吸的人口就槍嘴呼呼轟，一口氣就把一個煙泡完全吸進斗去，癮大的連吸三五個泡也不在乎。不善吸的人可就要借着籤子刺煙斗，才能使其通暢不堵塞。

有錢有身份的人在家中即可抽鴉片，"從前北平搢紳之家沒有不備鴉片待客的"。如果家裡不便，若要有錢盡可以上煙館去享受。英國駐上海的副領事阿連壁稱這種地方為鴉片窩，說它如英國最低級的啤酒舖差不多，有的還是秘密的妓院。"煙間本為藏垢納污之所，雅者不屑道。"晚清筆記《滬遊夢影》的作者池志澂看法和阿連壁相同。這種藏垢納污的煙館，據《申報》1872年的統計，單上海城廂就有1700餘家，就連上海寶山一個小小的羅店鎮，咸豐年間也已開設煙館數十處。

上海是中國的鴉片之都，所以也有專為風流雅士開的大煙館。《滬遊雜記》云："雕琢鏤刻，窮極精工，向聞眠雲閣為最。"據說眠雲閣的主人是個女子，她在上海首創用"小女子"作堂倌。後來聽說官府要禁煙，又是她率先將煙館關閉，由此而被人稱為有遠見卓識。此外以軒敞稱勝的煙館有開在法大馬路的南誠信，兼營酒菜的有大馬路上的醉樂居，煙館兼茶室的有四馬路的一層樓、五層樓和青蓮閣，煙間兼書場的有華眾會、論交樓、皆宜樓。像眠雲閣、南誠信之類豪華煙館不僅畫棟雕樑，枕榻几案、燈盤茗碗無不華麗精工，而且庭院陳列中外花卉，室內掛着名人字畫。光緒初年上海還沒有電風扇，更沒有熱水汀，但高級煙館裡"夏則遍張風幔"，"冬則遍設火筒"，"每一榻中各嵌大鏡一面"，這在當時都是十分時新的裝置，當然不是升斗小民吞雲吐霧的地方。

面對吸煙人口的不斷遞增，從晚清到民國政府都曾頒佈過禁煙的法令，這對遏止毒品泛濫多少也曾起過作用。俗話說解鈴還需繫鈴人，當年忙着運鴉片到中國的魯濱遜之流，這時又起勁地在各類報紙上大做推廣戒煙藥的廣告，只是有些所謂的戒煙藥正是比鴉片危害更大的毒品。1803年由法國醫學家塞昆從鴉片中提取的嗎啡，19世紀末傳入中國。旅居上海的英國人施德之將它和大黃、丁香配成"施德之神功濟品水"，雖然它確有治病解痛作用，但要想用它來解鴉片毒癮，等到鴉片戒了，也就染上了嗎啡癮。

為了解除嗎啡癮，1874年英國人萊特又在嗎啡中提取出新的藥品。1898年，德國人給這種新藥取名為Heroin，意為英雄，傳到中國後，被稱為海洛因，它的鎮痛能力是嗎啡的4到8倍。但使用海洛因也更容易上癮，而且一旦過量還會危及生命。